동아시아 바다를 중심으로 한

해양실크로드의 역사

이 역서는 2008년 정부(교육부)의 재원으로 한국연구재단의 지원을 받아
수행된 연구임(NRF-2008-361-B00001)

동아시아 바다를 중심으로 한
해양실크로드의 역사

초판 1쇄 발행 2018년 8월 27일
초판 2쇄 발행 2019년 9월 30일

지은이 이경신
옮긴이 현재열 · 최낙민
펴낸이 윤관백
펴낸곳 도서출판 선인

등록 제5-77호(1998.11.4)
주소 서울시 마포구 마포대로 4다길 4 (마포동 324-1) 곳마루 B/D 1층
전화 02)718-6252/6257
팩스 02)718-6253
E-mail sunin72@chol.com
Homepage www.suninbook.com

정가 23,000원
ISBN 979-11-6068-191-8 93300

동아시아 바다를 중심으로 한
해양실크로드의 역사

이경신(李慶新) 지음

현재열 · 최낙민 옮김

도서출판 선인

한국어판 서문

　1991년, 필자는 영광스럽게도 유네스코가 조직한 "해양실크로드 조사단"의 광주 현지 조사교류활동에 참가하여 해양실크로드라는 이 새로운 과제와 연구영역을 접하게 되었다. 이후, 해양실크로드의 기원과 발전 그리고 그 변화과정을 이해하는 것은 필자가 한 번도 소홀히 한 적이 없는 연구방향 중의 하나가 되었다. 당시 전에 없이 대규모로 진행된 국제학술대회의 영향은 크고 심원해서 중국 사회 각계각층의 보다 많은 이해와 찬동, 그리고 지지를 이끌어내었다. 광동(廣東), 복건(福建), 절강(浙江), 산동(山東) 등지의 연해지구에서는 이와 관련한 연구가 부단히 활성화 되었고, 학제적 학문의 연구주제로서 뜨거운 관심을 받았으며 이와 관련한 연구를 수행하는 새로운 학과가 생기게 되었다.

　필자는 인류의 해양문명사에 있어 해양실크로드는 동서양의 해상교통과 해양무역의 통로, 평화로운 왕래와 우의를 증진시키는 매개체, 문화교류와 종교전파의 길이었고, 동서양의 여러 나라들이 공동으로 경영하고 힘을 합쳐 건설한 결과물이라고 생각한다. 지중해에서부터 인도양과 아시아 · 태평양 해역에 이르기까지, 이집트, 페니키아, 그리스, 로마, 페르시아, 인도, 동남아, 중국에서 일본과 조선에 이르는 여러 국가와 민족들이 서로 다른 역사발전의 긴 과정 중에서 동서양의 해상교통을 촉진하고, 실크로드의 발전을 추동하기 위해 각자 중요한 공헌을 하였다. 해양실크로드는 일종의 본토성(本土性)과 국제성, 주체성과 다원성을 겸비하며, 부단히 동서양문화를 융합하는 세계적인 해양문명의 결정체이다. 해양실크로드는 그에 면해있는 각 나라 여러 민족 집단의 해양성 생활 가운데 깊이 간직되어 있을 뿐만 아니라 국가 간, 민족 간의 경제 교류, 정치관계, 사회구조, 문화교류, 도덕과 신앙 등에서 여러 방면의 가치와 공헌을 발휘하였고, 해양실크로드에 면한 나라들의 역사 발전에 깊은 영향을 주었다. 때문에 해양실크로드의 역사는 인류의 해양을 통한 왕래와 문명교류를 주제로 하는 세계적인 전문 해양사라 할 것이다. 그러므로 해양실크로드 연구를 위해선 세계사적인 전반적 안목과 함께 지역적인 시야, 다원적인 시각, 학제적인 교차가 서로 결합해야 하며, 한 국가 혹은 한 지역을 중심으로 하는 편파성과 편협성을 벗어던져야 해양실크로드라는 풍부하고 다채로운 해양역사에 대한 연구가 수행될 수 있을 것이다.

필자는 2005년에 북경(北京) 오주전파출판사(五洲傳播出版社)의 권유로 『해양실크로드』라는 한 권의 책을 서술하게 되었다. 국내와 국외의 독자들을 위해 학술성과 지식성을 강조한 동시에 가독성을 결합하였고, 내용적으로는 해양실크로드 발전의 역사를 고찰하고, 아시아, 유럽, 아프리카, 아메리카, 대양주 등 여러 국가의 항해사, 해양무역사, 항구사(港口史), 조선사(造船史), 이민사, 국제관계사, 종교문화교류사 등 다양한 방면을 포함하였다. 2006년 오주전파출판사는 이 책의 중국어판과 영문판을 출판하였다.

10년 후, 황산서사(黃山書社)의 권유에 응하여 필자는 이 책에 큰 폭의 수정과 증보를 하였지만 책의 기본 구조는 바꾸지 않았다. 국내외 학술계의 새로운 연구성과와 고고학적 발견 결과들을 담고, 필자가 다년간 세계각지를 방문하고 교류하며, 필드조사를 통해 채집한 일차자료와 실물사진을 더하여 본 책의 내용을 더욱 풍부하게하고, 구성역시 더욱 완전하게 하였다. 2016년과 2017년에 황산서사와 홍콩삼련(三聯)서점에서 중국어판과 번체자판을 출간하고, 2018년 국제적인 지명도를 가진 로열 콜린스 인디아 출판사(Royal Collins India Company)에서 영문판을 출판하였다.

2014년 9월 필자는 큰 행운으로 한국해양대학교가 중국 광주에서 거행하는 "해양실크로드와 해항도시" 국제학술대회에 참가하여 해양사와 해양실크로드의 연구성과와 최신 동향을 접하고, 한국 해양사학계의 정수일 교수, 정문수 교수, 윤명철 교수, 최낙민 교수, 하세봉 교수 등 여러 학자들을 만나고 많은 수확을 얻었을 뿐만 아니라 잊지 못할 추억들을 만들었다. 특히 최낙민 교수는 친절하게도 서양사에 깊은 조예를 가진 한국해양대학교 현재열 교수와 연락하여 졸저『해양실크로드』를 한글로 번역하고 한국에서 출판할 수 있게 도와주었다. 현재열 교수는 일 년 여에 걸친 힘든 번역 작업을 완성하고, 인쇄에 들어가기에 앞서 필자에게 한국어판을 위한 서문을 요청해왔다. 이에 필자는 지면을 통해 현재열 교수와 최낙민 교수에게 특별한 감사를 표하고, 본서의 다언어 출판을 위해 다년간 지속적인 관심과 지지를 보내주신 정뢰(鄭磊), 고양(高楊), 이빈(李斌) 등 여러 선생님께도 감사의 말씀을 전한다.

어떤 학자는 이 책을 "해양실크로드의 2,000년 역사를 독파하는 최고의 도서"라 평하였다. 말이 과장되긴 했지만, 필자는 이 책이 한국에서 출판되어 독자들에게 해양실크로드와 관련한 역사지식과 유익한 계시를 제공하고, 중국과 한국의 문화교류와 문명의 진보를 촉진할 수 있기를 기대한다. 동시에 한국학계와 독자들이 이 책에 대해 많

은 귀중한 비평의견을 제기해 주시기를 기대한다. 이에 서(序)를 적는
다.

이경신(李慶新)
2018년 7월 30일 중국 광주에서

목 차

일러두기

■ 본서는 저자가 한국어판 발행을 위해 직접 제공한 영어판 원고 *Maritime Silk Road*를 번역한 것이다. 단, 본문 내용의 보다 정확한 이해를 위해 번체자(繁體字)로 제작된 『海上絲綢之路』, 香港: 三聯書店, 2017을 참고하였다.

■ 본서는 많은 중국 지명 및 중국 인명이 나오지만, 발음상의 혼란을 피하기 위해 한국어 한자음 표기를 기본으로 옮겼다. 여타 나머지 언어의 발음은 기본적으로 현지 음에 준하고 국립국어원의 외래어 표기법을 따랐다.

■ 본문의 각주[1][2][3]는 원문에서 저자가 주로 지명과 관련하여 독자의 이해를 돕기 위해 괄호로 처리한 내용인데, 한국어판에서는 독자의 가독성을 위해 옮긴이가 각주로 옮긴 것이며, 원저자의 주는 영어판 원고의 편제에 따라 미주[1)][2)][3)]로 붙였다.

■ 미주는 영어판 원고의 편제에 따라 참고 및 인용문헌을 영어로 표기하였다. 한편 본문의 그림 출처는 번체자판을 참고하여 번체자로 표기하는 것을 원칙으로 하였다.

■ 본문에 많은 한자어가 반복되어 나오기에, 처음 나온 한자어에만 한자를 병기하는 원칙을 지키기보다 반복되는 한자어에 적절하게 한자를 괄호로 병기하는 것이 읽는 이의 이해에 편리하다고 보아, 그렇게 하였다.

서 문

서 문

  20세기 영국의 위대한 철학자 버트런드 러셀(Bertrand Russell: 1872~
1970년)은 자신의 책『중국 문제(*The Problem of China*)』에서 이렇게
쓴 적이 있다. "과거 다른 문명들 간의 접촉은 종종 인간 진보상의 이
정표인 것으로 드러났다. 그리스는 이집트로부터 배웠고, 로마는 그
리스로부터 배웠으며, 아랍인들은 로마제국으로부터 배웠고, 중세 유
럽은 아랍인에게서 배웠다. 그리고 르네상스 시기 유럽은 비잔틴 제
국으로부터 배웠다. 이들 중 많은 경우 선생보다 학생이 더 나은 것으
로 판명되었다."[1] 문명들 간의 접촉과 교류는 흔히 운송이 매개하기
마련인데, 고대 해양실크로드가 동·서 간 경제적·문화적 교류에 중
요한 통로 역할을 한 것은 분명하다.
  육로와 해로가 두 곳을 연결했다. 육로는 일찍이 기원전 2세기에
이루어졌다. 육로는 중국의 위수(渭水) 유역에서 시작하여 하서주랑
(河西走廊)을 거쳐 중앙아시아, 남아시아, 서아시아에 이른 후 유럽으
로 연결되었고 심지어 멀리 북아프리카까지 뻗어갔다. 다음 2,000년
동안에 중국산 실크와 실크직물이, 그리고 뒤에는 다른 상품들이 이
경로를 따라 서쪽으로 움직였다. 그래서 이 경로를 실크로드(Silk Road;
絲綢之路)라고 불렀다. 그 밖에 몽고의 초원에서 출발하여 시베리아를
거쳐 동유럽과 러시아에 이르는 교역로가 있었는데, 이것은 "초원실

크로드(Silk Road on the Prairie)"라고 했다. 한편 중국 남서부에서 시작해 청장고원(靑藏高原)을 경유해 인도 아대륙에 이르는 교역로는 "남서실크로드(Southwestern Silk Road)"라고 불렀다.

그러는 사이에 중국 동남부 연안의 항구에서 출발해 남쪽으로 남중국해를 지나 말라카 해협을 거쳐 인도양과 페르시아만을 가로질러 아프리카와 유럽에 이르는 해양 교역로가 확립되었다. 또 다른 주요 항로는 동중국해를 지나 일본 열도와 한반도에 이르는 것이었다. 이 두 항로가 해양실크로드(Maritime Silk Road; 海上絲綢之路)로 알려지게 되었다.

'실크로드'라는 말은 1877년 독일 지리학자이자 지질학자인 페르디난트 폰 리히트호펜(Ferdinand von Richthofen: 1833~1905년)이 자신의 책『중국(China)』(1권)에서 처음 사용했다. 책에서는 중국에서 그리스 및 로마에 이르는 육로에 관해 논하면서, 그 육로를 따라 중국산 실크와 실크 직물이 대량으로 서쪽으로 운반되었기 때문에 '실크로드'라는 말을 사용했다. 1987년 유네스코(UNESCO)는 "실크로드에 대한 종합 연구: 대화의 길(Integral Study of the Silk Roads: Roads of Dialogue)" 프로젝트를 출범시켰다. 1990년 유네스코는 해양실크로드를 따라 자리한 여러 나라에서 진행되는 연구의 통합을 추진했다. 그때 이래 실크로드라는 말과 해양실크로드라는 말이 널리 인정되고 사용되어 왔다.

서력 기원 전후의 여러 세기 동안 이집트와 그리스, 로마, 페르시아, 인도, 중국을 비롯한 고대 문명들은 각각 해로를 발전시키고자 애썼고, 이 해로들이 뒤에 동과 서를 연결하는 해양실크로드를 이루게 되었다. 그 해로 중에 동중국해를 경유해 동북아시아로 이어지는 해로는 '동중국해 항로'라 불렸고, 남중국해를 거쳐 인도양에 이르는 해로는 '남중국해 항로'라 불렀다.

동과 서를 잇는 주요 연결로로 기능한 '남중국해 항로'는 다음과 같은 다양한 국면을 통해 발전했다.

중국의 해상 운송은 진(秦: 기원전 221~207년)과 한(漢: 기원전 202~서기 220년) 시기 동안 처음으로 형성되었고, 서쪽에서 동쪽으로 진행되어 온 해상 교통로와 접촉하였다. 기원전 207년 진이 멸망하자, 진의 장군 조타(趙佗: 기원전 240~137)는 남월(南越: 기원전 204~111년)을 세웠다. 이 나라는 해양적 특성을 반영한 문화와 관습을 갖고 있었다. 남월은 동쪽으로 민월(閩越)[1]에서 서쪽으로 검전(黔滇)[2]에 이르고, 남쪽으로 베트남 북부에 이르는 영역을 지배했다. 남월은 북쪽의 흉노와 함께 "강력한 흉노와 남월(强胡勁越)"이라고 할 만큼 강했고, 선진적인 조선업과 강력한 해군력에 힘입어 남중국해의 운송과 교역을 지배했다.

영남(嶺南) 지역의 중심 도시이면서 남월의 수도였던 번우(番禺)는 남중국 해 연안의 주요 교역항 중 하나이기도 했다. 1982년 기원전 137년부터 기원전 122년 사망 시까지 남월을 지배한 두 번째 왕 문제의 능(文帝陵)에서 진기한 유물들이 발굴되었다. 그 유물 중에는 페르시아산 은합(銀盒), 아프리카산 상아, 황금 구슬목걸이가 있었다. 특히 황금 구슬목걸이는 메소포타미아식 공정을 거쳐 만든 것으로 표면에 꽃 모양을 용접해 붙였다. 이런 유물들은 당시 번우에서 이루어진 대외무역을 증언하고 있다. 이런 대외무역을 통해 번우는 남중국해 권역의 무역 중심지이자 교통 허브로서의 지위를 확립했고, 한대에 해양실크로드가 한층 더 발전하는 데 확고한 기초를 놓았다.

기원전 111년 한나라가 남월을 정복했다. 한무제(漢武帝: 기원전 156~87년)는 서문(徐聞)과 합포(合浦)에서 남중국해로 사절들을 파견

---

1 오늘날의 복건.
2 오늘날의 귀주와 운남.

했고, 이 사절들은 멀리 황지국(黃支國)과 이정불국(已程不國)에까지 이르렀다. 이때 황지국은 인도 남부에 있었으며, 이정불국은 오늘날의 스리랑카를 말한다. 이 일은 해양실크로드의 발전에서 획기적인 사건이었다. 번우, 서문, 합포에서 시작하여 서쪽으로 나아가는 이 항로는 결국 지중해와 페르시아만, 인도양의 항구에서 동쪽으로 이어지던 항로와 연결되었다. 이것이 동·서 간 해양실크로드를 완성시켰던 것이다.

위(魏)나라(220~265년)와 진(晉)나라(265~420년), 남북조 시대(420~589년)를 연이어 거치면서 새로운 해양 교역로가 남중국해를 통해 열렸다. 북조의 긴장 상태로 인해, 남쪽의 육조(六朝) 정권-동오(東吳: 222~280년), 동진(東晉: 317~420년), 송(宋: 420~479년), 제(齊: 479~502년), 양(梁: 502~557년), 진(陳: 557~589년)-은 자신의 권역을 발전시키는 것을 중시하면서 해양 자원을 개척하는 데 집중하였다. 남쪽의 보다 안정된 환경과 빠른 발전, 선진적인 조선 기술 및 항해 기술이 해양실크로드를 한층 발전시키는 데 유리한 조건을 제공했다. 심해 항로가 열려 광주(廣州)에서 해남도(海南島) 동쪽 해역을 거쳐 서사군도(西沙群島)를 경유해 이어졌다. 그 항로는 남쪽으로 내려가 말라카 해협을 거쳐 인도양에 이르렀고 거기서 서쪽으로 페르시아만을 향해 이어졌다.

수(隋)·당(唐)대 동안 중국은 세계에서 가장 부유한 나라였고 해상 교역로도 크게 발전했다. 경제적 중심이 남쪽으로 이동하면서, 중국은 사회·경제적 발전이 크게 진전되었고 유례없는 번영과 강력한 국력을 과시했다. 당과 서방 간의 접촉은 육로가 아니라 주로 해로에 집중되었고, 해양실크로드가 급속하게 발전하였다. 당의 재상 가탐(賈耽)은 자신의 저작 『황화사달기(皇華四達記)』에서 광주로부터 출발하여 남중국해에서 인도양, 페르시아만, 아프리카 동부 연안까지 90개 이상의 나라 및 지역들을 연결하는 해양 교통로를 기록하였다. 이 항로들은 당시 세계에서 가장 긴 것이었고, 아시아와 아프리카 간의 대륙간 수송의 동맥이었다. 해양실크로드를 따라 교주(交州),3 광주, 천주(泉州), 명주(明州),4 양주(揚州), 등주(登州) 등이 중요한 항구가 되었다. 당대에는 일련의 무역관리 체계가 도입되면서 광주에 시박사(市舶司)가 설치되었다. 송(宋) 이후에는 다른 항구들에도 시박사(市舶使)가 임명되었고, 그 제도는 청대에 관세제도가 도입될 때까지 지속되었다.

당시 남중국해 항로는 중국 동남부 연안 지역을 포괄하는 수송망과 긴밀하게 연결되었고, 동중국해 항로와 합쳐져 일본과 한반도로 이어졌다. 동북아시아 바다에서 신라해상의 무역 활동은 동아시아에서 경제적·문화적 유대를 강화하는 데 주도적인 역할을 했다.

해양 교통로는 송·원(元)대에 서쪽과 남쪽으로 확대되어 절정기에 이르렀다. 당시 조선 및 항해 기술의 개선으로, 특히 항해용 나침반의 사용 덕분에 중국 상선의 대양 항해 능력은 훨씬 더 증진되었다. 보다 중요한 것은, 송대의 경제가 이전 그 어느 때보다 활황을 맞이했고 정부의 지원에 힘입어 해양 교역이 크게 발전한 것이다. 원대에는 상업과 대외 무역을 증진시키려는 정부 정책의 결과로 해양실크로드가 정점에 이르렀다.

송 시기 남중국해 항로는 훨씬 서쪽으로 뻗어나가 오늘날의 스페인 남부에까지 이르렀다. 새로운 항로가 더해졌다. 복건(福建)의 천주에서 팽호(澎湖)와 유구(琉球)5를 경유하여 필리핀 해역에 이르거나 천주나 광주에서 광동(廣東) 연안 지역과 남해제도(南海諸島)를 거쳐 자

---

3 현재는 베트남에 위치.
4 오늘날 영파(寧波).
5 이 '유구'는 류큐가 아니라 오늘날의 대만을 가리킨다.

바 섬 북쪽 해역에 이르는 항로이다.

송대에는 대외무역을 관장하는 시박사가 광주, 명주, 항주(杭州), 천주, 수주(秀州), 밀주(密州)를 비롯한 연안 항시(港市)들에 세워졌다. 신종(神宗) 치세에는 중국 역사상 최초의 해상무역 관리법인『광주시박조법(廣州市舶條法)』이 반포되었다. 원대에는 정부가 규정을 수정하여『지원시박법(至元市舶法)』(쿠빌라이 칸 시기)과『연우시박법(延祐市舶法)』(부얀투 칸 시기)을 반포하였다.

명(明)·청(淸)대에는 남중국해의 교역이 세계해상무역체계와 통합되었다. 그렇지만 15세기에서 18세기에 이르는 시기에 큰 변화가 있었다. '발견의 시대'가 새로운 세계해양무역 시대의 문을 열었다. 유럽 상인들의 식민 활동과 광범위한 해외개발로 전통적인 해양실크로드에서 이루어지던 평화로운 교역 방식이 바뀌었다. 명은 장기적인 해금정책(海禁政策)을 부과하여 광동을 제외한 모든 곳의 관세 항들을 폐쇄하면서 오랫동안 번성하던 해상교역을 억제하였다. 청 정부는 대만을 다시 장악한 후 광주와 하문(厦門), 영파, 상해(上海)에 4개의 해관(海關)을 설치했다. 하지만 역사적·지리적·정치적 요소들로 인해 중국과 서구 여러 나라들 간의 교역은 광동으로 이동했다. 1757년 청 정부는 모든 무역 활동을 광주6 항으로 집중시켰고, 이것은 "일구통상(一口通商) 체제(단일항 교역체제)"로 알려지게 되었다. 이런 체제는 제1차 아편전쟁(1842년)까지 지속되었고, 그 이후 4개의 다른 교역항 ─하문, 영파, 복주(福州), 상해─이 개방되었다.

서구의 해양 확장으로 인해 전통적인 해양실크로드는 오늘날 글로벌화 시대의 선구 격이었던 해양교역체계로 편입될 수밖에 없었다. 서유럽에서 중국에 이르는 2개의 해양 수송로가 새로이 등장하고 있

---

6 서구에서는 캔톤(Canton)이라 불렀다.

었다. 하나는 유럽 항구에서 출발해 아프리카 서부해안을 따라 남쪽으로 내려가서 아프리카 남쪽 끝에 있는 희망봉을 돌아 인도양을 가로지른 후 수마트라섬(Pulau Sumatra)에 이르고, 거기서 북쪽으로 돌아 남중국해 쪽으로 가서 중국의 마카오, 광주, 월항(月港) 같은 항구들에 이르는 것이다(다른 방식은 말라카 해협을 지나 인도차이나 반도 해역을 거쳐 가는 것이다). 다른 해양 수송로는 유럽 항구에서 출발해 대서양을 횡단한 뒤 마젤란 해협을 거친 후 태평양을 횡단해 필리핀 제도에 이르는 것이다. 필리핀 제도에서는 바로 중국 동남부 연안지역에 이를 수 있었다. 중국과 아메리카 사이의 교역을 통해 새로운 태평양 항로가 문을 연 것이다.

인류 역사에서 해양실크로드는 동과 서를 연결시키고, 다른 나라와 인종들 사이에 경제적·문화적 접촉을 증진시켰으며, 세계 역사를 추동하여 인류의 진보에 크게 기여했던 것이다.

동·서 간 운송과 해양 교역의 주된 통로였던 해양실크로드

1,900년도 더 전에 로마제국의 학자인 대(大) 플리니우스(Gaius Plinius Secundus: 서기 23~79년)는 자신의 저작 『자연사(*Naturalis Historia*)』에서 이렇게 썼다. "마치 인간 몸이 영양분을 흡수하듯이, 세계 여러 지역에서 이런 종류의 무역을 지속적으로 유지하는 것은 아주 유용하다!"[2] 서력이 시작될 무렵 동·서의 여러 나라들은 해양실크로드를 통해 서로 교역하면서 자신들의 삶을 풍요롭게 하고 물질문명을 공유하였다. 중국은 주로 실크와 금을 수출했고, 향신료와 보석, 물총새 깃털(翠羽), 코뿔소 뿔(犀角), 상아, 대모(玳瑁), 채색 유리, 유리 그릇, 마노(瑪瑙)를 비롯한 사치품을 수입하였다. 당시 진주, 코뿔소 뿔, 채색 유리, 과일, 직물 같은 상품의 활발한 유통 중심지는 중국 남부의

큰 항구였고 지금은 광주 교외에 위치한 번우였다. 번우는 남중국해의 몇몇 상업 도시와 운송 허브 중 하나였는데, 이런 도시와 허브들은 2,000년 이상에 걸쳐 해양 교역에 활발하게 참여해 왔다.

8세기와 9세기 사이에 육지와 해상의 경제 및 교역 통로들이 동과 서를 연결하면서 구축되었다. 남중국해와 인도양, 페르시아만을 아우르는 권역들에서는 장기적이고 부드러운 해양 교역 접촉과 문화적 · 기술적 · 인적 교섭이 이루어졌다. 그것은 세계해양문명의 역사에서 '제1차 대항해시대'라고 부를 만한 것이었다. 동아시아, 남아시아, 서아시아, 유럽 사이에 대규모 무역 연계와 시장 연쇄들이 이루어지면서 세계의 정치 · 경제적 양상의 발전에 깊은 영향을 주었다. 바투 히탐(Batu Hitam)과 인탄(Intan) 같은 동남아시아 근해에서 조난당한 선박들에서는 호남(湖南), 하북(河北), 하남(河南), 회남(淮南) 같은 중국 내지와 절동(浙東)과 영남(嶺南) 같은 연안 지역에서 만들어진 고급 자기(瓷器)들이 대량으로 발굴되었다. 이는 자기가 해양실크로드를 따라 거래된 대량 운송 상품 중 하나였음을 보여준다. 수출과 시장 수요가 수공업의 발달을 자극했고, 해외 시장을 겨냥한 산업들이 번성하였다. 당대와 송대 사이에 중국에서는 경제적 · 사회적 변혁이 일어났음을 현재 국제 학계가 인정하고 있다.

국제적인 해양교역과 대규모 시장 수요의 성장에 힘입어, 동과 서 모두에서 일단의 해항도시들이 등장하여 번영을 누렸다. "이라크에서 중국과 인도까지 상인들의 흐름이 끝없이 이어지고 있다"고 9세기 중반 아랍의 문서에 기록되어 있다.[3] 페르시아만과 지중해 지역에서는 소하르(Sohar), 무스카트(Muscat), 바스라(Basra), 반다르 시라프(Bandar Siraf), 카이로(Cairo), 알렉산드리아(Alexandria)가 국제 항구들로 유명했다. 고대 해양 교역로에서는 아랍 상인들이 주역이었다. 그들은 세계 전역을 돌아다니며 직물과 보석, 청동거울, 목걸이, 향신료, 대추야자, 자당(蔗糖), 면직물, 모직물, 유리그릇, 철제 도구를 판매하였다. 그들은 극동에서는 향신료와 장뇌(樟腦), 실크를 수입했고 아프리카에서는 상아와 흑단(黑檀), 흑인노예를 수입했다. 아랍제국(632~1258년)의 수도인 바그다드(Baghdad)는 페르시아만으로 바로 이어지는 티그리스 강을 통해 바스라와 연결되었다. 바그다드는 제국의 심장이자 상인과 상품이 흩어지는 허브로서 기능하였고, 그래서 "세상에 비길 데가 없는 도시"로 알려졌다.

중국의 연안 해항도시들도 번영을 누렸고, 그런 해항도시의 시장들은 해외에서 들어온 보물들로 넘쳐났다. 9세기 아랍의 고전적인 지리서 『여러 길과 여러 나라에 대한 기록(*The Book of Roads and Kingdoms*; 道里邦國志)』에는 당대 중국 남부 연안을 따라 번성한 4개의 주요 해항도시가 나온다. 루킨(Luqin; 魯金; 龍編)[7]과 칸푸(Khanfu; 漢府),[8] 칸주(Khanju),[9] 간투(Gantu; 江都)[10]가 그것들이다.[4] 당나라 사람들이 쓴 글들에는 남쪽의 중요 해항도시 광주가 "남해에 있는 전략 도시"로 그려져 있다. "매일 중앙평원과 북방에서 사람들과 상품들이 수백 개의 수레에 실려 이곳으로 들어오며",[5] "광주의 시장들은 목걸이, 향신료, 코뿔소 뿔, 상아, 대모 같은 외국에서 들여온 희귀 보물들로 가득 차 있다."[6] 당대의 한 글은 장강(長江) 하류에 위치한 항주에 대해 "복건과 번우, 월에서 나온 상품들이 이곳에 모인다"고 하였다.[7] 당대의 유명한 시인 원진(元稹)은 한 시에서 이렇게 노래했다. "이곳 사람들은 대부분 머리에 두건을 써 자신이 상인임을 알리고, 페르시아 상인들은 보통 보물을 옷 속에 감추어 갖고 다니네." "남쪽은 수도에서 멀리

---

7 오늘날 베트남의 롱비엔(Long Bien).
8 당시의 廣府, 현재는 광주.
9 오늘날의 福州이거나 아니면 杭州일 것이다.
10 오늘날의 揚州.

떨어져 있고 여간해선 이곳에 관리가 오질 않네. 그러니 육로보다 해로가 더 편하다네. 오중(吳中)에서는 장사하기가 너무 좋다네."[8] 교역로가 원활하게 돌아갔기에 수도 장안(長安)의 약방들에는 남쪽에서 들여온 물건들이 몰려들었다.[9]

16세기 이후의 소위 '대항해시대'에는 해안선을 갖춘 거의 모든 나라들이 세계해양교역 체계에 참여하여 글로벌화의 초기 형태를 이루었다. 곧바로 중국의 차가 유명세를 타 실크 및 자기와 함께 주요 수출 상품 중 하나가 되었다. 남중국해 권역에 있는 여러 나라로부터는 그 지역 특산품이 수입되었고, 그에 더해 서구로부터는 모직물과 면직물, 시계류, 향수, 모피, 금속이 수입되었다. 일본과 아메리카에서 생산된 은(銀)도 중국으로 흘러들어왔다.

동·서 간 친교와 교섭을 이어주었던 해양실크로드

동·서 간에 이루어진 해양실크로드는 오래된 문명들을 유럽과 연결해 주었고 뒤에는 새로이 등장한 아메리카를 그런 문명들과 연결해 주었다. 이로써 해양실크로드는 인간 진보와 사회 발전에 크게 기여하였다. 이런 바닷길들을 따라 사절과 상인, 성직자, 여행자들이 수많은 나라와 지역들 사이를 오갔다. '모든 길은 로마로 통한다'는 말처럼, 해양 네트워크는 세계 여러 곳들 간의 거리를 좁혔고, 그에 따라 그런 곳들 간의 공식 접촉이 더욱 빈번해지고 사람들 간의 유대관계는 더욱 긴밀해졌다. 스페인 남부에서 지중해와 아프리카 동부 연안, 인도양, 남중국해를 거쳐 중국 남동부 연안지역에 이르는 해양실크로드는 동과 서를 잇는 대동맥이자 가교(架橋)였다.

8세기부터 14세기까지 중국은 세계에서 가장 부유하고 강력한 제국 중 하나였다. 70개 이상의 나라와 지역들이 당 조정과 공식 관계를 맺고 있었고, 송·원대에는 그런 나라와 지역들이 140개 이상으로 늘어났다. 명초에 수행된 정화(鄭和: 1371~1433년)의 대원정으로 중국과 그 이웃들 간의 '조공체제(朝貢體制)'를 특징으로 가진 동아시아 질서가 힘을 얻었고 유례없이 번성하였다. 이 질서는 그들이 같이 공유한 윤리와 사회적 가치에 기초하여 구축되었다. 중국인들은 도덕을 지키고 도덕적 완결성을 통해 다른 나라의 존중을 얻고자 하였다. 평화로운 공존의 원칙하에 중국 각 왕조의 조정은 경제적 유대관계 속에서 자신이 얻는 것 이상을 제공했다. 대외관계와 경제적·교역적 유대는 긴밀하게 연결되었고, 따라서 중국과 관련 국가들은 모두 해양실크로드상의 나라들이 고도로 뒷받침하고 지지했던 이런 제도적 정비를 통해 서로 이익을 올렸다. 15세기 이후 중국의 대외관계의 초점과 무역 상대가 동남아시아에서 유럽 및 아메리카의 나라들로 바뀌면서 동·서 간의 관계는 새로운 단계에 진입했다.

동·서 간 문화교류와 종교 전파의 통로로서의 해양실크로드

해양실크로드는 동·서 간 경제 및 문화 교류에 중요한 가교였다. 그 길을 따라서 수많은 민족과 나라들이 상호 접촉과 학습을 통해 풍부하고 다채로운 해양실크로드 문화를 이루었다. 해양실크로드의 탐사와 확장으로 남중국해와 인도양, 지중해의 여러 권역들을 아우르는 무역 네트워크가 한층 발달하였다. 이런 과정 속에서 중국, 인도, 로마의 문명들은 상호 접촉과 소통을 향유했다. 중국 문화는 주강(珠江) 하구에서 북부(北部) 만에 이르는 해안에 자리한 번우, 서문, 합포, 일남(日南) 등에서 인도양으로 실크를 싣고 간 상선들을 통해 동남아시아와 남아시아 아대륙으로 퍼져나갔다. 동시에 인도와 로마의 문화도 불교와 브라만교 같은 종교와 함께, 동남아시아로 항해하고 거기서 다시 인도차이나 반도를 거쳐 중국으로 항해한 상선들을 통해 퍼져나 갔다. 여러 종교 시설들의 유구(遺構)와 유적들은 이른 시기에 해양 교통로를 따라 이루어진 문화적·종교적 교류의 풍부한 결실들을 보여준다. 중국에서는 광주에 있는 남월의 문제릉(文帝陵), 번우의 한대 묘지터, 광효사(光孝寺)·화림사(華林寺) 같은 불교사원, 북부 만 연안 합포의 한대 묘지, 서문의 움집형 창고 유적이 그런 유적들이다. 베트남 중부에서는 송코이 강(紅河) 델타지역의 불교 유적지와 미손(My Son) 성역(聖域), 동두옹 (Dong Duong) 유적지, 트라키외(Tra Kieu) 유적지가 발굴되었으며, 남베트남에는 오케오(OcEo) 항구 유적지가 있다. 말레이시아의 조호르 마르캄(Johor Markham)에 있는 살톤(Salton) 유적지와 인도에서 발굴된 아리카메두(Arikamedu) 유적지·콘제바람 (Conjevaram) 유적지도 그런 곳들이다.

서기 1세기에 종려섬유로 만든 배인 마다라타(madarata) 선이 페르시아만의 북쪽 해안에서 등장했다. 뒤에 이 조선기술은 시라프(Siraf) (이란)와 오만(Oman)으로 전달되었고, 이때 종려섬유 대신에 코코넛 밧줄과 퍼티(putty)를 이용해 판자를 접합하는 방식으로 바뀌었다. 중세 초기에 오만과 아라비아 남부 연안에서 배를 만든 이들은 마르카브(markab)와 사피나(safinah)라고 불리는 돛이 하나 있는 배를 만들었다. 시라프의 배들은 9세기에도 여전히 못이 아니라 코코넛 밧줄로 접합되어 있었다. 3세기와 4세기 사이에 이 조선기술이 중국 북부항구들로 항해하던 아랍 상선들을 통해 중국의 영남으로 전래되었고, 그 뒤 선박 건조에 능숙했던 광동 사람들이 그 기술을 습득했다. 서진 (西晉)의 혜함(嵇含)이 쓴 『남방초목상(南方草木狀)』에는 사탕야자 껍질이 보다 연하고 물에 담겨도 질기기 때문에 외국인들이 판자를 묶어 배로 만들면서 밧줄로 그것을 사용한다는 기록이 있다. 이런 조선기술은 9세기를 거치며 영남 연안 지역에 확산되었고, 12세기 무렵에는 기술이 개선되어 못과 동유(桐油)가 아니라 등나무 줄기로 배를 만들었다. 이런 배들은 물에 젖으면 부풀어 오르는 말린 꼭두서니(茜草)로 이음새를 채웠기 때문에 물이 새지 않았다. 건조되는 배의 크기가 더 커졌고, 이렇게 건조된 배는 더 먼 거리를 항해할 수 있었기에 상인들이 즐겨 이용했다.[10]

중국과 여타 외국과의 교류에 힘입어 당대 사람들은 외국 문명에서 전래되는 종교를 통해 보기 드문 정신적 만족을 누렸고, 외부 세계로부터 가치를 매길 수 없는 보물들이 그들에게 제공되었다. 이런 모든 것은 중국 문명에 활력을 주었다. 불교, 천문학, 인도산 사탕수수, 이슬람교, 네스토리우스교(景教), 마니교, 외국의 춤과 음악, 공예품, 비잔틴 세계의 가극(歌劇)과 의학이 모두 중국으로 흘러들어와 당 문화의 일부를 이루었다. 이를 두고 일본학자 기미야 야스히코(木宮泰彦)는 이렇게 말했다. "당 문화가 한(漢)문화만이 아니라 외국 문화들, 특히 인도 및 이란 문화들이 뒤섞인 것이라는 점은 명백하다."[11]

8세기 이래 해양 교통로를 통해 다종다양한 외국 산물이 중국으로 들어왔다. 중국의 약재와 음식재료에 "해약(海藥)"이라 불린 수입 곡물과 약재들이 더해져, 중국 전통의학을 발전시키고 중국 사람의 식단을 바꾸었다. 16세기 중반 이후에는 고구마와 파파야가 광동과 복건에 전래되었고, 거기서 중국 내지로 확산되면서 중국의 음식 문화에 큰 영향을 미쳤다. 특히 고구마는 중국에서 밀과 쌀 다음가는 중요 식량작물이 되었고, 중국의 식량공급 구조를 크게 바꾸었으며 인구성장으로 인한 식량 부족 문제를 완화시켰다.

이슬람의 선지자 마호메트는 "저 멀리 떨어진 중국에서도 지식을 구해야 한다"고 했다.[12] 이런 교의(敎義)를 따라 이슬람교도들은 여러 세대에 걸쳐 지식을 찾아 '동방(東方)'으로 향했다. 8세기에서 14세기 사이의 아랍 세계에서는 중국산 공예품을 사용하며 소중히 여겼고,

이후 그 제작기술이 서구로 전파되었다. 당·송대 이래 자기는 중국의 주요 수출품이었다. 고도로 발전된 제국의 문명을 구현했던 정교하게 장식된 자기와 백자가 아라비아로 수출되어 서아시아 전역에 걸쳐 지속적인 자기 열풍을 촉발했다. 아랍상인 술레이만(Suleiman)이 쓴 『인도·중국견문록(*The Travels between India and China*)』에 묘사된 것처럼, 광주의 항구에는 대량의 자기가 비축되었다가 인도양 주변의 나라들로 선적되었다. 이런 나라에서는 중국 자기의 섬세함과 다채로운 유약에 찬탄을 아끼지 않았다. 술레이만의 책에는 제조기술에 대한 설명도 있다. 색채와 몸체, 형태 면에서 중국 자기가 가진 장점을 유지하면서 아랍인들은 그들 나름의 이슬람 자기를 생산해 내었다. 15세기 이후 중국 자기는 대량으로 거래되어 포르투갈과 스페인, 네덜란드의 상선에 실려 유럽으로 보내졌다. 근동 지역에서는 청화백자(靑花白瓷)에 자극받아 도자기 공예가 재차 활기를 띠었다. 그래서 서구 학자들은 유럽의 자기제조업 성장이 이슬람과 중국에 힘입은 것이라고 하였다.

동·서 간의 문화 교류는 한쪽이 다른 쪽에서 서로 배우는 쌍방향적 과정이었다. 송의 지리학자 주욱(朱彧)이 쓴 『평주가담(萍州可談)』에는 11세기와 12세기에 중국 배들이 나침반을 사용했다는 기록이 있다. 이것은 지금까지 역사상 나침반을 항해에 사용했다는 가장 오래된 기록이다. 그 뒤 나침반은 중국 상인과 뱃사람들을 통해 해양 교통로를 따라 해외로 퍼져 나갔고, 아랍의 항해기술과 아울러 세계 항해기술 발전에 힘을 보탰다. 이것이 유럽인의 '대항해시대'와 새로운 항로 개척에 기술적·지적 기초를 놓은 것이다. 유럽인의 새로운 항로 개척에 이어 가톨릭 선교사들도 '동방'으로 들어왔다. 예수회는 지리학과 수학, 기하학, 인쇄술, 화기(火器), 미술·음악 등의 예술을 가지고 들어왔다. 이 모든 것이 전통적인 중국 문화와 뒤섞이어 그 핵심적인 일부가 되었다. 16세기 중반 이후 광주와 마카오에는 서구에서 온 수많은 상인과 선원, 선교사, 여행자, 예술가, 과학자들이 모여들었다. 그들은 중국의 고전(古典)을 외국어로 번역하고 전통적인 중국 문화를 서구에 소개하였다. 이를 통해 서구의 중국학 연구가 시작되었다. 그 외에도 '동방'의 풍미를 갖춘 수공예품, 의복, 자수제품 등 여러 물품이 유럽과 '신세계(New World)'로 운반되어 건축, 조경, 자기제조, 그림, 가구제작 등에서 모방되었다. 소위 '중국풍(chinoiserie)'을 불러 일으킨 것이다.

동·서 간의 문명교류와 평화로운 교섭의 결과로 해양실크로드는 항로상에 위치한 각 나라의 문화에 뿌리를 내렸고 문화적 다양성 속에서 각 나라의 특성을 존중하면서 글로벌적 시야를 발전시켰다. 동·서의 여러 문화들이 결합하여 해양실크로드가 이루어졌고, 거기에는 해양 교통로를 따라 바다에서 살아가는 사람들의 삶이 담겨있었다. 그것은 해양 교통로를 따라서 수많은 나라와 민족들의 사회구조와 윤리적·신앙적 틀을 건설하는 데 역사적으로 기여했을 뿐 아니라 그런 나라와 민족들 간의 경제적·정치적·문화적 소통을 발전시키는 데도 크게 기여했다. 해양실크로드가 이런 나라와 민족들의 역사적 발전과정에 깊은 영향을 주었던 것이다.

1980년대에 유네스코는 세계평화를 추구하고 실크로드에 담겨있는 대화와 교류, 평화, 우애라는 인류문명의 정수를 실행하기 위해 "실크로드에 대한 종합 연구: 대화의 길" 프로젝트를 출범시켰다. 이제 중국은 '실크로드 경제벨트(絲綢之路經濟帶)'와 '21세기 해양실크로드(21世紀海上絲綢之路)' 건설의 추진에 힘을 기울이고 있다. 전혀 새로운 발전이념과 풍부한 내용을 갖춘 새로운 환경 하에서 해양실크로드는 중국과 해양교통로상의 여러 나라들이 해양 문명의 새로운 결실을 맺는 데 반드시 도움을 줄 것이다.

제1장

동 · 서
해양 항로의 연결

제1장 동·서 해양 항로의 연결

1. 지중해에서 인도양으로:
이집트인, 페니키아인, 그리스인, 로마인의 기여

지중해는 고대 해양문명의 요람으로서 유럽과 메소포타미아 동부, 이집트를 연결하는 가교로서 중요한 역할을 했다. 기원전 4000년 이전에 고대 이집트인들은 나일 강 양안에 평야지대를 개간하는 한편으로 강 위에서 활발하게 전개된 어업과 수송을 위해 다양한 배들을 이용하였다. 초기 이집트인의 배들은 파피루스로 세심하게 묶었고 강이나 연안역(沿岸域) 항해에 맞도록 길고 편평했으며 양쪽 끝이 약간 경

그림 1-1 이집트 기자의 피라미드

사져 있었다. 뒤에 이집트 상선과 전선(戰船)들은 레바논에서 수입된 개잎갈나무(레바논 삼나무)와 무화과나무, 아카시아 나무로 만들어졌다. 조선 기술도 크게 진보했다. 조선 기술자들은 목재를 판자로 가공하고, 그것들을 장부1로 결합시켰다. 선체 바닥은 편평했고 선체는 용골(龍骨) 없이 가로 들보로 고정시켰다. 이집트에는 한 해 동안 내내 북풍이 불기에, 하(下)이집트에서 상(上)이집트로 항해하는 배는 돛을 널리 사용했다. 돛을 다루는 두 가지 방식은 "여행" 방식이 달랐음을 뜻했다. 돛을 펼친 것은 남쪽으로 항해하는 것을 가리켰고, 반면에 돛을 마는 것은 북쪽으로 가는 항해에 적합했다.1)

항해에는 선수(船首)에 기움돛대를 단 10미터 길이의 작은 돛배와 거대 뗏목을 이용했는데, 거대 뗏목은 나일 강을 따라 수백 킬로미터

그림 1-2 남쪽에서 항구에 도착한 배의 부조

사각돛을 말고 있으며 제5왕조(기원전 2500~2350년) 시기의 것이다.
카이로 국립박물관 소장.
출처: Fernand Braudel, *Mediterranean Archeology—Prehistory and Ancient History*, Social Sciences Academic Press(China), 2005.

---

1 한 부재의 구멍에 끼울 수 있도록 다른 부재의 끝을 가늘고 길게 만든 부분.

를 항해하면서 길이 30미터가 넘는 무거운 오벨리스크를 운반할 수 있었다. 지중해에서는 보통 아마(亞麻)로 만든 거대한 돛을 단 50미터 길이의 배가 운항했다. 고대 이집트에는 강력한 해군이 있었다. 기원전 2620년 제4왕조에는 길이 50미터에 이르는 큰 선박이 적어도 40척 있었고 60척의 다른 배들도 갖추었다. 제26왕조(기원전 609~524년) 시기에는 이집트의 배와 전선들이 아프리카 연안을 따라 항해해 지브롤터 해협에 이르렀다가 부바스티스(Bubastis)[2]를 거쳐 이집트로 돌아왔다.

이집트인들은 동아프리카와 지중해 간의 교역로를 열어 이 지역의 항해를 크게 자극하고 적극적인 공헌을 하였다. 하지만 프랑스 아날학파 역사가인 페르낭 브로델(Fernand Braudel)이 밝혔듯이, 이집트인들은 나일 강을 따라 여유롭게 항해하며 자기만족적인 삶을 누리고 아주 멀리 떨어진 세계에 대해 흥미도 가졌지만, 그곳과 교섭을 하는데는 그다지 큰 관심이 없었다. 즉, 고대 이집트인들은 나일 강을 따

그림 1-3 나일 강을 거슬러 올라가는 상선

테베(Thebes) 소재 사이네이푸(Saineifu) 무덤, "포도 무덤"으로도 알려져 있다.
출처: Fernand Braudel, *Mediterranean Archeology—Prehistory and Ancient History*, Social Sciences Academic Press(China), 2005.

---

2 나일 강 델타 지역에 있던 고대 이집트의 도시.

그림 1-4 "태양의 배(Solar Boat)"
1954년 쿠푸의 피라미드 남쪽에서 발견. 5,000년 전 개잎갈나무와 무화과나무 등으로 제작. 길이 46미터, 중간 폭 6피터이며 중앙에 길이 6미터의 객실과 양측에 6개씩 노가 있다.

출처: *Art and History of Egypt*, by Alberto Carlo Carpiceci, Centro Stampa Editoriale Bonechi, 2000.

라 항해하는 것은 즐기면서도 해양과 관련한 권리와 이해관계 등에 대해선 거의 관심을 두지 않았던 것 같다. 그 결과 외국과의 무역에 열중했던 사람들은 나일강 하구에 근거지를 두었던 가나안인(Cannanites)과, 크레타인, 페니키아인, 그리스인들이었다. 기원전 2000년 이후 해양기술상에 진보가 일어난 곳은 이집트가 아니라 페니키아 연안과 에게 해의 섬들 및 연안 지역, 크레타 섬과 그리스 지역이었다.2)

기원전 2500년에 페니키아인들은 카르타고에 기지를 두고서 레바논 연안에서부터 지중해를 가로지르는 상업 항로를 열었다. 태양과 북극성의 위치로 항로를 확인하면서 페니키아인들은 동지중해와 에게 해 사이를 왕래하였다. 페니키아인들은 주로 항해용 선박과 해전(海戰)용 선박, 두 가지를 이용했다. 항해용 선박은 교역과 어업을 위한 상선이었는데, 선박의 선체는 둥글고 바닥은 편평하며 그래서 "둥근 배(round ships)"라고도 한다. 주로 바람의 힘으로 움직였기에 배 위에는 돛이 있었다. 해전용 선박은 군함이었는데, 선체는 길고 좁아서 "가늘고 긴 배(elongated ships)"라고도 불린다. 이 배는 50명의 선원을 태우고 빠른 속도로 항해할 수 있다. 기원전 1200년에 페니키아인들은 선원 96명을 승선시킬 수 있고 속도가 더 빠른 돛과 노를 갖춘 2층 구조 군함을 건조했다. 훨씬

그림 1-5 긴 배를 새긴 페니키아 동전
선수에 공격용 '충각(衝角)'이 있다. 베이루트 국립
박물관 소장

그림 1-6 니네베 부조에
새겨진 페니키아 군선
양쪽에 노로 항해하는 모습
이다. 대영박물관 소장.
출처: Fernand Braudel,
*Mediterranean
Archeology –
Prehistory and
Ancient History,*
Social Sciences, 2005.

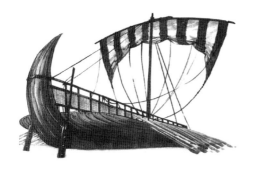

그림 1-7 페니키아 갤리선
출처: 施鶴群, 『西洋風帆船』, 上
海: 上海畫報出版社, 2000.

더 뒤에 그들은 돛과 노를 갖춘 3층 군함을 만들었는데, 속도와 전투
역량을 크게 개선한 것이었다.3)

기원전 8세기에 그리스는 유럽의 경제 강국이자 문화적 중심지가
되었다. 그리스의 도시국가들과 식민지들이 멀리 시칠리아 섬 동쪽
편과 이탈리아 반도 남부, 북아프리카까지 지중해를 중심으로 세워졌
다. 하지만 지중해에서 그리스의 확장은 에트루리아인과 페니키아인

과의 끊임없는 경쟁에 부닥쳤다.

그림 1-8 기원전 3000년경의
도자기 그릇
키클라데스 제도의 시로스 섬에서 발
견. 장식도안으로 선수에 '충각'을 달고
많은 노를 갖춘 배를 그려 놓았다. 아
테네 국립고고학 박물관 소장.
출처: Fernand Braudel, *Mediterranean
Archeology — Prehistory and
Ancient History*, Social Sciences
Academic Press(China), 2005.

그림 1-9 미노아 문명 시기의 배들
에게 해 남부 키클라데스 제도의 섬 티라(Thira)에서 발견된 기원전 1500년경에 그린
벽화. 에게 해의 항구를 오가는 군함과 상선 등과 도시의 석조 건물을 그렸다. 아네테
국립고고학박물관 소장.
출처: Fernand Braudel, *Mediterranean Archeology — Prehistory and Ancient History*,
Social Sciences Academic Press(China), 2005.

그림 1-10 고대 그리스의 갤리선과 돛을 단 함선
출처: 施鶴群, 『西洋風帆船』, 上海: 上海畫報出版社, 2000.

그리스인의 해양 선박은 형태가 둥글었고, 페니키아인으로부터 익힌 것이라고 얘기된다. 하지만 그리스인의 배는 더 커서 길이가 약 40미터 정도 되었다. 넓은 화물칸이 있었고, 배의 측면은 화물 적재용량을 늘리기 위해 아주 높게 건조되었다. 그리스의 군함은 훨씬 더 복잡해서, 2층 내지 3층으로 이루어졌다. 기원전 5세기에 돛과 노를 갖춘 3층 높이 그리스 군함은 길이가 40미터에 이르렀고, 고물의 양 편에는 키 역할을 하는 긴 노를 달았다. 배의 가운데에는 돛대가 하나 세워져 있었고, 거기에 높은 사각 돛이 부착되었다. 배 한 척 마다 선원 170명이 배치되었다. 선진적인 설비를 갖춘 그리스 군함은 빠르게 항해할 수 있었고 원거리 항해에 아주 적합하였다.

기원전 338년 마케도니아 왕 필립 2세(기원전 382~336년)는 그리스를 정복했다. 이어서 그의 아들 알렉산더가 페르시아 제국 전체를 정복하여 인도에까지 이르면서 '동방'으로부터 가해진 가장 큰 위협을 제거했다. 그리고 이것은 육지와 바다 모두를 통해 동방과 무역할 수 있는 길을 열었다.

기원전 5세기 초 무렵 로마인들은 에트루리아인의 지배로부터 벗어나 그들 자신의 공화국을 세웠다. 뒤에 로마인들은 일련의 전쟁을 통해 지중해의 최강 해상세력으로 등장하게 되었다. 기원전 4세기에서 1세기까지 로마군은 세 차례의 포에니 전쟁(Punic Wars) 이후 강대한 지중해 국가 카르타고를 제거했다. 그 뒤 로마인들은 다른 나라와 지역들과 함께 소아시아, 시리아, 팔레스타인, 이집트 등을 로마제국의 영토로 편입시켰다. 지중해는 로마제국의 "내호(內湖)"가 되었고, 로마인 자신은 그것을 "우리의 바다(Mare Nostrum)"라고 불렀다.

로마인들은 지중해 연안의 어떤 다른 민족에 못지않게 열성적으로 항해를 발전시켜 나갔다. 그들은 종종 영국해협을 건너 브리튼 제도로 넘어갔다. 동쪽 주들(provinces)이 세워지자, 로마 배들은 지중해 내의 항구들 사이에서 끊임없이 교역을 수행했다. 나폴리에서 알렉산드리아 항까지의 항해는 약 12일이 걸렸다. 코린트에서 알렉산드리아 항까지는 7일이 걸렸다. 골(Gaul) 남부에서 아프리카까지는 돛을 이용해 바람을 타면 약 5일이 걸렸는데, 스케티스(Scetis)에서 알렉산드리아 항까지는 약 6일이 필요했다.[4]

그림 1-11 고대 로마의 갤리선과 함선, 3층 갤리선
출처: 施鶴群, 『西洋風帆船』, 上海: 上海畫報出版社, 2000.

　로마인들은 그리스인들로부터 조선업을 물려받았는데, 선체와 적
재량 면에선 그다지 큰 변화가 없었다. 로마의 배들은 대부분 길이 27
내지 30미터, 폭 9미터로 250 내지 300톤의 적재용량을 갖고 있었다.
1998년 이탈리아 고고학자들은 피사(Pisa) 시 철도역 정면의 건설현장
에서 전혀 손상되지 않은 로마의 난파선 9척을 발견했다. 이 배들의
연대는 기원전 2세기와 서기 5세기 사이의 어느 시점으로 거슬러 올
라갔다. 그 배들은 그리스 암포라(Amphora)풍 그릇과 로마의 아레틴
(Arretine) 도기를 싣고 있었는데, 이 둘은 모두 포도주 용기였다.
　하지만 로마인들은 여러 조선 기술을 혁신적으로 개선하기도 하였

다. 그들이 거둔 혁신 중 하나는 다중 돛대와 다중 돛의 이용이었다. 그러한 로마 배에는 가운데에 주 돛대가 있고 선수에 보조 돛대가 있었다. 어떤 배에는 단일 돛대에 여러 개의 돛들이 달려 있었다. 이는 당시에는 전례가 없던 것으로 로마 조선업이 거둔 주된 진보였다. 또한 로마인들은 다양한 갤리선들을 발명했다. 3층으로 이루어진 갤리선의 경우 두 개의 돛대와 두 개의 돛이 있었고, 그래서 배는 바람이 45도 각도로 불어도 우회할 수 있었다.

해상 교역은 로마제국의 상업 활동 중에서 두드러진 위치를 차지했다. 클라우디우스(Claudius) 황제는 해상 운송과 선박 건조에 대한 관심이 깊었다. 나아가 네로(Nero) 황제와 트라야누스(Trajan) 황제는 로마의 외항(外港)인 오스티아(Ostia)와 치비타베키아(Civitavecchia), 앙코나(Ancona) 같은 항구들의 모습을 완전히 바꾸었고, 안토니우스 피우스(Antonius Pius) 황제는 테라치나(Terracina)와 푸테올리(Puteoli; 현재의 포추올리) 같은 항구만이 아니라 키타이(Kitai) 등대도 건설했다. 로마의 배들은 도처로 항해했고, 11~13세기에 이탈리아인들이 레반트(Levant) 지역의 항구들에 무역 거점을 세운 것처럼 로마인들도 여러 항구들에 시장과 가게, 사무실을 열었다.

바닷물이 잔잔하고 차분하며 수없이 많은 섬과 항구들이 조밀하게 자리 잡은 지중해는 유럽 남부와 아프리카, 아시아를 연결하는 해상 교역과 상업 거래의 중심이었다. 통일된 통치 하에서 평화로운 시기 동안 로마제국의 "호수"로서 지중해는 서아시아와 인도양의 교통과 교역에 공명(共鳴)하면서 전례 없는 번영을 누렸다. 기원전 1세기에 히파루스(Hippalus)라는 이름의 그리스인 상인이자 뱃사람은 적절한 계절풍이 부는 계절에는 배가 홍해 입구에서 인도양을 가로질러 바로 인도에 이를 수 있다는 것을 발견했다. 비록 일부 언어학자들이 그리스어 "몬순(monsoon)"이 계절을 의미하는 아랍어 "마우짐(mauzim)"에서 유래한 것을 근거로 아랍인들이 아주 일찍부터 계절풍을 알고 있었다고 주장하지만, 계절풍을 아는 것과 그것을 이용할 수 있는 것은 전혀 다른 것이다. 히파루스가 계절풍을 이용해 첫 항해에 나섰을 때, 그는 무심코 항해상의 세계기록을 세웠다. 그것은 인도와 이집트의 프톨레마이오스 왕국의 교역 발전에서, 그리고 뒤에는 로마인들의 교역 발전에서 무엇보다 중요한 첫 발을 내디뎠던 것이다. 이 위대한 발견 이후 기원전 1세기에 쓴 『에리트레아 항해기(*Periplus of the Erythraean*)』는 뱃사람들이 이집트와 인도 사이를 안전하고도 정확하게 항해하는 데 도움을 준 지침서가 되었다.[5]

그림 1-12 상선의 부조

섬과 항구가 많고 잔잔한 지중해에서는 일찍부터 항해가 이루어졌음을 보여주고 있다. 베이루트 국립박물관 소장.

출처: Fernand Braudel, *Mediterranean Archeology—Prehistory and Ancient History*, Social Sciences Academic Press(China), 2005.

아우구스투스 치세 하의 로마제국 시기(기원전 27~서기 14년) 동안 그리스와 로마의 항해자들은 계절풍에 대한 지식을 충분히 활용해 인도와의 교역을 발전시켰고, 나아가 그들의 무역을 인도양과 동남아시아, 중국으로 확장시켰다. 이것은 실크로드에 대한 파르티아인(Parthians)의 독점을 무너뜨렸을 뿐 아니라, 이집트와 인도 사이에 정기 항로를 확립하였다. 『후한서(後漢書)』에 기록된 것처럼 대진(大秦, 즉 로마제국)은 파르티아인 및 인도인들과 해양 교역을 수행하였다.

1세기 중반 무렵 익명의 그리스 뱃사람이 『에리트레아 항해지』를 남겨놓았다. 이 저작에는 아프리카와 서아시아, 인도 연안 지역들의 다양한 항로와 항구들, 풍향, 조류가 소개되어 있을 뿐 아니라 각 항구의 주민들과 산물들도 설명하고 있다. 책은 네 개의 주요 항로를 특기하고 있다. 홍해의 아프리카 해안 쪽에서 시작하여 아프리카 최남단 아굴라스 곶까지의 항로, 홍해 연안에서 출발하여 아라비아 반도를 돌아 페르시아만 깊은 곳까지 이르는 항로, 인도양 해안 지역을 따라 가는 항로, 다소 항로가 불명확하지만 중국으로 가는 항로가 그것이다.6)

미국의 중세사 전문가 톰슨(Thompson)은 홍해를 따라가는 항로를 소개하면서 로마제국과 인도 간의 교역을 증진시키는 데 그 항로가 얼마나 중요했는지를 상세히 설명하였다. 항로의 끝은 모래톱과 암초가 많았던 홍해 끝에 있지 않았다. 서력 274년에 마쌀(Massal) 항이 축조되었고, 나중에 그 근처에 아르시노에(Arsinoe)와 프톨레마이오스 등 여타 항구들이 들어섰다. 화물은 이런 항구에서 내렸고 그 뒤 낙타 등에 실려 나일 강과 하구 델타 지역까지 사막을 가로질러 운반되었다.

바다와 육지를 통해 모든 방향으로 뻗어있는 운송망을 가졌을 뿐 아니라 대외무역이 번성했던 로마제국에는 인도와 아랍, 중국의 진기한 상품이 대량으로 유입되었다. 특히 향기 나는 식물과 후추, 실크가 특별하였다. 『에리트레아 항해지』에서 우리는 로마제국의 주요 무역 상대 지역인 아프리카와 아라비아, 인도와 로마제국이 교역한 상품의 패턴을 볼 수 있다. 로마제국의 수출량이 처음 두 지역으로부터의 수입량보다 더 컸지만, 인도에서는 그곳으로 수출된 것보다 더 많은 상품이 수입되었음을 알 수 있다. 무역 불균형은 로마제국에게 인도산 상품을 구입하기 위한 상당한 현금 지출을 초래하였다. 서기 1세기에 로마 역사가 대 플리니우스는 자신의『자연사』에서 로마제국이 동방에 대한 무역 적자를 메우기 위해 매년 엄청난 양의 금을 지출한다고 하였다. 대 플리니우스에게서 얻은 이런 정보는, 수많은 로마 주화가 인도에서 발굴됨으로써 사실로 입증되었다.[7]

매년 인도인들은 고대 로마와의 교역을 통해 자그마치 5,000만 로마 은화를 벌어들였다. 로마의 시장에서 해외 산물은 매우 인기가 높았다. 그것들은 사람들이 찾는 사치품으로 여겨졌고, 가격은 수입 원가보다 100배 더 높았다. 보수적인 추산에 따르면, 로마제국으로 수입된 대량의 중국산 실크와 인도산 후추, 그리고 아라비아산 향료 덕분에 인도인과 아랍인, 중국인들은 매년 로마인들로부터 막대한 이득을 올렸는데, 그것은 수억 로마 은화에 해당했다. 대 플리니우스와 헤로도투스 같은 사람들은 금과 은의 그런 막대한 지출이 결국 로마제국의 붕괴로 이어질 것이라고 우려했다.

바다와 육지를 통한 동방 여러 나라들과의 무역이 매일 같이 증가하면서, 엄청난 양의 동방 산물이 로마로 들어왔고, 부지불식간에 로마인의 일상생활을 변화시켰다. 대 플리니우스는 아주 매혹적이고 "극히 기분 좋은" 특제 향수를 언급하였다. 그것은 모린가 유(moringa oil), 방초(芳草, herbs), 백두구(白荳蔲, round cardamom), 계피, 호두즙, 소두구(小豆蔲, cardamom), 레몬, 몰약(沒藥, myrrh), 아카시아, 송진 같은 총 23종의 향료들이었다. 그 향료 중에서 방초는 인도에서 왔고, 계피는 네팔에서, 아카시아는 버마, 송진은 중국에서 온 것이었다. 이런 상품들을 당시 로마인들은 극히 높게 평가했고 매우 좋아했다.

프랑스 학자 장 노엘 로베르(Jean-Noël Robert)는 중국산 실크를 일례로 삼아 극동에서 온 이 진귀한 직물이 어떻게 고대 로마인들, 특히 상층 계급의 의복을 바꾸었는지를 보여주었다. 그는 고운 채색을 한 앗시리아산 실크에 비해 중국산 실크가 평민이 누리기에는 너무나 값이 비싸서 평민들이 그것을 향유할 수 없었다고 한다. 그래서 중국산 실크는 아마와 면사를 넣어 새로 짜서 유사한 가볍고 가는 반 실크 직물로 만들었고, 이것도 역시 대중들 사이에 인기가 높았다고 한다. 오비디우스(Ovid)가 쓴 『카마 수트라(*Kama Sutra*)』에는, 실크 직물이 패션을 따라가는 데 필수적이었는데 광택이 나고 질 면에서 독보적인 중국산 실크가 크게 평가 받았다고 적혀있다. 중국산 실크에는 가장 선명한 색에서 가장 따뜻한 색까지 온갖 종류의 채색 도안이 수놓아져 있었다. 그 색은 사프란색과 박태기나무색(redbud)에서 어두운 장미색, 트라키아 두루미의 색, 바닷물 색 등 정확히 뭐라 할 수 없는 색까지 환상적인 색채를 이루었다. "구름 한 점 없이 맑은 하늘 아래 가볍게 습기를 머금은 서풍이 천천히 불어온다."[8]

1,900년도 더 전에 대 플리니우스가 쓴 다음과 같은 말은 지금도 여전히 많은 것을 생각나게 한다.

마치 인간 몸이 영양분을 흡수하듯이, 세계 여러 지역에서 이런 종류의 무역을 지속적으로 유지하는 것은 아주 유용하다! 우리는 로마제국이 창출한 평화로운 분위기 덕분에 이런 일이 가능하다는 것을 알아야 한다. 로마제국은 통상적인 개인 간의 소통을 가능하게 할 뿐만 아니라 원활한 상품 교환까지도 가능하게 하고 있다.

세계 전역에 걸친 개방성과 소통, 교환에 비추어 볼 때, 그리고 로마제국의 강렬한 위엄에 입각할 때, 사람들은 당연히 로마제국이 오로지 상업과 교역을 증가시키고 평화로운 환경을 이루었기 때문에 그런 문명사적 업적을 달성했다고 생각할 것이다. 그리고 오랫동안 저장되어 있던 수많은 물건들이 마침내 전반적인 상품으로 거래될 수 있었던 것은 오로지 교역이 급속하게 발전했기 때문이었다.[9]

서력 기원을 전후한 몇 세기 동안 항해와 무역에 열성적이었던 고대 로마인들은 멀리 떨어진 동방과의 해양 통로를 확립하여 큰 이익을 보았다. 이로부터 그들은 경제와 일상생활 외에도 정신과 예술 영역에서도 영향을 받았다. 이것은 초기 해양을 통한 문명 교류에서 중요한 일부를 이루었다.

2. 동아시아의 초기 항해 활동

고대부터 뛰어난 문명을 지녔던 중국은 엄청난 영토를 가진 대륙국가일 뿐 아니라 긴 해안선을 가진 나라이기도 하다. 가장 북쪽의 요녕(遼寧)성 압록강 하구부터 남쪽으로 광서장족 자치구(廣西壯族自治區)의 북륜강(北崙河) 하구까지 중국 본토의 해안선은 1만 8,000킬로미터 이상에 이른다. 그에 더해 연안 도서들의 해안선도 있어 중국의 총 해안선은 3만 2,000킬로미터를 넘게 된다. 온대 기후지대에서 아열대 기후지대와 열대 기후지대에 걸쳐 있는 발해(渤海), 황해(黃海), 동중국해, 남중국해는 모두 해서 약 300만 제곱킬로미터의 영역에 해당한다.

중국은 선사시대에 동북아시아와 동남아시아의 여러 이웃나라들과 해상 교역을 시작했다. 절강(浙江)성 여요(餘姚) 지역에 있는 하모도(河姆渡) 문화 유적지에서는 6개의 목재 노와 1개의 "탄소함량을 가진 검은 자기 배(黑陶舟)"가 발굴되었는데, 그 연대는 약 7,000년 전으로 추정된다. 자기 배는 방추(紡錘) 모양에 반달처럼 생겼고 양쪽 끝이 뾰족하다. 그것은 대체로 통나무배(獨木舟) 형태와 일치한다. 이런 유물들은 동월(東越) 사람들(고대 중국의 민족집단)이 수행한 해상활동의 증거일 것이다. 하모도 문화 유적은 절강 연안 지역 외에도 주산(舟山)군도, 대만섬과 아울러 태평양의 여러 섬에서도 발견되었다. 이것은 동월 사람들이 오래 전부터 중국 본토와 그 도서부 사이에 일정 종류의 경제적·문화적 연계를 세웠음을 시사한다.10)

중국 남부 연안 지역에 살던 다른 백월(百越) 민족 집단들도 항해 기술을 소유했고 해상활동을 자신들의 사회·경제적 삶의 일부로 삼았다. 『회남자(淮南子)』라는 제목의 고대 중국 책에는 이렇게 쓰여 있다. "구억산(九嶷山) 남쪽의 사람들은 주로 어로 활동으로 살아간다. 머리가 짧고 문신을 한 그들은 물고기를 흉내 내며 쉽게 물을 헤치고 헤엄칠 수 있도록 짧은 치마만 입는다. 그리고 보다 효율적으로 배를 젓기 위해 소매가 짧은 윗도리를 입거나 소매를 걷어 올렸다." 1989년 광동(廣東) 성의 고고학자들은 주해(珠海)시 고란도(高欄島)의 보경(寶鏡) 만에서 약 4,000 내지 5,000년 전에 그려진 암벽화 3점을 발견했다.

그림 1-13 중국 주해시 고란도 보경 만의 암벽화
지금으로부터 4,000~5,000년 전에 제작된 것으로 추정된다.

그림들에는 그 당시의 배와 배에 탄 사람들이 그려져 있었다. 이 그림들의 양식과 내용은 홍콩과 대만 그리고 다른 지역에서 발견된 선사시대 암벽화들과 아주 유사했다. 고고학자들은 이 암벽화에 그려진 선박들이 진 왕조 이전 시기 광동에 살았던 월나라 사람들이 목재로 건조한 원양항해용 선박이라고 확고하게 믿는다. 원시 통나무배에 비해, 이 고대 목조선들은 상당히 진보된 것으로 원시적인 돛대와 돛을 사용했다. 주강(珠江) 하구 지역에서는 수많은 돌 닻(stone anchors)과 어망용 봉돌(stone sinkers)도 발굴되었다. 이것은 진 왕조 이전 시기 월나라 사람들이 바다에 배를 정박하는 기술적 문제에 대한 해결책을 찾았을 뿐 아니라 상당한 규모로 발전한 어로 활동을 행했음을 가리킨다.

고고학적 발견들은 또한 중국 동남부 연안의 문화가 환태평양 문화권과 상당한 관계를 맺었음을 보여준다. 중국 고고학자 오여강(吳汝康)과 다른 학자들은 후기 구석기 시대에 광서(廣西) 지역에 살던 류강(柳江)인들이 오스트레일리아 원주민(aborigines)과 유사한 두개골을 가졌다고 믿는다. 그에 더해 인도네시아의 와자크인(Wadjaks), 필리핀의 타본인(Tabons), 칼리만탄(Kalimantan) 섬의 니안인(Nians), 뉴기니의 알타페인(Altapes)이 여러 측면에서 오스트레일리아 원주민과 유사했다. 이는 원시 아시아인이 남중국에서 서서히 동남아시아와 오스트레일리아로 이동했음을 가리킨다. 필시 고대에 여러 인종 집단의 교류가 여러 해양 통로를 통해 발생했던 것 같다.

중국 고고학자 소병기(蘇秉琦)는 층이 있는 돌자귀, 도철(饕餮) 문양의 조형, 퉁방울눈에 짐승 얼굴을 한 신 등과 같은 중국 동부의 선사 문화가 가진 여러 측면들이 다양한 환태평양문화권에서 나타난 유사한 현상들과 관련된다고 지적했다. 규칙적인 해류와 계절풍에 힘입어 사람들이 통나무배를 이용해 남중국에서 남태평양의 섬들로 이동할 수 있었고 실제로 1년이면 왕복 항해를 할 수 있었다. 중국의 중부와 서남부 지역들은 인도 아대륙과 관계를 맺었고, 남중국과 운귀(雲貴) 고원에 전형적인 어깨 부분이 있는 석기(有肩石器)(도끼, 삽)가 인더스 강 분지로 퍼졌고 인도·유럽어계의 여러 문화 요소와 연결되었다.[11]

진 왕조 이전 시기에 중국은 주변 지역과의 해양 교류를 한층 강화하였다. 하남(河南)성 안양(安陽)의 은허(殷墟) 유적지의 '부호묘(婦好墓)'에서는 7,000개의 조개껍질 통화가 발굴되었다. 이 조개들은 동남아시아 연안 지역에서 온 것으로, 은·상(商) 왕조가 남중국해 지역과 경제적 유대와 "조공" 성격의 관계를 맺었음을 의미한다. 상 왕조가 무너진 후 서주(西周)는 "멀리 떨어진 나라"(아마도 오늘날 베트남 중부나 남부)와 일본이 신하의 예를 취하고 공물을 바치기 시작할 만큼 위세가 높았다. 기원전 312년에 월왕은 위(魏)나라에 공사우(公師隅)를 보내면서 300척의 배와 500만 개의 화살, 코뿔소 뿔, 상아 등을 바쳤다. 그렇게 많은 배를 공물로 바쳤다는 사실은 월나라가 강력한 해양 역량을 지녔음을 보여준다.

전국(戰國) 시기 연(燕)나라는 일본과 해상 무역을 개시했다. 그 시대의 대부분 동안 무역로는 등주(登州)만[3]을 거쳐 반도의 동쪽 편을 돌아 북쪽으로 압록강 하류까지 올라갔다가 그 뒤 한반도 서해안을 따라 내려가 그 끝에 이르고 결국 쓰시마 해협을 건너 일본 땅에 이르렀다.

뒤에 진의 통일 전쟁과 그에 이은 한과 초(楚) 간의 경쟁을 피해서 많은 한인(漢人)들이 한반도로 피신했다. 일부는 바다를 건너 멀리 일본 열도까지 가기도 하였다. 일본인들이 도쿄 분쿄쿠(文京區) 야요이

---

3 현재 산동성 용구(龍口)에서 시작하여 요동 반도 남단의 장산열도(長山列島)까지.

초(彌生町)에서 따서 "야오이 문화(彌生文化)"라고 부르는 것은 기원전 3세기와 2세기에 중국 본토에서 철제품과 동검(銅劍), 동종(銅鐘), 제기(祭器), 청동기 등을 도입한 후 형성된 문화이다. 그에 더해 쌀 재배를 주로 행하는 논농사 체계도 일본으로 도입되었다.

중국 역사가 사마천(司馬遷)은 『사기(史記)』에 불사약을 찾아 일본으로 여행한 서복(徐福) 이야기를 기록하였다. 중국 최초의 황제 진시황(秦始皇)은 다른 6왕국을 통일한 후 장생불사와 황제로서 영원한 통치를 염원하였다. 서복이란 이름의 관리가 바다에 신선이 사는 세 개의 신산(三神山), 즉 봉래(蓬萊)산, 방장(方丈)산, 영주(瀛州)산이 있으며 거기서 황제에게 불사약을 구해 줄 수 있다고 고하였다. 진시황은 그의 청을 받아들이고 수천 명의 어린 소년, 소녀를 선발하여 불사약을 찾는 서복과 동행하게 했다. 하지만 서복의 소식은 몇 년 동안 들리지 않다가, 어느 날 갑자기 그가 진시황 앞에 다시 나타났다. 이번에는 서복은 황제에게 선원들을 위협하는 상어를 죽이도록 숙련된 궁수들을 파견해달라고 청했다. 그래서 진시황은 뛰어난 궁수들을 서복을 돕도록 보냈다. 그러나 진시황은 불사약을 눈에 보기 전에 죽었고, 서복은 다시는 돌아오지 않았다.

이 전설은 여러 세기에 걸쳐 전해내려 왔고, 사람들은 실제로 서복이 역사적 현존 인물이라고 믿는다. 한국의 제주도에는 그에 대한 여러 이야기가 남아있으며, 서귀포에는 서복공원이라는 중국풍 정원도 있다. 혹자는 서복의 행선지가 일본이었다고 한다. 현재 일본 키이(紀伊) 반도 와카야마(和歌山)현의 신구(新宮)시는 서복이 죽은 곳이라 여겨지며, 그래서 그곳에 서복의 무덤과 사당이 있다. 매년 8월이면 그곳 주민들은 서복을 기념하는 큰 의식을 열고 있다. 서복의 함대가 항해에 나선 항구가 오늘날 하북성의 황화(黃驊)라고 하는 사람들도 있다. 이곳에서 그의 함대는 산동성 북쪽 연안의 등주를 경유했다거나 산

그림 1-14 일본 와카야마현 신구시의 서복 공원에 있는
서복상과 무덤

출처: 王介南, 『中外文化交流史』, 太原: 書海出版社, 2004.

동성의 교남(膠南) 이근(利根) 만을 경유했다거나 혹은 강소(江蘇)성의
공유(贛榆)를 경유했다는 여러 설들이 있다. 서복의 이야기는 진 나라
이전 시기 중국문화가 동쪽으로 이전되어 일본 야오이 문화에 촉매작
용을 했다는 가장 좋은 증거 중 하나이다. 그것은 또한 기원전 2세기
무렵 동아시아의 초기 문명들 사이에 바다를 통한 문화적 교류의 역
사가 있었음을 보여주는 것이기도 하다.

3. 번우(番禺)의 고고학적 유물들

기원전 221년 무렵 진나라는 정예군 50만 명을 파견하여 남부 백월
(百越)족을 정복하고 남중국해 연안의 영남(嶺南)을 처음으로 제국에
통합하였다. 그리고 이를 통해 남해(南海)군, 계림(桂林)군, 상(象)군이
설치되었다. 역사기록에 따르면, 원정군을 파견한 진의 주된 목적은
남중국해의 열대 지역에서만 얻을 수 있는 진귀한 품목인 코뿔소 뿔,

상아, 옥, 진주를 획득하는 것이었다.

진한 교체기 동안, 북부 영토들이 격변에 휩싸인 사이에 진의 장군 조타(趙佗)는 영남 지역에 남월(南越)을 세웠다. 이곳에는 조선업이 아주 발달해 있었고 남해의 운송과 교역을 주도하는 강력한 해군이 있었다. 절정기에 남월의 영토는 동쪽으로 복건과 절강, 서쪽으로 귀주와 운남, 남쪽으로 베트남 중부에 이르렀다. 당시 남월은 북쪽의 한 나라에 견줄 만큼 강력하였다.

남월의 수도 번우는 오늘날 광주(廣州)이다. 주강 하구에 위치한 번우는 중국에서 가장 넓은 해양권역－남중국해－에 가까우며, 지리적 입지와 자연조건이 아주 유리한 태평양의 핵심적인 교통 허브이다. 고고학적 발견들에 따르면, 남월 통치 시기 번우는 영남 지역에서 가장 높은 수준의 사회·경제적 발전을 이룬 곳이었다.

1982년 남월의 두 번째 왕인 조호(趙胡)의 능이 광주시 해방북로(解放北路) 상강산(象崗山)에서 발견되었다. 이것은 1950년대 이후 영남 지역에서 이룬 가장 큰 고고학적 발견이었고, 드러난 유물에는 남중국해 해양 수송과 관련된 많은 진기한 유물들이 포함되었다. 이 발굴

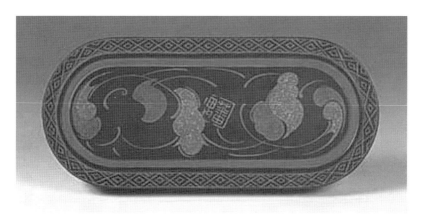

그림 1-15 진(秦)대 번우칠합(番禺漆盒)
1953년 광주 서촌(西村) 석두강(石頭崗)에서 출토되었다.

로 인해 진과 한대 동안 해양실크로드와 대외 연계가 존재했음을 보여주는 물리적 증거들이 크게 늘어났다.

출토유물의 배 문양과 배 모양 도기

조호는 왕위를 계승한 뒤 '문제(文帝)'라고 불리었는데, 이는 그의 능에서 발굴한 왕실 옥쇄가 증명하는 바이다. 문제능의 동쪽 모퉁이 방에서는 유물번호 B59의 대나무로 만든 용기가 출토되었다. 용기 안쪽에는 선수와 선미가 서로 연결된 길고 구부러진 형태의 배 4척을 그린 문양이 있다. 배들 주위는 물새와 바다거북, 물고기의 문양으로 장식되어 있다. 양쪽 끝이 위로 젖혀져 있는 배 위에는 다른 것들과 함께 깃털 깃발과 긴 돛대, 깃털로 만든 군기, 목조 북이 그려져 있다.

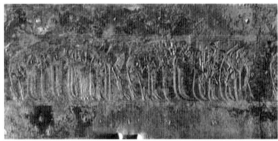

그림 1-16 남월 문제능에서 출토된 대나무로 만든 용기와
용기 안쪽의 사람과 배 문양

배마다 긴 깃털 두건을 쓴 사람이 다섯 명씩 타고 있다. 그들은 각각 활과 화살이나 검을 들고 있거나 참수한 머리를 쥐고 있거나 북을 치고 있었다. 이런 모습은 남월 사람들이 바다(혹은 강)의 신에게 바치는 제물로서 포로를 살해하는 풍습을 갖고 있었음을 보여준다.[12]

유사한 양식과 주제의 문양이 영남과 남서 중국 그리고 심지어 멀리 베트남에서도 발견되었다. 1976년 광서(廣西)성 귀(貴)현 나박(羅泊) 만에서 동제(銅製) 북이 발굴되었다. 북의 몸체에는 드래곤 보트(龍舟)가 경주하는 모습과 깃털 장식을 한 사람들이 춤추고 있는 모습이 그려져 있는데, 이런 문양은 문제능에서 발굴된 용기의 문양과 비슷하다.[13]

남월의 배는 노(楫)와 상앗대(槳),[4] 스컬(櫓; sculls)[5]로 추진력을 얻었다. 배는 또한 당시의 선진 기술을 반영하여 선미 키(尾舵)와 닻혀가 있는 닻(爪錨)을 갖추고 있었다. 전반적으로 이런 선박에 사용된 기술은 비교적 진보적이었다. 지금까지 (남월 시기의 무덤에서 발굴된 것을 빼고도) 광주의 한대 무덤에서 목조 선박이나 배 모양 도기가 발견된 것은 12건이나 된다. 이는 진·한대 동안 영남 지역의 조선업이 발전했음을 입증하며, 이런 조선업의 발전에 힘입어 해상운송과 대외교역이 발전할 수 있었다.

금·은제 용기와 금제 방울 장식 등의 여러 수입품

남월 문제능의 주 석관에서는 아주 눈길을 끄는 은제 상자가 발견되었다. 그 상자의 높이는 12.1센티미터, 폭은 14.8센티미터, 무게는 572.6그램이다. 상자의 뚜껑과 몸체는 조밀하게 짜인 마늘 모양 무늬

---

4 배를 미는 긴 막대.
5 양쪽으로 잡고 젖는 작은 노.

로 장식하였고, 뚜껑과 몸체 사이는 가장자리를 따라 도금을 띠 모양으로 해 놓았다. 은제 상자의 형태와 장식은 한대나 그 이전 시기의 금속 그릇과 달랐다. 하지만 페르시아 제국(기원전 550~330년)의 유물에서는 그런 양식의 금·은제 용기를 찾는 일이 그리 어렵지 않다. 그런 물건 중 하나는 크세르세스(Xerxes) 1세(기원전 485~465년 통치)가 소유한 명문을 새긴 금제 그릇일 것이다. 이것은 페르시아 제국의 초기 수도인 에크바타나(Ecbatana)에서 출토되었다. 또 다른 예는 수사(Susa) 근처에서 출토된 아르타 크세르세스(Arta Xerxes) 왕(기원전 465~425년 통치) 소유인 명문을 새긴 은 접시일 것이다. 따라서 남월 왕릉의 은제 상자는 해외에서 온 수입품이었다고 단언할 수 있다. 흥미로운 사실은 상자 위에는 한자가 새겨져 있고 상자 안에는 환약이 반 정도 남아있었다는 점이다. 이를 보면, 상자는 아마도 안치된 사람이 평소 좋아했던 물건일 것이다.

또한 안치된 사람의 시신에 32개의 금제 방울 장식도 있었다. 방울은 각각 지름 1.1센티미터이고 높이는 0.5센티미터이다. 방울에 사용된 용접 기술은 대단히 뛰어난 것이며 중국의 전통적인 공예기술과는 전혀 다르다. 이런 기술은 서아시아의 다면 금제 구술의 용접기술과 같다. 외국 학자 H. 마건(Margon)의 연구에 따르면, 이런 용접기술은

그림 1-17 남월 문제능에서 출토된 은제 상자와 출토 당시의 모습

기원전 4000년에 티그리스 강과 유프라테스 강을 따라 존재한 우르 (Ur) 1왕조 동안 처음 나타났고 그 뒤 이집트, 크레타, 페르시아 등으로 전파되었다. 알렉산더 대왕의 동방 원정 이후 그 기술은 인도와 파키스탄으로도 퍼졌다.

게다가 문제능에서 발굴된 유물에는 장식 구멍이 있는 향로와 상아, 유향 등등이 포함되었는데, 이런 것들은 모두 대외 교역과 관련성

그림 1-18 남월 문제능에서 출토된 상의 벨트에 달렸던 금제 방울과 기타 장식품

그림 1-19 남월 문제능에서 출토된 구리 향료

그림 1-20 광주 화교신촌(華僑新村)의 서한(西漢)대 초기 무덤에서 출토된 유약을 바른 도기 향료

둘 다 남월 시기부터 동남아시아에서 수입된 향이 널리 인기가 있었음을 보여준다.

을 가진다. 광서 성 귀현과 오주(梧州)의 무덤들에서는 구리 향로와
도기 향로, 도기 상아, 코뿔소 뿔 등도 발견되었는데, 일부 유사한 유
물들이 남월에 인접한 장사(長沙)에서도 출토되었다. 한편 몇 가지는
중국 중부에서도 발견된다.

아프리카산 상아

남월 문제능의 서쪽 방에서는 모두 5개의 상아를 나란히 포개놓은
것도 발견되었다. 가장 큰 상아는 길이가 126센티미터이고 아주 두껍
다. 또한 상아 부조 조각들, 계산용 상아 막대들, 부러진 상아 조각품
들도 있었다. 감정 결과 이 상아들이 영남이 아니라 아프리카 코끼리
에서 나온 것임이 밝혀졌다.[14]

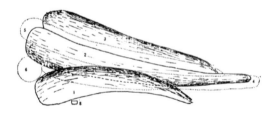

그림 1-21 남월
문제능에서 출토된
상아의 스케치(길이
105~120센티미터)

한편으로 번우에서 생산된 수많은 품목들이 아프리카와 중동에서
발굴되고 있다. 이는 진·한대에 남월에서 페르시아만에 이르는 해양
항로가 작동하고 있었고, 이를 이용해 페르시아 상인만이 아니라 인
도와 동남아시아, 중국의 상인들이 이익을 얻고 있었음을 확인해 준
다. 광주의 한대 무덤에서 출토된 적지 않은 외국인 형상의 도기 인형
(陶俑)들도 동·서 간의 해상교역을 증언하고 있다.

그림 1-22 번우에서 출토된 한대의 외국인 형상 도기 인형 광주박물관 소장.

그림 1-23 광주 선열로(先烈路) 3호 한대 묘에서 출토된
동한(東漢) 말의 배 모양 도기

높이 16센티미터, 길이 54센티미터, 폭 15.5센티미터로 선수에는 닻과 바람을 막는 천막이 있고, 선미에는 키가 있으며 배의 양쪽 가장자리를 높게 하였다. 적재용량이 큰 것으로 보이는 이 배는 바람과 파도에 맞서 대양 항해가 가능했을 것 같다.

출처: 廣東省文物管理委員會·廣東省博物館 編, 『南海絲綢之路文物圖集』, 廣州: 廣東科技
出版社, 1991.

실크

광주의 남월 문제능에서는 아주 다양한 실크 직물들이 발굴되었는데, 이 직물들은 장사 마왕퇴(馬王堆)의 유명한 한대 무덤에서 발견된 것들에 뒤지지 않았다. 과학적인 조사를 통해, 이 실크 제품들은 주로 누에 실크(蠶絲)를 원료로 한 실크, 방적사, 양단(洋緞)임이 밝혀졌다. 이것은 남월 사람들이 이미 뽕나무를 재배했고 누에를 키웠으며 고급 실크의 대량 생산 능력을 갖추었음을 의미한다. 무덤에서 출토된 일종의 "극세사 실크(超細絹)"로 판단해 보면 남월의 실켜기 기술과 직조 솜씨가 이미 훌륭했다고 결론내릴 수 있다. 이런 유형의 실크는 1제곱센티미터 당 가로 세로 320×80 가닥의 밀도를 갖고 있으며 이는 현재 남아있는 한대의 직물 중 가장 밀도가 높은 것이다.

같은 문제능에서는 양각 문양을 눌러 새긴 동판(銅版)도 2점 발굴되었는데, 이것들은 채색 평판인쇄를 한 세계에서 가장 오래된 동판이다. 동판의 문양은 마왕퇴 1번 한대 무덤에서 발굴한 천 조각에 있는 금·은 문양과 비슷하다. 이러한 것들은 과학기술의 역사에서 아주 중요한 의미를 갖고 있다.[15]

석조 건조물

중국의 목조 건축과 서아시아의 석조 건축은 독특한 특징들을 갖고 있으며 이는 동과 서의 건축 문화가 달랐음을 뜻한다. 1920년대에 영국 고고학자 마샬(Marshall) 등은 인더스 강 분지의 하라파(Harappa)와 모헨조다로(Mohenjodaro)에서 지금으로부터 3,700~4,300년이나 거슬러 올라가는 '하라파 문화' 유적지를 발굴하였다. 이 유적지는 인더스 문명을 전형적으로 보여준다. 이곳의 건물들은 구운 벽돌과 아도비 점토(adobe)로 지었는데, 산지 근처의 건물들은 석재로 지었다.

최근 광주의 남월 고고학 유적지에서는 많은 석조 건물 유구(遺構)가 발견되었다. 이것은 진·한대의 고고학 유구에서는 전례가 없을 정도이다. 예컨대, 남월 문제능은 색채 그림과 석실을 가진 중국에서 가장 오래된 능이다. 1995년에서 1997년까지 발굴된 남월 왕궁 터에는 거대한 석조 저수장과 길이 180미터의 구불구불한 석관(石管)이 있다. 석조 저수장 안에는 거대한 석주들이 겹겹이 있고 문미(門楣)용 판석이 여러 개 있었으며, 8각형 석조 난간들, 8각형 석주들, 거대한 석조 기둥 받침대들, 그리고 많은 다른 구조물들이 나왔다. 재료는 사암(砂巖)인데, 아주 다양하고 전문적으로 솜씨 있게 제작되었다.[16] 남월 문제능에서 출토된 서아시아의 특징을 가진 다른 유물들을 감안하면, 당시 번우의 이런 석조 건조물들은 부남(扶南)의 오케오(OcEo)처럼 서아시아 및 인도의 문명들과 일정하게 관련된 것으로 보인다. 이런 석조 유구들은 해양실크로드 연구를 위한 새로운 주제를 제시하고 있다.

4. 한대 사절의 남중국해 항해

한나라는 문제와 경제의 치세(文景之治)를 거치며 국위를 회복한 후, 한무제(漢武帝) 치세 동안 번영의 정점에 이르렀다. 특히 동·서 간의 소통과 운송이 북서쪽에서는 육로를 통해, 동남쪽에서는 해로를 통해 수행되었다. 육상 교역로는 장안(長安)에서 시작하여 '하서주랑'(河西走廊)을 지나 신강(新疆)으로 들어갔다. 거기서 그것은 북로와 중앙로 그리고 남로로 나누어졌는데, 각각이 중앙아시아를 가로질러 페르시아만과 지중해 연안으로 죽 이어졌다. 이 교역로가 유명한 "실크로드"였다. 그 외에 파촉(巴蜀)(사천 성에 있던 두 고대 도시)에서 출발하여 인도를 거쳐 박트리아(Bactria)에 이를 수도 있었다. 이것이 최근 많은 학자들이 주목해온 "남서실크로드"였다.

서기 111년에 한 제국은 남월을 무너뜨리고 남월의 왕 조건덕(趙建德)과 재상 여가(呂嘉)를 사로잡았다. 그리고 영남(嶺南)을 다시 영토로 편입시키면서 그곳에 남해(南海), 창오(蒼梧), 울림(鬱林), 합포(合浦), 구진(九眞), 교지(交趾), 일남(日南), 담이(儋耳), 주애(珠崖) 등 9개의 군을 설치했다. 이로써 한나라는 남중국해 주변의 여러 나라들로 직접 이어지는 해로를 갖추게 되었다. 한무제는 남중국해의 그런 나라들로 여러 사절들을 파견했는데, 멀리 오늘날의 스리랑카에까지 이르렀다. 이것은 동과 서를 연결하는 해양실크로드의 공식적인 형성을 뜻했다.

해양실크로드는 광동성과 광서성, 베트남 북부, 인도차이나 반도 연안 지역, 말라카 해협, 인도양 연안 지역, 페르시아만 지역을 망라했다. 『한서(漢書)』「지리지(地理志)」에 따르면, 이 해양교역로는 다음과 같았다.

일남(日南)6 항구가 막혀 통하지 않은 후부터 서문(徐聞)7, 합포(合浦)8에서 뱃길로 5달쯤 가면 도원국(都元國)9에 이를 수 있었고, 거기서 다시 배로 4달쯤 가면 읍노몰국(邑盧沒國)10에 도달할 수 있었다. 다시 또 배로 20일쯤 더 가면 심리국(諶離國)11에 이른다. 거기서 상륙해서 10여 일을 도보로 계속 가면, 부감도로국(夫甘都盧國)이 있다. 부감도로국에서 다시 배에 올라 2달 남짓 더

---

6 오늘날 베트남 중부의 후에(Hue).
7 오늘날 광동성 서문.
8 오늘날 광서성 합포.
9 오늘날 수마트라.
10 오늘날 미얀마의 바고(Bago).
11 오늘날 이라와디(Irrawaddy) 강 하구지역.

항해하면 황지국(黃支國)에 이를 수 있는데, 그곳의 풍습은 주애 (珠厓)[12]의 풍습과 비슷하다. 그 주(州)는 땅이 광대하고 인구가 많으며 특이한 물산이 많다. 황지국은 한무제 때 이래 공물을 헌 상하고 알현하였다. "황문(黃門[13])"에 소속된 역관의 우두머리와 응모자들이 함께 바다에서 들어와 진주, 비취, 채색유리, 진기한 돌, 이국적인 물품 등을 팔고, 황금과 비단 직물을 가지고 간다. 이르는 나라마다 모두 품식(稟食)[14]을 지급받고 벗이 되었다. 이 남쪽 오랑캐들은 배를 사서 물품을 전송하여 보냈는데, 또 교역 에 이득이 있으면 간혹 약탈하고 살인을 행했다. 또 모진 풍파를 만나면 익사하거나, 아니면 여러 해 동안 힘든 과정을 거쳐 돌아 오곤 했다. 큰 진주도 둘레가 2촌(寸)에 못 미친다. … 황지국에 서 뱃길로 8달쯤 가면 피종(皮宗)[15]에 이른다. 그곳에서 배로 2달 쯤 가면 일남(日南)과 상림(象林)[16]의 경계에 도달한다고 한다. 황 지국의 남쪽에는 이정부국(已程不國)이 있는데, 한의 역관 사신이 이곳에서 돌아왔다.[17]

중국의 학자들과 다른 외국의 학자들은 이 해로를 오랫동안 연구해 왔는데, 서로 다른 견해를 가지고 있다. 예컨대 도원국(都元國)은 오늘 날 말레이 반도라고 하는 이도 있고 수마트라라고 하는 이도 있다.

심리국(諶離國)은 오늘날 태국 서쪽 연안지역이거나, 미얀마 동남부 연안 지역, 인도네시아 자바 북부 지역, 칼리만탄(Kalimantan), 즉 인도 의 북동부 연안지역이라는 여러 설이 있다. 일반적으로 부감도로국

---

12 오늘날 해남(海南)성 경산구(瓊山區) 남동쪽 지역

13 황제와 그 가족을 모시는 관원, 모두 환관으로 충임하였다.

14 사절들이 이동 및 체류기간 동안 규정에 따라 받는 식량.

15 크라(Kra) 지협.

16 베트남의 어느 지역.

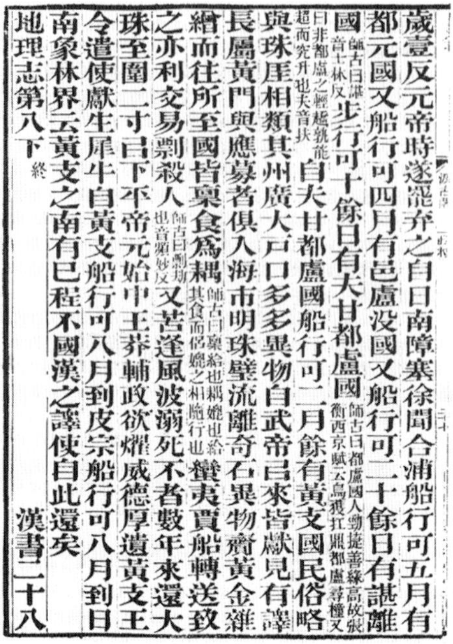

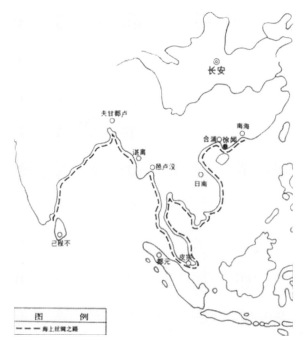

歲壹反元帝時遂罷弃之自日南障塞徐聞合浦船行可五月有都元國又船行可四月有邑盧没國又船行可二十餘日有諶離國師古曰諶音士林反步行可十餘日有夫甘都盧國師古曰都盧國人勁捷善緣高故張衡西京賦云烏獲扛鼎都盧尋橦又曰非都盧之輕趫孰能超而究升也夫音扶自夫甘都盧國船行可二月餘有黃支國民俗略與珠厓相類其州廣大戶口多多異物自武帝以來皆獻見有譯長屬黃門與應募者俱入海市明珠璧流離奇石異物齎黃金雜繒而往所至國皆稟食為耦師古曰稟給也耦媲也給其食而侶媲之相隨行也蠻夷賈船轉送致之亦利交易剽殺人師古曰剽劫也音頻妙反又苦逢風波溺死不者數年來還大珠至圍二寸以下平帝元始中王莽輔政欲燿威德厚遺黃支王令遣使獻生犀牛自黃支船行可八月到皮宗船行可八月到日南象林界云黃支之南有已程不國漢之譯使自此還矣

地理志第八下 終　　漢書二十八

그림 1-24
『한서』「지리지」의
해양실크로드에 관한
기록

그림 1-25
『한서』「지리지」의
기록에 의거한
해양실크로드 추정도

(夫甘都盧國)은 미얀마 동남쪽 프룸(Prome) 근처나 파간(Pagan)[17]에 있었다고 믿고 있다. 하지만 부감도로국이 말레이 반도 북부나 인도네시아 자바, 인도 칼리만탄에 있었다고 하는 이들도 일부 있으며, 그 외 다른 곳을 제시하는 이들도 있다.

황지국은 대체로 오늘날 인도 남부 연안에 있는 칸치푸람(Conjevaram)일 것으로 보고 있는데, 『에리트레아 항해지』에도 인도 동부 연안의 유명한 상업항 포두케(Podouke)로 언급된다. 이 항은 기원전 1세기 후반부터 서기 2세기 말까지 인도와 로마 간의 해양 교역의 중심지였다. 일부 학자들은 황지국을 크리슈나(Krishna) 강 하구의 비자야와다(Vijayawada)나 페르시아만의 호르무즈(Hormuz), 수마트라의 아체(Aceh)라고 하기도 하며, 심지어 말레이 반도라고 하는 사람도 있다.

중국 역사 문헌에 따르면, 황지국의 풍습은 중국의 해남(海南)과 흡사했고 2인치나 되는 큰 진주를 생산하는 것으로 유명했다. 기원전 1세기 무렵 황지국은 한나라와 교류를 시작했다. 1930년대에 프랑스 고고학자 파타비라맹(P.Z. Pattabiramin)은 칸치푸람 근처에서 로마 시기의 항구 유적을 발견했다. 발굴 현장에서는 로마제국에서 온 공예품만이 아니라 중국 남송(南宋)의 용천요(龍泉窯)에서 만든 청자 그릇도 포함된 유물이 출토되었다. 이런 유물들은 이 항구가 12세기나 13세기 무렵에 쇠퇴했음을 가리킬 수도 있었다. 1945년에 영국 고고학자 휠러(Sir Mortimer Wheeler)와 인도 고고학자들이 항구 유적에서 대규모 발굴을 개시했다. 그들은 로마인과 시리아인, 이집트인들 등이 운영하던 창고와 교역 회사들 그리고 면 염료 채취장들을 발견했다. 또한 그리스 암포라식 항아리와 로마의 아레틴 도기, 유리 그릇, 녹색 유리를 붙인 도기 조각들, 동전들, 인도 산 향신료들, 보석, 진주, 면직

---

17 고대에는 푸간다라(Pugandhara)라고 불렀다.

물, 갑사(甲紗)와 아울러 고대 타밀 명문을 새긴 도기 등을 비롯한 공예품들도 발굴하였다.[18]

이정부국(已程不國)은 고대에 "사질부(已秩不)"라고 불리기도 했는데, 아마도 스리랑카의 시하디파(Sihadipa)를 가리킬 것이다. 하지만 이에 대해서도 인도 동남부의 칭레푸트(Chingleput)[18]나 수마트라의 자바, 아니면 심지어 아프리카의 에티오피아(Ethiopia)라고 하는 이들도 있다.[19]

『한서(漢書)』「지리지(地理志)」는 해양실크로드를 기록한 가장 오래된 중국 문헌이다. 한대의 유명한 시인 양웅(揚雄)은 「교주잠(交州箴)」이란 시를 지었는데, 그것은 해양 운송의 역사를 이렇게 밝혔다.

교주(交州)는 거칠고 먼 변방의 땅, 수평선과 하늘이 맞닿았네.
월상(越裳)[19]은 교주의 남쪽, 멀고 먼 변경 국의 밖에 있다네.
이 땅은 개벽 때부터, 굴레를 씌우듯 자유를 얽매는 일이 없었다네.
주공(周公)이 섭정하실 때, 처음 백치(白雉)를 바쳤다네.
소왕(昭王) 때부터 점차 쇠하여 지니, 주 왕실이 혼란에 빠졌다네.
월상은 조공을 바치지 않고, 형초(荊楚)[20]는 반란을 일으켰다네.
……
한(漢)이 하늘로부터 명을 받으니, 중국이 다시 모든 것을 포괄하게 되었다네.
남해(南海)의 모든 지역에, 성스러운 무덕이 회복되었다네.
차츰차츰 단속을 하여, 마침내 황지에 이르렀다네.
바다에서 3만 대군을 저지하니, 코뿔소를 끌고 내조(來朝)하였다네.
……[20]

---

18 오늘날 쳉알파투(Chengalpattu).
19 참파(Champa)를 부르는 옛 이름.
20 호북성(湖北省).

한나라의 전국적인 정치 중심지는 북방의 장안(長安)이었다. 내지에서 영남과 남중국해 지역으로 들어가는 지름길이 형상(荊湘)과 영거(靈渠)를 잇는 수로였다. 따라서 한대에는 통킹(Tonkin) 만 연안 지역의 서문, 합포, 일남과 주강 하구에 있던 번우가 남중국해를 통한 해양 운송의 중심 항구가 되었다. 특히 번우는 영남의 핵심 도시였을 뿐 아니라 초기 해양실크로드의 허브이기도 하여 남중국해 주변 지역들과의 교역을 주도하였다. 역사서 『사기(史記)』는 수도 외에 9개의 유명한 도시를 소개하고 있는데, 한단(邯鄲), 연(燕), 임치(臨菑), 도(陶), 수양(睢陽), 오(吳), 수춘(壽春), 번우, 완(宛)이 그것이다. 그 중에서 번우에서는 "진주, 코뿔소 뿔, 거북 껍질, 과일, 직물을 교역했다." 『한서』는 수도 외에 유명한 9개의 도시로 완, 한단, 계(薊), 임치, 강릉(江陵), 수춘, 합비(合肥), 오, 번우를 들고 있는데, 번우를 "바다에 가까워 코뿔소 뿔, 상아, 거북 껍질, 진주, 은, 구리, 과일, 직물이 풍부하다. 많은 상인들이 그런 것들을 교역하여 부를 쌓고 있다"고 하였다.
　위의 역사 문헌들은 주강 하구와 통킹 만의 항구들에서 출발해 인도차이나 반도와 말라카 해협을 거쳐 인도양으로 이어지는 항로와 지중해의 항구들에서 시작하여 페르시아만을 거치는 항로가 인도양에서 합쳐졌고, 영남 연안 지역이 동·서를 연결하는 해양실크로드의 출발점이 되었음을 보여준다. 이후 인도와 로마제국의 상인과 사절들이 이 노선을 따라 중국 본토로 들어왔다. 서기 166년에 로마 황제 마르쿠스 안토니우스(Marcus Aurelius Antonius)가 바다를 통해 일남으로 사절을 보내 상아와 코뿔소 뿔, 거북 껍질 등의 공물을 한나라에 바쳤다. 이리하여 해양실크로드가 완전히 문을 연 것이다.

그림 1-26 합포의 한대 무덤에서 발굴한 마노(瑪瑙) 목걸이들
광서(廣西) 합포현 박물관 소장.

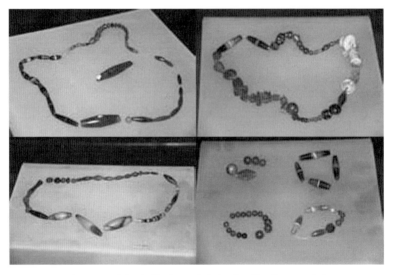

그림 1-27 번우의 한대 무덤에서 발굴한 마노 목걸이들
광주시박물관 소장.

동아시아 바다를 중심으로 한 해양실크로드의 역사

5. 광동 수계(遂溪)현의 남조(南朝) 시기 지하저장고에서 출토된 페르시아산 기물과 은화

　육조(六朝) 시기(222~589년)에 중국 남쪽 지역은 급속한 사회·경제적 발전을 이루었고, 그와 함께 항해와 조선기술도 크게 발전되었다. 남중국해를 항해하는 배들은 대개 4개 내지 7개의 돛을 달아 장거리 항해를 쉽게 수행했다. 강태(康泰)가 쓴 『부남전(扶南傳)』에는 "창해(漲海)에는 산호가 자라는 산호 모래톱과 바위가 있다"고 적혀 있다.[21] 창해는 광동성과 광서성 남쪽의 바다와 베트남 남부의 바다를 가리키며, 이는 중국 배들이 동오(東吳) 시기에 남중국해 연안에 자리한 나라들로 바다를 건너 갈 수 있었음을 보여준다. 1970년대에 광동성의 고고학자들이 서사군도(西沙群島) 북쪽의 모래톱에서 남조 시기 광동에서 생산된 도기 몇 점을 발굴했다. 고고학자들은 그 유물이 난파선에서 나온 것으로 추정하며, 이는 당시 상선들이 영남에서 남중국해 연안의 나라들로 심해 항해를 할 수 있었음을 증명한다고 생각한다. 이 항로는 영남의 항구에서 출발하여 해남도(海南島) 동쪽 바다와 서사군도, 말라카 해협을 지나 인도양과 멀리 페르시아만 지역에까지 이르렀다.

　동오는 북조의 정권에 맞서기 위해 영토 확장 정책을 적극 수행했다. 동오 황룡(黃龍) 2년(230년) 정월에 장군 위온(衛溫)과 제갈직(諸葛直)이 파견되어 대만과 단주(亶洲)를 탐색했다. 같은 무렵에 여대(呂岱)는 교지(交阯)(오늘날 베트남)와 구진(九眞)을 평정했다. 기록에 따르면, "동오는 사람들을 파견하여 남쪽의 정권들에게 영향력을 행사하고 나라의 홍보를 위해 공식 문서를 발행했다. 부남(扶南),[21] 임읍

---

21 인도차이나 반도에 있던 고대왕국.

(林邑),[22] 당명(堂明)의 왕들이 각각 동오에 사절을 파견해 조공을 바쳤다."[22] 『양서(梁書)』에는 이렇게 기록되어 있다. "오의 손권(孫權)은 나라의 홍보를 맡은 관리인 주응(朱應)과 중랑(中郞) 강태(康泰)를 파견하였다. 이들이 겪은 경험과 들은 바에 따라 백 수십 개의 나라들이 기록되었다."[23] 이것은 동오가 남중국해 연안의 나라들과 활발하게 교류하면서 지속적으로 영향력을 넓혔음을 가리킨다. 남조 이후 이런 추세는 훨씬 더 강해졌다. 유송(劉宋) 시기 동안 "모든 나라들이 해양 교역을 수행하면서 빈번하게 교류하였다."[24] 교주(交州) 남쪽의 여러 나라들과 천축(天竺)(인도), 강거(康居) 등에서 온 사절과 상인들이 바다를 통해 끊임없이 영남에 도착했다. 광주와 교주 같은 항구들을 통해 실크 직물과 도자기, 금·은제품, 칠기 등이 수출되었고, 반면에 향신료와 다양한 과일들, 진주, 산호, 호박, 수정, 금, 은, 채색 유리, 구슬류 보물, 다이아몬드, 강황, 소합(蘇合), 상아, 코뿔소 뿔, 목화(吉貝), 반베(斑布), 두건 등이 수입되었다.

1984년 광동성 수계현 변만촌(邊灣村)에 있는 남조 시기 지하저장고에서 금·은제품과 페르시아 화폐가 대거 출토되었다. 이는 육조 시기에 동·서 간의 해양 교류가 있었음을 입증하는 중요한 발견이다. 출토된 주된 유물은 다음과 같다.

페르시아 은제 그릇: 높이 8센티미터, 상단 최대 둘레 18센티미터 하단 둘레 7센티미터인 이 그릇은 통상 '십이절은완(十二折銀碗)'이라 부르며 명문이 새겨져 있다. 이를 연구한 강백근(姜伯勤) 선생은 이 그릇의 명문이 우즈베키스탄 사마르칸드(Samarkand) 교외에서 출토된 은제 그릇 상의 아람어 명문과 일치한다고 믿는다. 아람어 문자는 사산조 페르시아 시기 동안 이란의 소그디아나(Sogdiana)와 호라산(Khorasan)

---

22 오늘날 베트남 중부.

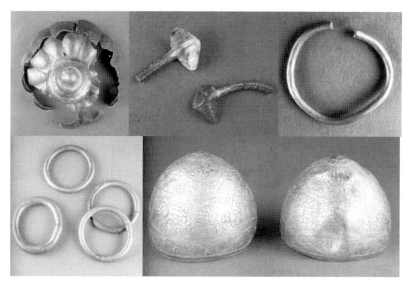

그림 1-28 광동성 수계현 변만촌에서 출토된
은제 그릇, 은비녀, 금박 그릇, 은팔찌, 금팔찌

지방에서 사용되었다. 따라서 '십이절은완'은 이란의 사산조산 은제 그릇으로 분류할 수 있다. 한대 말에 교지에 정착한 소그디아나 사람들에 대한 기록에 따르면, 소그드 상인들을 비롯한 페르시아인들이 남조 시기 동안 영남 지역에서 활발히 활동했음을 확인할 수 있다.

은비녀: 길이 3.5 내지 4센티미터로 여러 개가 남아있다. 비녀 머리는 꽃잎 모양이며 아래 부분은 부러져 있으며 몸체에는 원 문양을 새겨놓았다. 형태로 볼 때 이 비녀들은 수입된 것이다.

금박 그릇: 높이 7.2센티미터, 상단 둘레 8.3센티미터로 안과 밖에 금박을 했다. 망치질로 형태를 잡았으며 물고기, 새, 불사조, 인동(忍冬), 연꽃 같은 다양한 문양을 새겨놓았다.

은팔찌: 왼쪽 팔찌는 1건이 출토되었으며 둘레 8.5센티미터, 두께 1.5센티미터, 무게 295그램이다. 4개의 꽃잎 문양을 교차하여 새겨놓았다. 오른쪽 팔찌는 12건이 출토되었는데, 둘레 8센티미터, 두께 0.9

센티미터, 무게 145그램이며 문양이 없다.

금팔찌: 둘레 5.8센티미터에 두께는 0.4센티미터이다.

여러 개의 은화: 페르시아 은화가 대거 발굴되었는데, 샤푸르(Shapur) 3세(재위 383~388년) 시기와 야즈데게르드(Yazdegerd) 2세(재위 438~457년) 시기, 페로즈(Peroz)(재위 459~484년) 시기에 주조된 것들이다. 은화는 둥글며 네 종류로 구분된다.

샤푸르 3세 시기의 은화는 3개가 나왔다. 은화 가운데에는 왕의 모습과 왕의 관 위에 원구(圓球)를 새겼고, 뒷면에는 조로아스터교에서 볼 수 있는 별이 2개 있는 제단을 새겼다. 제단의 양쪽에는 사제가 한 명씩 서 있다. 이와 유사한 은화가 신강(新疆) 투르판(Turpan)의 고대 도시 고창(高昌) 유적지에서도 발견되었다.

야즈데게르드 2세 시기의 은화는 5개가 나왔다. 왕관 앞에는 초승달 모양이 그려져 있고 왕관을 한 개의 묵주가 원을 그리며 감싸고 있다. 뒷면에는 별이 3개 있는 제단이 새겨져 있다. 다른 것들은 하북성

그림 1-29 광동성 수계현 변만촌에서 출토된 페르시아 은화

정현(定縣)에서 발견된 북위(北魏) 시기인 481년 연대의 5급 석관에서 출토된 페르시아 은화와 유사하다.

　페로즈 시기의 페르시아 은화 중 유형 A는 둘레 2.7센티미터에 두께 0.1센티미터 무게 약 23그램이다. 오른쪽에 왕관을 쓴 왕의 반신상을 새겼고 그 양쪽에 장식으로 구멍을 뚫고 한 쌍의 날개를 새겼다. 왕관 위에는 초승달이 있고 그 주위를 원구가 둘러싸고 있다. 왕의 모습은 눈이 깊고 코가 높으며 아래턱에는 일련의 구슬을 달았고 두 눈썹에는 끈이 걸려있다(오른쪽 끈 전면 끝에는 명문이 있다). 반대편 가운데에는 중앙에 가는 기둥을 갖춘 제단이 있는데 세 부분으로 나누어져 있다. 제단에는 3층으로 사물이 놓여있고 가장 끝에 점무늬로 이루어진 삼각형 화염을 그려놓았다. 제단 양쪽에는 일련의 구슬로 장식했으며 화염의 좌측에 오각성(五角星)을, 우측에는 초승달을 두었다. 제단 아래에는 사제가 서있고 그의 왼쪽에 명문이 새겨져 있다.

　페로즈 시기 페르시아 은화 중 유형 B는 1개가 나왔는데, 왕관 주위의 장식 구멍과 날개, 원구가 없으며, 반대편에 명문이 새겨져 있다.[25]

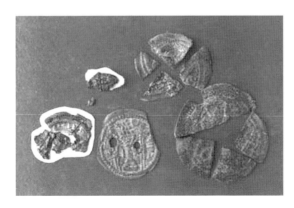

그림 1-30 광동성
영덕현 함광에서
출토된 페르시아 은화

1960년대에서 1980년대까지 광동성 영덕(永德)현 함광(洽洸)의 남제(南齊) 시기 묘와 곡강(曲江)현 남화사(南華寺)에서도 페르시아 은화가 출토되었다. 영덕과 곡강은 중원(中原)과 강남(양자강 하구 지역)을 연결하는 수로(水路)상에 위치했고, 수계는 한대에 번성한 항구들인 서문과 합포에서 그리 멀지 않은 통킹 만에 위치했다. 그런 곳들에서 출토된 페르시아 은화들은 외국 상인들이 영남 지역에서 교역을 하면서 남긴 것이며, 영남과 남중국해 지역 간의 교역 연구에 새로운 물적 증거를 제공하고 있다. 또한 이 은화들은 중국과 페르시아 간의 관계 연구에 공백 부분을 채우는 데도 도움을 준다.

20세기 이래 고고학자들은 이미 중국에서 1,000개 이상의 외국 주화를 발견하였다. 내몽고와 신강, 영하(寧夏), 청해(靑海), 섬서(陝西), 감숙(甘肅), 하남(河南), 하북(河北), 요녕(遼寧), 절강 등에 산재한 북위, 동·서위(東西魏), 북제(北齊), 북주(北周), 수, 당의 무덤들에서 40개가 넘는 5세기에서 8세기까지의 동로마(비잔틴)제국 주화들이 발견되었다. 그 중 금화가 34개이며, 20개는 모조품임을 확인할 수 있다.[26] 이런 고대 주화들은 중세 시기 동안 동·서 교통 및 무역을 알려주는 귀금속 공예품이다.

4세기에서 7세기 사이에 페르시아 동쪽 지역에서 중국의 '하서주랑(河西走廊)'까지 은이 통화로 유통되었다. 고고학적 발견과 연구들은 금과 은이 영남 지역에서 옷감과 실크 직물, 동전과 같은 중국의 여타 법정 통화와 함께 특별한 통화로서 이용되었음을 보여준다. 이것은 귀금속과 공식 통화들이 동시에 이용되는 특별한 교역권들을 창출했다. 역사 문헌에 따르면, "진(晉)대에 광주에서 쌀을 거래하는 데 은을 사용했고, 양(梁)대에는 광동과 광서, 남부 베트남에서 금과 은만으로 상거래를 했다." 이런 이유로 일본학자 오카자키 다카시(岡崎敬)는 동에서 서로의 고대 실크로드가 또한 서에서 동으로의 "백은의 길(白銀

고대 실크로드를 따라 발견된 동로마제국의 주화들

황제/연도	내몽고	신강	영하	섬서	하남	하북	감숙	요녕	청해	절강
데오도시우스 2세 (408-450)			1	1		1			1	
레오 1세 (457-474)	1		1							1
제노 1세 (474-491)				1						
아나스타시우스 1세 (491-518)	1		1	1		1				
유스티누스 1세 (527)			1			2				
유스티아누스 1세 (527-565)		3				1			1	
유스티누스 2세 (565-578)				3						
마우리키우스 (582-602)		1								
포카스 (602-610)						1	1			
헤라클리우스 (610-641)				2				1		
콘스탄티누스 5세 (741-775)		1								

之路)"이기도 했다고 믿는다.[27]

6. 오케오(OcEo) 항: 인도화(印度化)시대 남중국해 · 인도양의 무역 중심지

고대 인도차이나 반도의 중요 나라로서 부남(扶南)은 해양교역으로 유명했다. 당대부터 구자라트어를 음역하여 '扶南'이라 하였던 이 나라의 명칭은 "산"을 뜻했고, 그래서 이 나라의 왕은 "산왕(山王)"이라는 의미를 가졌다. 1세기 무렵에 부남은 메콩 강과 그 델타 지역을 지배하기 시작했다. 3세기에는 부남의 경제가 크게 발전했고, 베트남 남부 지역과 메콩 강 중류 지역, 메남 강 분지(라오스/태국), 말레이 반도상의 작은 소국들을 지배하면서 부남은 동남아시아 지역의 거대 세력이 되었다.[28]

1940년대에 프랑스 국립극동연구원(EFEO)의 고고학자 말르레(L. Malleret)가 베트남 남부의 오케오(OcEo)에서 항구 도시 하나를 발굴했다. 이 항구 도시의 연대는 서기 2~3세기로 거슬러 올라가는데, 이 시기는 동남아시아 지역에서 인도화(印度化)가 아주 강하게 진행되던 때였다. 타이 만과 바싹(Bassac) 강(메콩 강의 지류) 사이의 평원에 위치한 항구 도시는 가로 2마일, 세로 1마일에 직사각형 형태였고, 해자와 성벽으로 둘러싸여 있었으며, 도시 내부는 수로로 10개의 구역으로 나누어져 있었다. 건물에는 화강함 석조 주택과 벽돌조 주택이 있었으며, 목조 건물도 있었다. 고고학자들은 벽돌조 주택과 석조 주택들이 인더스 문명의 영향을 반영한다고 생각한다.

프랑스와 베트남, 그리고 그 외 다른 여러 나라의 학자들이 공동으로 노력하여, 오케오 항과 부남의 역사에 관해 놀랄 만한 사실들을 밝혀내게 되었다.

(1) 1세기~4세기: 오케오 항이 등장하면서 부남은 인도 및 로마제국과 해양 교역을 시작했다.

메콩 강 델타 지역의 지질운동이 기본적으로 완료되면서 오케오에 인간이 정주하기 시작했고, 그곳 사람들은 인도 및 동남아시아 여러 곳과 경제적으로 빈번하게 교류해 갔다. 기둥을 세우고 그 위에 집을 지었으며, 일부 건물의 지붕은 편평한 진흙기와로 덮었다. 이는 인도 남부에서 사용된 진흙기와와 같은 것이었다. 동남아시아의 선사시대 말기나 원시시대의 대중적 장례 관습에 따라 도자기 솥을 부장품으로 넣었다.

고고학적 발굴 결과에 따르면, 오케오는 서쪽으로 바다와 면해 있었고 북쪽에는 바테(Ba The)가 인접해 있었다. 당시 많은 집과 창고들을 기둥 위에 지었지만, 목조라서 오랫동안 부식되어 부러진 목재 더미만이 남았다.

후대로 가면 사람들이 도시 주위에 해자와 수로를 파고 치수체계를 세우기 시작했다. 정확하고 복잡한 구상 속에서 수로의 주류와 지류들이 도시 구석구석으로 퍼져갔고, 메콩 강에서 범람한 물을 빼고 경지에 농수를 대는 역할을 했다. 이곳을 찍은 항공사진은 오케오의 운하가 서쪽으로 바다와 연결되었고 동쪽으로는 메콩 강 델타 지역의 타케브(Takev)와 다노이(Da Noi) 같은 다른 주요 도시들과 연결되었음을 보여준다. 그것은 90킬로미터를 흘러 다노이에 이르렀으며 앙코르 보레이(Angkor Borei) – 프놈펜(Phnom Penh)에서 약 65킬로미터 떨어져 있고 캄보디아 · 베트남 국경에서는 약 12킬로미터 떨어져 있는 캄보디아의 도시 – 까지 연결되었다.

유적지에서는 로마 황제 안토니누스 피우스(Antonius Pius)의 두상을 새긴 황금 기념메달과 인도의 문화적 영향을 받은 유물들이 발굴되었다. 게다가 음각무늬가 있는 보석을 박고 산스크리트어 명문을 새긴 일부 인장들의 경우, 그 연대가 로마의 메달과 같은 시기이거나 그보다 몇 세기 뒤의 것으로 추정된다. 동남아시아 역사를 연구한 프랑스 역사가 조르주 쾨데스(George Coedès)는 이 유물들이 인도의 강력한 영향에 대한 결정적 증거일 수는 없더라도 부남이 당시 인도와 확고한 관계를 맺고 있었음은 입증한다고 지적했다.[29]

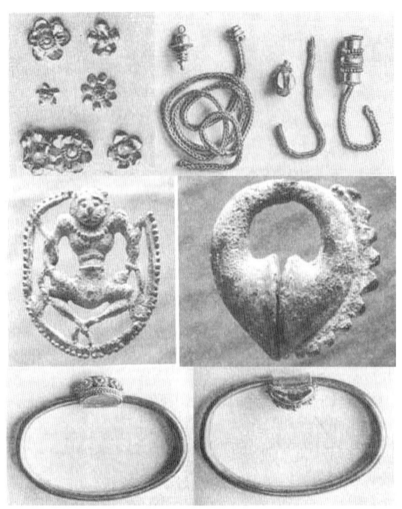

그림 1-31 오케오 유적지에서 발굴된 로마풍의 금·은제 유물들

그림 1-32 오케오에서 발굴된 기념메달과 주화, 중국 청동거울

(2) 5세기~7세기: 광범위한 '인도화'의 시대로 부남은 남중국해와 인도양간 해양교통의 교차로로서 인도와 중국 간에 번성하던 해양교역을 연결해 주는 역할을 했다.

오케오 항에서 나온 고고학 자료들은, 그 지역의 기둥 위에 지은 목조 가옥들이 언덕에서 평지 및 완만한 경사지로 이동했으며 사람들이 벼농사를 시작하고 비슈누 신앙과 불교 건축을 발전시켰음을 보여준다. 불교와 브라만교가 동시에 번성하고 전형적인 사원 건축이 등장한 것은 부남에서 '인도화'가 강력하게 진행되었음을 입증한다. 부남에는 많은 불교 승려와 경전이 있었으며 당시 동남아시아에서 대승불교의 중심지였던 것으로 보인다. 부남은 심지어 중국의 남조에 영향을 주기까지 했다. 양(梁)대에 부남의 두 승려, 사가바르만(Sa ghavarman; 僧伽婆羅)과 만다라(Mandala; 曼陀羅)가 중국에 이르렀다. 그들은 여러 산스크리트어 경전들을 양나라로 가져왔고 거기에 머물며 경전들을 한문으로 옮겼다.[30]

동남아시아 여러 나라에서 일찌감치 '인도화'가 진행되면서, 인도와 무역 연계가 강화되었다. 오케오는 인도 및 스리랑카와의 교역을 증대시켰고 인도 상인과 상품이 모이는 집산지가 되었다. 중국 상인들도 빈번하게 그들과 거래하였다. 부남 상인들은 지중해와 인도, 중동, 아프리카에서 생산된 유향, 몰약, 수지 및 향신료 같은 상품들을 중국으로 가져와서 중국산 실크와 교환하였다.

(3) 7세기~12세기: '초기 앙코르 시기'와 '앙코르 시기'로서 오케오시가 쇠퇴하였다.

부남이 쇠퇴하면서 강력한 캄보디아가 등장했다. 사람들이 떠나면서 오케오 평원의 거주 구역들과 종교 건축물들이 버려졌고 수리시설도 차단되었다. 그 지역의 중심은 연안 지역에서 벗어나서 점차 나중의 앙코르에 가깝게 이동하였다.[31]

오케오 항에서는 동·서의 고대 세계와 연관된 수많은 문화 유물이 발굴되었는데, 이는 동과 서의 여러 나라와 여러 민족들 사이에 대규모 해상교역이 이루어지고 있었음을 보여준다. 해상교역과 관련된 유물들로는, 로마 황제 안토니누스 피우스와 마르쿠스 아우렐리우스 치세 동안 만들어진 메달과 지중해 지역에서 생산되거나 그곳의 영향을 받은 보석들, 이집트 프톨레마이오스 왕조 시기의 몇몇 유물들, 사산조 페르시아의 주화들이 있다. 4세기 중반 경의 한 주화는 반신상을 새긴 둥근 유리로 장식되어 있다. 인도 관련 유물은 더 많이 발굴되었는데, 거기에는 인장과 금제 보석류, 인도의 풍경을 새긴 보석류, 주석 갑옷, 5세기 무렵 만들어진 필사본이 포함된다. 일부 인장에는 인도의 브라만어가 새겨져 있는데, 이것들은 상인들이 사용한 공식 인장이었으며, 성스러운 소를 새긴 금제 반지도 일부 출토되었다. 납으로 만든 상품 목록판도 일부 출토되었는데, 거기에는 고대 인도에서 흔했던 장식 문양을 새기고 꽃문양 항아리와 금강저(金剛杵), 조개껍질 같은 상품명이 적혀있다. 이 판에는 "귀중품"이나 "주의"를 뜻하는 브라만어를 기록해 놓아 이런 물건들이 귀중품이었음을 확인해 주고 있다.[32]

한편 동한(東漢)대(25~220년)의 청동거울과 남·북조 시기(420~589년)의 불상도 그곳에서 발굴된 것은 주목할 만하다. 이는 오케오가 아주 일찍부터 중국과 해상교역을 수행했음을 보여준다. 오케오는 중국과 인도 간의 해상무역 중계지였고 해양실크로드의 주요 교차점이었다.

7. 고대 인도양과 페르시아만 연안의 나라들

고대 인도

세계 고대문명 중 하나인 인도는 해양 교역의 오랜 전통을 가지고 있다. 일찍이 기원전 4세기에 인도 상선들은 후추와 여타 향신료를 싣고서 인도양을 항해하여 동남아시아와 중국에까지 이르렀고, 페르시아만과 지중해로도 항해하여 해외의 여러 시장들을 지배하에 두었다. 여러 세기 동안 인도인들은 원거리 시장과의 교역에 여념이 없었고, 이는 인도 경제의 성장을 낳았다. 1세기에서 9세기 초까지 인도인들은 바다 너머로 끊임없이 이주했고, 그 목적지는 오늘날의 스리랑카, 미얀마(버마), 말레이시아, 인도네시아(보르네오, 자바, 수마트라), 타이, 캄보디아였다. 일부는 필리핀이나 중국의 대만, 또는 멀리 아프리카의 마다가스카르(Madagascar)에도 도착했다. 마다가스카르에서는 지금도 인도네시아어와 산스크리트어가 사용된다. 4세기에서 6세기 사이에 굽타(Gupta) 왕조 지배 하의 인도는 인도 역사의 "황금기"로 진입했다. 균일하고 뛰어난 정치 행정이 대외교역을 자극했다. 인도의 항해자들과 군사적 모험가들이 이룬 상업적·식민지적 사업들을 통해 인도 문화는 인도차이나 반도와 자바, 수마트라, 그리고 동남아시아의 여타 섬들로 확산되었다. 이런 곳들에서는 인도에 기초를 둔 문화 환경이 깊이 뿌리내렸다.

인도인의 해외 거류지들은 대부분 전략적 요충지나 주요 무역로 상에 위치했고, 인도식 이름이 부여되었다. 예컨대 캄보디아는 간다라(Gandhara)나 카불(Kabul) 분지 영향권의 일부가 되었다. 일부 거류지들은 뒤에 동·서 간 해양 교역로를 지배하는 대국과 제국으로 발전했고 심지어 인도에 도전하기까지 하였다. 한 연구에 따르면, 오릿사(Orissa)에 거점을 둔 제국이 촐라(Chola) 왕조에 도전했지만 촐라 왕조의 강력한 해군에 패배했고, 촐라 왕조는 이런 해군에 기초해 한 시기 동안 지배권을 행사할 수 있었다고 한다.[33]

인도는 언제나 풍부한 자연자원과 산물을 가진 풍요로운 땅이었다. 해상 교역이 시작된 이래 꾸준히 다른 나라에 없는 산물들은 인도의 주요 수출품이 되었다. 『에리트레아 항해지』에서 인도는 쌀과 밀, 직물을 비롯한 44가지나 되는 많은 상품을 지중해로 수출한 것으로 묘사되었다. 인도는 "동쪽의 섬나라들"과 중국으로부터 후추와 실크, 그리고 여타 상품 및 자원들을 획득하였고, 이러한 상업 교역으로부터 막대한 이득을 얻었다.

실론

오늘날의 스리랑카인 실론은 중국에서는 사자국(獅子國)이라 했고 페르시아어로 심하라우이파(Simhalauipa) 또는 실란(Silan)으로도 알려졌다. 기원전 6세기에서 5세기까지 북인도에 살던 아리아인들이 바다를 건너 실론으로 이주하였다. 좀 더 뒤에 인도에서 온 아리아인들은 실론 동부 연안으로 다시 옮겼다. 끊임없이 증가하는 새로운 이주자들과 원주민들이 함께 살면서, 실론의 주요 민족 집단인 싱할라인(Sinhalas)을 구성했다. 그들의 관습은 기본적으로 인도인과 같아서 특히 불교를 중시했다.

인도양 항로의 중추 지점에 입지하고 많은 해항(海港)들을 갖추었으며 "진기한 보물"로 유명했던 실론은 오래전부터 동서 간 교역의 중심지였다. 실론의 주요 토착 산물에는 쌀, 참깨, 사탕수수, 망고, 코코넛, 강황, 생강, 후추, 벌꿀, 진주, 루비, 사파이어, 운모(雲母), 면직물, 대모(玳瑁) 등이 포함되었다. 당시 실론은 보석으로 유명하여, 불교의 산스크리트어 경전에 실론을 "보물섬"이라고 할 정도였다. 외국 상인들은 금과 은, 유리, 산호만이 아니라 고급 도자기, 포도주, 말을 가지고 가 그런 물건들을 구입했다.

서기 1세기 이전에는 서쪽의 여러 나라들이 실론과 직접적인 교역 관계를 맺지 않았지만, 그럼에도 이런 나라들은 이미 남인도의 일부 항구들을 통해 실론산 상품을 구입하고 있었다. 후대에 서쪽의 여러 나라들은 실론과 직접적인 무역 관계를 맺었고, 양쪽 모두에서 교역이 신속하게 발전했다. 4세기에는 아크미쇼(Arkmichaux)인이 인도의 해상 교역을 독점하기 시작하면서 로마와 인도 및 실론 간의 무역을 중개하였다. 361년 로마 황제 율리아누스(Julianus)가 싱할라인 사절을 맞이하기도 했다.

6세기 이후에 실론은 근동과 인도 그리고 극동 간의 해상 교역 상품들이 모이는 집산지가 되었다. 페르시아와 중국, 동남아시아, 인도에서 온 선박들이 실론의 여러 항구들에 모여들어 실론산 상품들을 구입하거나 거래했고, 이것은 커다란 부를 낳았다.

실론은 또한 해외 항구들로 자신의 배들을 보내어, 중국산 실크와 침향(沉香), 정향, 백단유 등의 상품을 얻었고 여타 동방 상품을 구입하기도 했다. 그들은 이런 상품들을 말라바르(Malabar), 봄베이(Bombay), 신드(Sindh),23 페르시아, 그리스, 홍해의 아둘라(Adula)를 비롯한 인도양 서부의 여러 곳에서 다시 팔았다.34)

중국 문헌에 따르면, 실론 상인들은 "보물의 가격을 명확하게 표시했으며" 다른 나라의 상인들이 "실론으로 모여들거나 거기에 머물렀고", 이에 힘입어 실론은 "대국(大國)"이 될 수 있었다.35) 428년에 실론의 왕은 유송(劉宋)의 조정으로 서한을 보냈는데, 거기에는 "아주 멀리 떨어져 있음에도 우리는 계속 연락을 주고받아 왔다"고 적혀있다. 이는 실론과 중국 남부가 비교적 밀접한 공식 관계를 유지해왔음을 보여준다.

페르시아

기원전 6세기 중반 이후 페르시아인들은 동쪽으로 인더스 강과 서쪽으로 소아시아, 그리고 남쪽으로는 이집트에 걸쳤으며 한때 유럽의 트라키아(Thrace)를 포함하던 거대한 제국을 세웠다. 기원전 330년에 페르시아는 마케도니아와 그리스인들에 의해 파괴되었고 그 후 알렉산더 대왕과 셀레우코스(Seleucid) 왕조와 파르티아(Parthian) 왕국이

---

23 파키스탄의 카라치 근처.

연이어 그곳을 지배했다. 서기 224년 무렵 페르시아의 사산 일가 출신의 아르다시르(Ardashir) 1세(재위 서기 226~240년)는 전쟁을 일으켜 2년 후 파르티아 왕국을 무너뜨렸다. 그 후 크테시폰(Ctesiphon)[24]에 수도를 정한 사산조 페르시아 제국은 420년 동안 지속되었다.

서기 3세기에 로마제국은 서서히 쇠퇴하기 시작했다. 330년 무렵 황제 콘스탄티누스(Constantine)는 수도를 비잔티움(Byzantium), 즉 콘스탄티노플(Constantinople)[25]로 옮겼다. 이후 약 1,000년 동안 콘스탄티노플은 동로마(비잔틴)제국의 수도로 자리했다. 비잔틴제국은 육로이든 해로이든 상관없이 극동과의 접촉을 유지했고, 그 후 사산조 페르시아가 압박해 오면서 접촉이 뜸해지게 되었다. 서기 6세기 무렵 사산조 페르시아는 페르시아만 전체를 통제하였고 동방과의 교역을 거의 완전히 지배하면서 중국과 직접적인 무역 관계를 맺었다. 일부 기록들은 육로와 해로 모두를 통해 중국산 상품들이 '비옥한 초승달' 지역으로 운송되었고 크테시폰의 시장들에 등장했다고 한다. 서기 360년경에는 유프라테스 강 하안의 바타니아(Batania)에서 1년에 한 번씩 열리는 시장에서도 중국산 상품을 볼 수 있었다.

8. 로마인이 상상한 중국

서기 2세기 이후 일부 로마인들이 바다를 통해 연이어 중국 연안에 도착했다. 중국의 역사 기록에 따르면, 226년에 진론(秦論)이라는 한자 이름의 로마 상인이 동오(東吳)의 교지(交趾)에 도착했고, 태수 오

---

24 오늘날 이라크 바그다드의 동남쪽.
25 오늘날 터키의 이스탄불.

막(吳邈)이 그를 수도 건강(建康)26으로 호송해 왕 손권(孫權)에게 알현시켰다. 손권은 로마제국의 관습과 상태에 대해 질문했고 진론은 그 질문에 상세히 답하였다. 거의 같은 시기에 교주목(交州牧) 여대(呂岱)가 강태(康泰)를 남중국해에 사절로 파견하였다. 이를 연구한 풍승균(馮承鈞)은 두 사건이 밀접하게 관련된 일이라고 추정했다. 교주는 동·서 간의 무역 상인들이 왕래하는 요지였기 때문에 강태의 임무는 아마도 진론의 귀환을 호송해 주고 남중국해 주위의 여러 나라들에 중국문화를 퍼뜨리는 것이었으리라고 보는 것이다.36) 281년에는 로마제국이 서진(西晉)(265~316년)에 사절을 보냈는데, 이들은 바다를 통해 광주에 도착했다. 영국 학자 헨리 율(Henry Yule)은 이 로마의 대(對)중국사절을 황제 카루스(Carus)(재위 282~283년)가 보낸 것이라고 믿는다.37)

하지만 이탈리아 학자 쥘리아노 베르투치올리(Guiliano Bertccioli)와 페데리코 마시니(Federico Masini)는 이 두 번의 로마 사절이 "비공식적인 것"이었다고 주장한다. 그 이유는 이 시기 동안 프로부스(Probus), 카루스, 카리누스(Carinus), 누메리아누스(Numerianus)를 비롯한 여러 명의 황제들이 권좌에 올랐고, 이들은 자기 자리를 보존하는 데 급급하여 중국으로 사절을 파견했을 가능성이 별로 없었다는 것이다. 로마의 역사 기록에는 단 하나, 아우구스투스 시대 동안 중국에서 온 한 사절이 4년간의 긴 여행 끝에 결국 로마에 도착하여 진주와 보석, 코끼리를 선물로 바쳤다는 내용이 있다. 하지만 라틴어나 중국어로 된 다른 어떤 역사 문헌에도 이를 증명해 주는 기록은 없다38)

십중팔구 중국에 온 이 로마 "사절들"은 사기를 쳤을 가능성이 많다. 그러나 중국과 로마제국은 실제로 계속해서 해양 접촉을 유지했

26 오늘날 강소성(江蘇省) 남경.

다. 1944년 베트남 남부의 고대도시 오케오에서 2세기경의 로마 주화와 음각을 새긴 홍옥수(紅玉髓)를 비롯한 지중해 지역에서 제조된 물품들이 출토되었다. 이러한 것들은 로마제국과 교지 반도 혹은 중국 간의 무역 왕래를 보여주는 진귀한 유물이다.

고대 로마인들은 지구에 대한 좀 더 정확한 지식과 아울러 저 멀리 떨어진 중국 땅에 대한 이해도 점차 심화시켜 갔다. 중국이 풍부한 실크 생산으로 잘 알려져 있었기 때문에, 로마인들은 중국을 "실크의 나라"로 불렀고 중국인들을 시나에(Sinae, 秦人)라고 했다. 대 플리니우스는 『자연사』에서 "중국인들이 평균보다 더 키가 크다"고 하였다. 이것은 로마인들이 보기에 중국인들은 "키가 크다"는 이미지를 반영한 것이었다. 하지만 그는 계속해서 중국인을 "붉은 머리에 푸른 눈을 가졌다"고 하는데, 이는 분명 대 폴리니우스가 중국인을 다른 민족 집단과 혼동한 것이다.

대 플리니우스와 그의 동시대 작가들은 중국인에 대해 아주 긍정적인 인상을 갖고 있었다. 그들은 중국인들이 온순하고 차분하며 질서를 잘 지킨다고 생각했다. 대 플리니우스는 "중국인들이 상냥하다"고 하였다. 이에 더해 솔리누스(Solinus)는 "중국인이 서로에 대해 극히 점잖다"고 하였다. 또한 암미아누스(Ammianus)는 "중국인들은 아주 평화로운 삶을 산다"고 평하였다. 그들이 볼 때, 중국인들은 진실되고 공정하며 훌륭한 도덕적 기준을 갖추고 있지만 종교 의식이 약했다. 폼포니우스(Pomponius)는 중국인들이 "정의감으로 가득 차" 있고, 중국의 법은 살인과 간통, 매춘, 절도, 신상 숭배를 금지한다고 믿었다. 그러므로 그 나라 안에는 사원이나 신상, 매춘부, 간통자, 도둑, 살인자가 전혀 없다고 생각했다. 중국인들을 심지어 무신론자라고 언급한 기록도 있다. 게다가 그리스와 로마의 저술들에는 중국인들이 오래 산다는 얘기도 종종 나온다. 대 플리니우스는 중국인들이 140세까지 산다고 하였고, 다른 이들은 중국인들이 실제로 200살을 산다고 하였으며, 또 다른 이들은 심지어 300살을 산다고도 하였다. 중국인들의 장수 비결에 대해, 일부 사람들은 그 비결이 무엇보다도 도교 수련과 위생적 생활습관, 성교, 식습관, 운동, 호흡, 연금술에 뿌리를 두고 있다고 여겼다. 일부 사람들은 그 비결이 신선한 공기와 지리적 조건 그리고 식습관의 질과 관계가 있다고 믿었다.[39]

중국인들에 대한 로마인들의 이해는 주로 전해들은 이야기에 기초한 것이었고, 따라서 그들의 "중국 인상"은 모호하고 불완전하며 심지어 터무니없기까지 했다. 하지만 그럼에도 그것은 인류 문명과 교류의 역사에서 중요하며 큰 가치를 지닌다. 그런 교류를 진행하며 다른 문명에 속한 여러 나라들이 서로에 대한 이해를 증진시키고 서로로부터 배우며 연속적인 진보를 이루었기 때문이다. 로마인의 "중국 인상"은 동·서 간의 접촉과 교류가 "신화"의 시대를 벗어났음을 보여준다. 해양실크로드가 발전하면서, 동·서 간 교류의 주요 조직과 통로는 변화했을 수도 있지만, 교류는 결코 멈추지 않았다. 얼마 안 가 실재 증거들이 전해들은 이야기들을 대체하게 되었다.

9. 불교의 보급과 법현(法顯)의 천축 여행

불교는 고대 인도의 종교로 기원전 6세기에 처음 창건되었다. 서기로 진입하면서, 사절, 상인, 여행자들과 함께 불교는 중앙아시아에서는 육로를 통해 그리고 남쪽에서는 바다를 통해 신강의 구자(龜玆)와 우전(于闐) 왕국, 영남 등으로 들어왔다.

해양실크로드는 교역로일 뿐 아니라 부처의 가르침을 전파하는 경로이기도 했다. 풍승균은 항구도시 광주나 육조의 수도 건업(建業)[27]

그림 1-33 낙양 백마사(白馬寺)
불교가 중국 본토로 전파된 뒤 세운 최초의 사원이다.

에서 불경을 중국어로 옮긴 외국 불교 승려들은 대부분 바다를 통해
중국으로 왔다고 생각한다. 1981년 고고학자들은 강소성 연운항(連雲
港)시의 공망산(孔望山)에서 벼랑을 깎아서 만든 일단의 부처상들을
발견했다. 부처상들은 산의 자연적인 암벽 형태를 이용하여 150개의
다른 자세와 모습을 하고 있었다. 일부 부처상들은 열반(涅槃)에 든
와불(臥佛), 호랑이에게 자기 살을 바치는 보살, 코끼리와 코끼리 조련
사와 아울러 여러 종류의 부처와 역사(力士)의 모습을 보여주었다. 조
각상들의 형태와 양식은 키질(Kizil), 돈황(敦煌), 용문(龍門)만이 아니
라 인도 및 중앙아시아의 여러 지역들에서 발견되는 상들과 유사한
여러 특징들을 갖고 있다. 이 조각상들이 2세기 후반 동안[28] 만들어졌
음을 확정할 수 있다.[40] 따라서 불교가 하남(河南)성과 섬서(陝西)성
같은 지역에 전파되고 있던 것과 같은 시기에, 중국 동남부에서도 연

---

27 오늘날 강소성 남경.
28 동한(東漢) 말기 동안.

안 지역을 따라 발전하고 있었음이 분명하다.

교주와 광주 지역들은 인도인과 강거(康居)인[29] 그리고 여타 해외 상인들과 승려들이 빈번하게 방문하던 곳들이었다. 그들 중 일부는 "광주에 오랫동안 머물며, 왕래를 통해 이익을 얻고자 했다."[41] 장기간 거주하면서 그들은 외국 이민자가 되었고 불교의 확산에 기여했다. 혜교(慧皎)의 『고승전(高僧傳)』권1(『譯經上』)에는 이런 구절이 있다.

> 강승회(康僧會)의 선조는 강거인으로 대대로 천축(인도)에 살았다. 그의 아버지는 장사꾼이었기 때문에 교지(交趾)로 옮겨갔다. 강승회가 불과 10살 남짓 되었을 때 그의 양친이 모두 세상을 떠났다. 지극한 효자였던 강승회는 상(喪)을 치른 후 출가(出家)하여 매우 엄격하게 수행하였다. 사람됨이 관대하고 올바르며, 학식과 도량이 있었다. 뜻을 돈독히 하여 배우기를 좋아하여 삼장(三藏)을 환히 이해하였다. 널리 육경(六經)을 공부하고 천문, 도위(圖緯)에 대해서도 두루 섭렵하였다. 요점을 잘 분별하여 자못 글을 잘 지었다. 당시는 손권(孫權)이 이미 양자강 동쪽 지역을 지배했다. 그러나 부처님의 가르침은 아직 행해지지 못했다.…

그 뒤 불교는 영남 연안지역으로 퍼졌고, 홍강(紅江 혹은 홍해[紅河]) 평원에 많은 절들이 세워졌다. 법운사(法雲寺), 성도사(成道寺), 방광사(方光寺), 비상사(飛相寺), 중엄사(重嚴寺) 같은 절들이 그에 해당한다. 많은 고승들이 불교의 발전에 적극 나섰다. 베트남 학자들은 교주(交州)의 초기 불교를 가리켜 "레이로우 불교(Leilou Buddhism; 贏佛敎)"라고 하였다. 그것은 강력한 지방색을 갖고 있었고, 홍강 평원지역 농민들의 세계관과 정서를 반영하고 있었다. 영국인 동남아시아사

---

29 중앙아시아의 유목민.

전문가인 니콜라스 타링(Nicholas Tarling)에 따르면, 불교가 베트남 북부 지역에 영향을 미친 것은 4세기 때였다.

> 베트남의 불교신앙은 풍부한 수확량 및 왕실 통치와 관련되었다. 풍작을 빌면서 많은 사원이 세워졌다. 불교가 표현한 것은 "명계(冥界)"가 농사의 운명을 결정한다는 새로운 규칙이었다. 불교 사원은 부처의 형상을 띠고서 구름과 비, 천둥과 번개 같은 다양한 현상을 구현한 존재에 경배하기 위해서 마련되었다. 이 새로운 세계종교는 원래 존재하던 사회적 관념을 고양시키는 데 기여했다.[42]

부처는 언제 어디서든 선하고 무고한 이들을 돕고 악인을 벌 줄 수 있는 큰 힘을 가진 신으로 여겨졌다. 미술사가들의 연구에 따르면, 중국 북서부 지역 사람들도 선호한 인도 북서부의 간다라 건축양식과 비교할 때 교주의 건물은 자바의 보로부두르(Borobudur) 양식과 더 유사하며, 광범위한 불교 포교망에 속하게 된다. 이런 포교망 역시 중국과 인도 사이의 남쪽 해양 교역로와 일치했다.

몇몇 외국의 고승들이 바다를 건너 중국으로 왔는데 처음에는 영남에 도착하고 그 후 더 내지로 들어갔다. 많은 인도 고승들은 수많은 산스크리트어 경전을 중국으로 가져왔을 뿐 아니라 그 경전들을 한자로 번역하기도 했다. 고승들 중 일부는 중국어로 글을 쓸 수도 있었고, 이는 중국 불교의 성장을 크게 자극했다. 3세기에서 6세기까지 바다를 통해 광주로 온 유명한 외국 승려 중에는 구나라하타(Gunarahhatha; 求那羅跋陀), 구나바르만(Gunavarman; 求那跋摩), 구나바드라(Gunabhadra; 求那跋陀羅), 상하바드라(Sanghabhadra; 僧伽跋陀羅) 등이 있다. 이러한 편력승 중에 남인도의 브라만 출신인 보디다르마(Bodhidharma; 菩提達

磨)라는 승려가 있었다. 그는 526년에 광주에 도착하여 서래암(西來
庵)을 세웠다. 얼마 안 있어 그는 금릉(金陵)(현재 남경)으로 갔고 숭
산(崇山) 소림사(少林寺)로 옮겼다. 그는 자신의 지식을 제자 혜가(慧
可)에게 전했고, 중국 선불교의 고전적 문헌이 된 4권으로 된 수능엄
삼매경(首楞嚴三昧經)을 전해주었다.

그림 1-34
광주 효광사 내 달마비

그림 1-35 화림사(華林寺)
광주시 하구로(下九路) 소재.
달마의 첫 거처인 서래암으로 알려져 있다.

546년에 서인도의 우자야나(Ujayana)왕국에서 파라마르타(Paramartha;
眞諦)라는 고승이 중국으로 왔다. 그는 부남에서 바다를 건너 남중국
해로 여행하였다. 548년에 그는 북쪽으로 건강(建康)까지 갔지만, 당
시 양자강 동쪽 지역은 혼란스러웠기 때문에 예장(豫章)30과 시흥(始
興)31 등을 경유한 후 광주로 돌아갔다. 광주의 제지사(制旨寺)32에서
그는 대승불교(大乘佛敎)의 소개서인 『대승기신론(大乘起信論)』을 번

30 오늘날 강서성 남창(南昌).
31 오늘날 광동성 시흥.
32 오늘날 광효사(光孝寺).

그림 1-36 광주 왕원사(王園寺)

남월왕 조건덕(趙建德)과 동오의 우번(虞翻)의 거처였다. 뒤에 사원이 되어 제지사(制旨寺)라 불렸고, 남송대에 광효선사(光孝禪寺)로 개칭했다. 진·당대에 이곳에서 많은 승려들이 경전을 한자로 옮기는 일을 했다.

역하고, 『섭대승론(攝大乘論)』과 『아비달마구사론(俱舍論)』을 해석하여 설교하면서 무착(無著), 세친(世親), 진나(陳那) 등의 대승유가학설(大乘瑜伽學說)을 체계화하고 소개하였다. 당시 그의 가르침을 따르는 학승들이 100명이 넘었다. 파라마르타는 12년 동안 광주에 살면서, 49권의 경전을 번역했고 섭론종(攝論宗)을 세웠다. 그것은 불교의 가르침에 대한 진정으로 큰 기여였다. 564년에 파라마르타, 즉 진제는 광주에서 죽었다.

이 시기 동안 많은 중국인 승려들이 인도로 순례여행을 떠났다. 그들은 고비(Gobi)사막을 건넜고 중앙아시아의 평원과 고원을 가로지르고 히말라야를 넘어 결국 인도에 이르렀다. 이 길을 여행하는 데는 몇 년이 걸렸다. 그 과정에는 고난과 위험이 가득했다. 일부 사람들은 중도 포기하였고 다른 이들은 여행 중에 사망했다. 목적지에 도착한 운

좋은 일부 승려들은 돌아오지 않고 새로운 땅에 정착하기를 선택했다. 또한 고된 여행을 마다하지 않고 육지나 바다로 본국으로 돌아온 사람도 몇 사람 있었다. 이들은 불교의 확산에 소중한 기여를 하였다. 이들 중 가장 유명한 승려가 동진(東晉)의 고승 법현(法顯)이다.

법현(약 337~422년)은 평양(平陽)군 무양(武陽)33 사람으로 속성(俗姓)은 '공(龔)'이었다. 그는 3살에 사미승(沙彌僧)이 되었고 20세에 비구계(比丘戒)를 받았다. 당시 불경의 계율을 담은 경전의 번역은 아직 완성되지 않았고 불자들이 의지할 것이 전혀 없었다. 그래서 법현은 승려의 법도를 담은 불경을 찾아 천축으로 가기로 결정했다. 399년에 법현은 수도 장안(長安)을 출발하여 불법을 찾아 하서주랑을 따라 서쪽으로 여행하였다.

당시 하서(河西) 지역에는 다양한 민족의 사람들이 모여 살고 있었고, 동시에 많은 다른 정권들이 자리 잡고 있었다. 길을 따라 만나게 되는 자연환경은 정말 가혹하여 법현의 행로에 크게 영향을 주었다. 양관(陽關)을 빠져나온 후에 그는 유명한 바이룽두이사막(Bailongdui Desert; 白龍堆砂漠)34으로 들어갔다. 그는 17일 낮밤을 걸어서 산산(Shanshan; 鄯善)왕국35에 도착했다. 그곳 사람들은 소승불교(小乘佛敎)를 믿었고, 그래서 법현과 여타 순례객들을 무시했다. 401년에 법현은 호탄(Khotan; 于闐)왕국36에 도착했다. 다음해 그는 파미르 고원을 가로질러 인도 북부 및 중부로 들어갔다. 일단 거기서 그는 석가모니의 출생지와 깨달음을 얻은 곳인 부다가야(Bodh Gaya), 처음으로 설법을 행한 곳인 사르나트(Sarnath; 鹿野苑), 석가모니의 거처였던 제타

---

33 오늘날 산서성 양구(襄丘)현.
34 오늘날 신장위구르 자치구의 로프노르(Lop-Nur; 羅布泊) 지역.
35 오늘날 신장위구르 자치구의 야강(若羌) 지역.
36 오늘날 신장위구르의 화전(和田).

바나(Jetavana) 사원(祇園精舍), 열반에 든 장소인 쿠시나가르(Kushinagar; 拘尸那迦羅)를 비롯한 여러 불교 성지와 유명한 산들을 방문했다. 아소카(Asoka) 왕의 이전 수도인 마가다(Magadha)[37]의 파타리푸트라(Pataliputra)에서 법현은 3년을 살면서 인도어를 익히고 6권의 율법과 관련된 불교 경전을 모았다. 408년에 그는 동인도의 타말리프티(Tamalipti)[38]로 갔다. 409년 겨울 타말리프티 항구에서 그는 싱할라(Sinhala)(실론)행 상선에 몸을 실었다.

싱할라는 인도양의 교통과 상업 중심이었고, "동방의 교차로"라는 별명을 갖고 있었다. 전설에 따르면, 부처도 한때 이곳을 방문한 적이 있다고 한다. 기원전 308년에 아소카 왕이 싱할라로 사절을 보내 불교를 전파했다. 법현은 아누라다푸라(Anuradhapura)의 고대 도시에 있던 아바야기리(Abhayagiri) 사원에 머물렀다. 거기서 그는 계속 불교 경전을 모아서 이전에 본 적이 없던 새로운 경전 4권을 얻었다.

1918년에 스리랑카 정부는 1,500년도 더 전에 스리랑카와 중국 간의 친교에 크게 기여한 법현을 기념하기 위해 카루타라(Kalutara) 구역에 있는 한 산촌에 "법현 마을(Fa-hsien Village)"이라는 이름을 붙이기로 결정했다. 그 마을과 그리 멀지 않은 곳에 "법현(Faxian; Pahiyangala) 동굴"이라는 이름을 가진 동굴이 있다. 법현이 한때 거기서 살았다는 전설이 전해진다. 동굴은 높이가 20미터가 넘으며, 동쪽과 남쪽, 서쪽은 막혀있고 북쪽만이 뚫려있다. 그곳은 겨울에는 따뜻하고 여름에는 시원해서 불승의 명상에 훌륭한 장소이다. 동굴 안에는 약 10여 미터 길이의 와불상이 있다. 근처의 주민들은 종종 이곳으로 와 절을 하고 가기도 한다.[43]

---

37 오늘날 비하르(Bihar).
38 오늘날 캘커타.

법현은 2년 동안 싱할라에 살았다. 그 후 어느 날 중국 산서성에서 만든 백견사(白絹絲) 부채를 우연히 보았는데, 그것이 내면에 향수어린 감정을 불러일으켰다. 411년 가을 법현은 200명이 넘는 승객을 실은 상선에 올라 고향을 향해 항해에 나섰다. 배가 항구를 떠난 지 오래지 않아 격심한 폭풍이 몰아쳤다. 배는 100일을 넘어 표류하다 남중국해의 예티포(Yetipo)[39]에 도착했다. 거기서 배는 약 5개월을 머물렀다. 상선이 다시 출발했을 때, 약 50일 정도면 광주에 도착할 거라고 예상되었다. 약 한달 남짓 지나 여정의 마지막 구간에 들어선 후 배는 다시 예기치 않게 격심한 폭풍을 만났다. 배에 탄 브라만들(Brahmins)은 배의 불운이 승려가 탔기 때문이라고 비난했고, 그래서 그들은 법현을 버리고 갈 계획을 짰다. 다행히도 법현의 이전 후원자가 반대했고 법현은 계속 배에 남도록 허용되었다. 다시 2달이 더 걸려 배는 결국 청주(青州) 장광(長廣)군의 뇌산(牢山)[40] 남쪽 연안에 도착했다. 거기서 그는 장광군 태수인 이억(李嶷)에게서 따뜻한 대접을 받았다.

413년에 법현은 경구(京口)[41]로 갔고, 그 뒤 건강에 도착했다. 거기서 그는 북인도에서 온 고승 붓다밧드라(Buddhabhadra; 佛陀跋陀羅)와 함께 인도에서 갖고 온 산스크리트어 경전을 번역했다. 모두해서 그들은 6경전을 63권으로 번역했고 다해서 100만 자가 넘었다. 그 후 법현은 자신의 천축 여행의 경험을 써서 편찬했는데, 416년에 탈고한 그 책의 이름은 『역유천축기전(歷遊天竺記傳)』으로 오늘날 『불국기(佛國記)』로 알려져 있다. 이 책에는 원시불교 기록들과 해양실크로드에 대한 풍부한 정보들이 많이 적혀있다. 그것은 또한 인도와 스리랑카, 남

---

39 오늘날 자바섬이거나 수마트라섬.
40 오늘날 산동성 청도의 노산(崂山).
41 오늘날 강소성 진강(鎮江).

중국해 지역들의 지리적, 사회적, 역사적 상황들을 소개하였다. 이 책은 가르침을 찾아 서쪽으로 여행한 후대의 승려들에게 유용한 안내서였을 뿐만 아니라, "해양실크로드"에 대한 풍부하고 다채로운 역사적 정보들도 담고 있었다. 그래서 동·서의 학자들이 두루 이 책에 주목하고 있다. 422년에 법현은 형주(荊州)의 신사(辛寺)에서 죽었다.

제 2 장

주강(珠江) 하구에서
페르시아만까지
−광주에서 외국 땅으로 가는 해상 통로−

제2장 주강(珠江) 하구에서 페르시아만까지
-"광주에서 외국 땅으로 가는 해상 통로"-

1. 중국 공식 사절 상준(常駿)의 남중국해 항해

589년에는 동아시아에 극적인 변화가 일어났다. 북쪽의 수(隋) 왕조가 남쪽의 진(陳) 왕조를 물리치고 한나라 이래 거의 400년간에 걸친 남과 북의 분열을 종식시키면서 또 하나의 강력한 통일제국을 열었다. 수나라는 외교에 발 벗고 나섰다. 특히 수양제(隋煬帝)는 참파와 유대관계를 발전시키고 동쪽의 유구(琉球)[1]에 대한 군사 원정을 단행하면서 중국 본토와 대만 및 남중국해 여러 나라들 간의 관계를 강화시켰다.

607년에 수양제는 치투(Chi Tu; 赤土) 왕국에 둔전주사(屯田主事) 상준(常駿)과 우부주사(虞部主事) 왕군정(王君政) 등을 사절로 보내었고 이들은 남해(南海)군에서 출발했다. 『수서(隋書)』에 따르면, 치투 왕국은 말레이 반도의 남반부에 위치했다. 그 영역은 수천 리(里)에 달했고 자원과 산물이 풍부했다. 치투 왕국은 조하포(朝霞布)와 조운포(朝雲布), 날염 면직물, 쌀, 기장, 백두(白豆), 흑마(黑麻), 사탕수수 주정

---

1 오늘날의 오키나와가 아니라 대만을 가리킨다.

(甘蔗酒), 코코넛 럼주 등을 생산하는 것으로 유명했다. 상준을 비롯한 사절들은 남해군을 출발하여 2일 밤낮을 항해하여 초석산(焦石山)[2]에 이르렀다. 그 뒤 그들은 남동쪽으로 선회하여 참파의 맞은편인 링가 파르바타(Linga-parvata)[3]에 정박했다. 그 후 그들은 더 남쪽으로 항해 하여 심할라(Simhala)[4]와 오늘날 말레이 반도 북쪽의 산지들을 지나 치투 왕국이 있던 말레이 반도 동부 연안에 도착했다. 치투 국왕은 중 국 사절을 맞이하기 위해 30척 이상의 큰 배들과 브라만 쿠마라 (Kumara)를 보내었다. 사절을 호위해 가는 길에 내내 풍악이 울렸다. 한 달이 좀 더 걸려 상준과 그 일행은 왕국의 수도에 도착했다.

치투 왕국에서는 왕과 왕자가 잇달아 상준을 접대하였다. 상준 일 행이 도착함에 맞추어 왕자 낙시에지아(Naxiejia; 邪邪迦)가 사절을 환 영하기 위해 2마리의 코끼리와 공작털 가림막을 든 의장대를 보내었 다. 2명의 브라만들이 길을 인도하는 사이에 100명 이상의 여자와 남 자들이 조롱박 북을 쳤다. 상준과 그 일행은 왕궁으로 나아가 왕을 알 현하였다. 며칠 뒤 왕은 상준에게 연회와 함께 많은 선물을 마련하였 다. 상준은 임무를 다한 후 다시 항해에 나서 중국으로 돌아왔다. 610 년 봄 치투의 왕자가 중국으로 와 홍농(弘農)군에서 수양제를 알현하 였다.

공식 사절로서 상준의 치투 왕국 방문은 중국과 동남아시아 여러 국가들 간의 유대를 강화시켰다. 그것은 남중국해의 초기 교류사에서 획기적인 한 장이었다. 7세기 초 치투, 참파, 크미르(Kmir; 眞臘), 폴리 (Poli; 婆利), 딘딩(Dindings; 丹丹), 판판(Panpan; 盤盤)을 비롯한 10여 개

---

2 오늘날 베트남 중부해안의 참섬.
3 베트남 중부 사호이(Sa Hoi).
4 오늘날 베트남 동남부의 섬.

의 나라들이 해로를 따라 와 중국에 조공을 바쳤다. 이런 점 때문에 서구학자 율(Yule)은 수양제 치세 동안 중국이 한대에 (기원 전후 시기 동안) 누렸던 동아시아 여러 나라에 대한 권위와 영향력을 회복하였다고 주장했다.

2. 당대의 시박사(市船使)

7·8세기 세계에는 3개의 강력하고 번성하는 제국들이 등장하고 있었다. 그것은 서쪽의 비잔틴제국(330/395~1453년), 아시아와 유럽, 아프리카를 가로질러 뻗어 있던 아랍제국(632~1258년), 그리고 동쪽의 당제국(618~907년)이었다. 7세기 초의 2·30년대 동안 당은 약 20개 나라들과 외교 관계를 맺었다. 그보다 100년 뒤인 8세기 전반에는 70개 이상의 나라와 지역들이 당과 외교적 유대를 맺었다. 『신당서(新唐書)』는 이렇게 기록하고 있다.

당(唐)의 덕은 크다. 하늘 아래 살고 있는 모든 사람은 다 신민(臣民) 노릇을 하고, 해(海) 내외를 막론하고 당의 주현(州縣)이 아닌 곳이 없어, 마침내 천자를 높여 "천하의 왕(天可汗)"이라 일컬었다. 삼왕(三王) - 하의 우(禹)왕, 상의 탕(湯)왕, 주의 무(武)왕 - 이래로 당나라보다 더할 때가 없었다. 멀리 떨어져 있는 오랑캐 땅의 군장(君長)까지도 당의 옥새와 깃발(璽纛)을 받아야 나라 구실을 할 수 있고, 한번만 신하노릇을 하지 않아도 당장에 무찌르거나 포박하였다. 때문에 오랑캐의 보물들이 줄을 이어 조정으로 들어왔다.[1]

당의 두우(杜佑)(735~812년)는 한나라와 당나라 사이 중국과 남해 여러 나라의 교류에 대해 다음과 같이 비교하였다.

남해의 여러 나라들은 일찍이 한대부터 중국과 교류했다. 그 나라들은 교주(交州) 남쪽과 남서쪽의 큰 바다 가운데 섬들에 위치했는데, 중국으로부터 거의 1,500리(里), 멀리는 2, 3만 리 정도 떨어진 곳도 있었다. 이런 나라들에는 배로만 닿을 수 있었지만, 거리의 이수(里數)는 상세히 알 수 없다. 외국의 여러 책에서 이수를 말하고 있지만, 또 정확한 것은 아니다. 그들 나라의 서쪽은 여러 미개한 야만인의 나라와 접해 있었다. 한무제 원정(元鼎) 5년(기원전 112년)에 복파장군(伏波將軍) 노박덕(路博德)을 파견하여 백월(百越)을 개척하고, 거기에 일남(日南)군을 설치했다. 그 변방 밖의 여러 나라들이 한문제 이래로 모두 공물을 헌상하고 알현하였다. 후한 환제(桓帝) 때(132~167년) 대진(大秦; 로마제국)과 천축(인도)이 해로로 사절을 보내 조공을 바치고 알현하였다. 삼국 시기(220~280년) 동안에는 오의 손권(孫權)이 선화종사(宣化從事) 주응(朱應)과 중랑(中郞) 강태(康泰)를 여러 외국에 사절로 보내었다. 그들이 지나가거나 전해 들은 나라가 100개가 넘었고, 그런 나라에 대해 기록과 전기(傳記)를 남겼다. 진(晋)대(266~420년)에는 중국과 관계를 맺은 나라가 그보다 적었다. 하지만 송(宋)(420~479년)과 남제(南齊)(479~502년) 때 중국과 관계를 맺은 나라는 10여 개에 불과했다. 양무제(梁武帝)(464~549년)와 수양제(569~618년) 때 중국으로 오는 외국 사절의 수가 그 이전의 수치를 능가했다. 대당(大唐) 정관(貞觀)(627~649년) 이후에는 당의 문화가 아주 멀리 떨어진 나라들에게까지 퍼졌다. 이전에 중국과 아무런 접촉이 없던 나라들도 여러 단계의 통역을 거쳐 찾아왔는데, 양과 수대에 중국에 온 나라들보다 훨씬 더 많았다.[2]

당의 통치자들은 개방적 태도를 갖고서 대외관계와 교역을 증진하였다. 조공체제와 외교 의례를 결합한 당을 중심에 둔 국제관계가 확립되었다. 조공을 바치러 오는 외교 사절에 대해 "공도(貢道)"(통행로), "영송(迎送)"(영접과 배웅), "관곡(館轂)" 등과 관련한 규정이 마련되었다. 사절들은 귀국 때 당 정부로부터 "보증(報贈)", "정량(程糧)", "전역(傳驛)" 등 다양한 명칭으로 불린 여행 경비를 제공받았다.

"보증"은 당 조정이 조공국에 내리는 공물에 대한 사례이자 그들이 제공한 물건에 대한 값이었다. "보증은 조공품의 비용에 기초해 사절에게 지급하고 반드시 그보다 후하게 제공되었다." 이 "보증"은 수도의 홍려시(鴻臚寺)(외교부서)가 지급하거나 지방이나 시 관청에서 지급할 수 있었다. 1972년 신강 투르판(Turpan; 吐魯番)의 아스타나(Astana)에서 당 고종(高宗)의 의봉(儀鳳) 시기(676~679년)에 제작된 「의봉도지식잔권(儀鳳度支式殘卷)」이 2개 출토되었다. 그 중 하나에는 이렇게 기록되어 있었다.

(여러 주에서는) 여러 외국의 같은 종류의 물품들을 헤아려 보고하고, 모두 색수(色數)에 따라 관아로 보내야 할 것이다. 교주도독부(交州都督府)에서 보고한 외국 물품은 해당 관청에서 관물(官物)로 이용할 수 있고, 파손된 품목과 남은 품목의 수는 매년 탁지부(度支部)와 금부(金部)에 신고해야 할 것이다. 안북도호(安北都護) 관할 하의 여러 역(驛)에 머무르는 외교 사절에 대한 하사품은 영주도독부(靈州都督部)에서 지급할 것이다. 선우대도호부(單于大都護府)의 여러 역에 대한 하사품은 삭주도독부(朔州都督部)에서 지급할 것이다. 아울러 이왕의 관례에 따라 서로 알 수 있도록 교부하고, 함부로 낭비해서는 안 될 것이다. 안북도호부의 색수는 영주도독부에서 지급해야 할 것이다. 안북도호부에서

그러한 요구가 전혀 없으면, 영주도독부는 함부로 요청해서는 안 될 것이다. 지급이 완료되면 그 수치를 비부(比部)와 금부에 보고해야 하고, 비부는 이를 취소시켜야 할 것이다.…[3]

이것은 육상 조공로를 따라 영주와 삭주가 "조공품을 보고"하고 "보상(하사)품을 나누어 줄" 책임을 가진 것처럼, 교주가 해양실크로드와 연결된 육로를 따라서 똑같은 책임을 가졌음을 보여준다.

"정량"은 사절의 귀환 여행을 위해 제공된 식량이었다. 식량의 양은 귀환 여행의 거리에 따라 결정되었고 지방 수준에서 지방 정부가 내놓았다. "전역"은 지방 관청이 외국 사절에게 제공한 수송 서비스 비용에 해당했다.

당은 중국에서 사업을 하는 외국 상인들의 중국 내 거주를 허용하였다. 또한 당은 중국 문화를 공부하는 외국 학생들에게 도움을 제공했고, 외래 종교의 전도사들이 중국에서 종교를 전파하도록 허용하였다. 재능 있는 외국인들은 과거시험에 참여할 자격을 얻었고 관직도 얻었다. 일본과 인도, 중앙아시아, 페르시아, 아랍제국 등 여러 나라 출신의 재능 있는 사람들이 당 조정에서 관리로 일했다. 일본인 학자 기미야 야스히코(木宮泰彦)는 당 왕조가 번성하고 동·서 간의 교류가 증가하면서 많은 외국 사절과 상인들이 중국으로 왔고 당 정부는 기꺼이 따뜻하게 그들을 받아들였다고 주장했다. 재능을 인정받은 개인이라면, 그 사람은 그의 국적에 관계없이 관직을 제공받곤 하였다. 중국 이름 조형(晁衡)으로 알려진 아베노 나카마로(阿倍仲麻呂)는 중국 문화를 찬미한 일본인 학자로 50년 동안 당 조정에 머물렀다. 그는 안남도호(安南都護)와 진남절도사(鎭南節度使) 등의 요직을 맡았다. 신라인 최치원(崔致遠)은 희종(僖宗) 때 한 번에 과거에 급제하고 요수현위(溧水縣尉)에 임명되었으며, 뒤에 회남절도사종사(淮南節度使從事)가 되었다. 아

그림 2-1 광주도독 겸 광주시박사 이경실(李敬實) 묘비 명문 탁본

출처: 關雙喜, 「西安東郊出土唐李敬實墓誌」, 『考古與文物』, 1985, 6.

랍인 이언승(李彦升)은 과거에 참여하여 장원급제하였다.[4]

　600년대 무렵 당 조정은 국내 최대 해항도시인 광주에 시박사(市舶使)를 파견하기 시작했다. 시박사의 임무는 중국과 남중국해 여러 나라들 간의 무역 활동을 관리하는 것이다. 동시에 전문적인 해양교역 부서인 시박사(市舶司)가 설치되었고, 부속 설비로서 '해양관(海陽館)' 혹은 '영남왕관(嶺南王館)'도 두어 외국 사절을 맞이했다.

　이러한 시박사의 일에는 두 가지 측면이 있었다.

　하나는 바다를 통해 도착하는 외국 사절들의 조공 제출과 관련한 업무의 관리였다. 유구, 참파, 칼리만탄, 헤링, 싱할라, 예멘, 대식(大食; Bactria), 대하(大夏)에서 오는 사절들이 모두 바다를 통해 광주로 왔기 때문이다. 광주에서 이들을 맞이하여 공물과 함께 장안으로 호송했다.

둘째는 무역과 징세의 관리였다. 특히 '금진이(禁珍異)'라고 해서 수입 물품의 30퍼센트를 관부(官府)에서 구입하는 일과 '박각(舶腳)'이라는 세금(후대의 '톤세')을 수입 물품에 부과하여 징수하는 일이 중요했다.

시박사라는 자리는 영남 지역의 최고위직이 겸임하거나 때로는 환관(宦官)이 맡기도 했다. 8세기 중반 이후 환관의 권력이 증가하면서 환관이 시박사를 맡는 경우가 더욱 더 늘어났다. 당대에는 시박사와 유사한 직책으로 압번박사(押蕃舶使)도 있었다(아래 표를 보라).[5]

이름	임기	경력 · 지위
周慶立	개원(開元) 2년(714년)	영남호족 출신 소주(昭州)수령, 우위위 중랑장(右威衛中郎將) 겸 시박사
韋某	개원 10년(722년)	내부국승(內府局丞)에서 시박사로 임명
呂太一	광덕(廣德) 원년(763년)	환관, 안사(安史)의 난 때 광남절도사 장휴(張休)에게 도망침. 당시 휘하 군대가 광주를 약탈
劉楚江	대력(大曆) 12년(777년)경	환관, 영남감군(嶺南監軍) 겸 시박사
王虔休	정원(貞元) 14년(798년)	영남절도사 겸 시박사
馬某	원화(元和) 9년(814년)	번진좌관(藩鎭佐官)에서 압번박사로 임명
馬總	원화 8~11년(813~816년)	영남절도사 겸 압번박사
李敬實	대중(大中) 4~7년(862~865년)	광주도감(廣州都監) 겸 시박사
劉岩	당말	청해(淸海), 건무(建武) 등의 군절도사, 영남동서도관찰처치등사(嶺南東西道觀察處置等使) 겸 시박사

3. 황화(皇華)가 도처에 미치다: "광주에서 외국 땅으로 가는 해상 통로"

당의 정원(貞元) 시기(785~805년) 동안 재상을 지낸 가탐(賈耽)은 역사·지리에 정통하였는데,「해내화이도(海內華夷圖)」에 변경에서 "사이(四夷)"에 이르는 7개의 경로를 기록하였다. 1. 영주(营州)⁵에서 안동(安東)⁶으로 가는 경로, 2. 등주(登州)⁷에서 바다를 통해 고려와 면한 발해(渤海)에 이르는 경로, 3. 만리장성 북쪽 하주(夏州)⁸에서 운중(雲中)⁹으로 가는 경로, 4. 중수항성(中受降城)¹⁰에서 회골(回鶻)까지의 경로, 5. 안서(安西)¹¹에서 서역(西域)으로 가는 경로, 6. 안남(安南)¹²에서 인도에 이르는 경로, 7. 광주에서 남중국해를 따라 외국으로 가는 해상 통로가 그것들이다.⁶⁾

이 경로들 중 다섯 번째와 일곱 번째 경로는 특히 중요한데, 각각 육상실크로드와 해양실크로드의 주된 통로였기 때문이다.『신당서(新唐書)』「지리지(地理志)」에는, "광주에서 외국 땅으로 가는 해상 통로(廣州通海夷道)"가 다음과 같이 기록되어 있다.

광주에서 동남쪽으로 200리(100킬로미터)를 항해하면 둔문산(屯門山)¹³에 이르고, 돛에 바람을 안고 이틀을 서쪽으로 더 항해하면 타야 제도(Taya Islands)(九州石)¹⁴에 이른다. 그 뒤 남쪽으로 이틀 동안 항해하면 틴호사(Tinhosa) 섬(象石)¹⁵에 이른다. 서남쪽

---

5 오늘날 요녕성 조양朝陽.

6 오늘날 요동.

7 오늘날 산동성 봉래(蓬萊).

8 오늘날 섬서성 횡산(橫山).

9 오늘날 산서성 대동(大同).

10 오늘날 내몽고 포두(包頭).

11 오늘날 신강성 고차(庫車).

12 오늘날 베트남 하노이.

13 오늘날 광동성 심천(深圳) 남두(南頭) 지역.

14 오늘날 해남도(海南島) 동북해역의 칠주열도(七洲列島).

15 오늘날 해남도 동남해역의 독주석(独珠石).

으로 경로를 바꾸어 3일을 항해하면 인도차이나의 쿠라오참(Culaocham; 占不勞山)16에 도착한다. 그곳은 참파17에서 동쪽으로 200리(100킬로미터) 떨어진 바다에 있다. 거기서 남쪽으로 이틀을 항해하면 링가파르바(Lingaparva; 陵山)18에 도착한다. 또 하루를 더 가면 멘두(Mendu; 門毒國)19에 이른다. 또 다시 하루를 더 가면 카우타라(Kauthara; 古笪國)20에 도착한다. 다시 반나절 더 항해하면 판두랑가(Panguranga;奔陀浪洲)21에 이를 수 있다. 또 이틀을 더 항해하면, 풀라우 쿤두르(Pulau Kundur; 軍突弄山)22에 이른다. 또 다시 5일을 항해한 후 말라카 해협에 들어가는데, 현지인들은 그곳을 "지(Zhi; 質)"라고 부르며, 남북의 거리가 100리(50킬로미터)이고, 북쪽 해안가가 란트(Lant; 羅越國)23이며, 남쪽 해안가에는 크리비자야(Crivijaya; 佛逝國)24가 있다. 크리비자야에서 동쪽으로 약 4 내지 5일을 항해하면 헤링(Heling; 訶陵國)25에 이르는데, 남중국해에서 가장 큰 섬이다. 또 말라카 해협의 서쪽으로 나와 3일이면 세라트 잔지(Selat Zangi; 葛葛僧祇國)26에 이른다. 크리비자야 서북쪽 모퉁이 별도(別島)의 현지인들은 약탈과 만행을 일삼기 때문에 배를 탄 사람들이 두려워한다. 그 북쪽 해안

---

16 오늘날 베트남 다낭 남동쪽 참섬.
17 오늘날 베트남 중남부.
18 오늘날 베트남의 사호이 곶(Cape Sa-hoi).
19 오늘날 베트남의 퀴논(Qui Nhon).
20 오늘날 베트남의 나트랑(Nha-trang).
21 오늘날 베트남 판랑(Phanrang).
22 오늘날 베트남의 콘손(Con Son)섬.
23 오늘날 말레이시아 남쪽 끝.
24 오늘날 수마트라섬의 팔렘방과 잠비 주변.
25 오늘날 인도네시아 자바.
26 오늘날 수마트라섬 북동쪽 해안의 브라우워즈(Brouwers).

이 칼라바라(Kalah-Vara; 箇羅國)27이며 그 서쪽에 랑카위(Langkawi; 哥谷羅國)28가 있다. 세라트 잔지에서 다시 4 내지 5일을 항해하면 승등주(勝鄧洲)29에 이른다. 또 서쪽을 향해 5일을 가면 바로스(Baros; 婆露國)30에 이른다. 거기서 또 6일을 가면 오늘날 인도의 니코바르(Nicobar; 婆國伽藍洲)31에 이른다. 또 북쪽으로 4일을 더 항해하면 싱할라(獅子國)32에 이르고, 그 북쪽 해안은 남천축(인도 남부)에서 100리(50킬로미터) 떨어져 있다. 또 서쪽으로 4일을 더 항해하여 물라(Mulā; 没來國)33를 지나면 남천축의 가장 남쪽 경계이다. 또 거기서 북서쪽으로 가면서 10여 개의 작은 나라를 지나면 브라함(Braham; 婆羅門)34의 서쪽 경계이다. 또 북서쪽으로 2일을 더 가면 뭄바이(Mumbai; 拔國) 근처에 이른다. 다시 10일을 가면서 천축 서쪽 경계의 작은 나라 5개를 지나면 데이불(Daybul; 提國)35에 이를 수 있다. 그 나라에는 미란 강(Nahr Mihran; 彌蘭大河) 혹은 신드 강(Sind; 新頭河)이라고 하는 큰 강이 있는데, 베이보쿤(Beibokun) 왕국(北渤崑國)에서 서쪽으로 흘러 데이불 북쪽에 이르러 바다로 들어간다. 또 데이불에서 다시 서쪽으로 약 20일을 항해하면서 20개 이상의 작은 나라들을 지나면 제라라(Djerrarah; 提羅盧和國)36에 도착한다. 제라라 사람들은 바다

---

27 오늘날 말레이지아 케다(Kedah).
28 태국 크라지협 서남쪽.
29 오늘날 인도네시아의 델리(Deli) 근처.
30 오늘날 수마트라의 보르네오(Borneo).
31 오늘날 인도의 니코바르 제도.
32 오늘날 스리랑카.
33 오늘날 서인도의 킬론(Quilon).
34 오늘날 인도.
35 현재 파키스탄의 카라치.
36 오늘날 이란 아바단(Abadan) 근처.

에 화표(華表: 장식용 돌기둥)을 세우고, 밤에는 그 위에 횃불을 두어 항해자들이 밤에도 길을 잃지 않게 하였다. 거기서 또 서쪽으로 하루를 더 항해하면 오발라(Oballa; 烏剌國)37에 이른다. 그곳에는 유프라테스 강(弗利剌河)이 남쪽으로 흘러 바다로 들어간다. 작은 배로 갈아타고 강을 거슬러 오르면, 이틀이면 말라(Malla; 末羅國)38에 도착하는데 아랍(大食)의 중요한 도시이다. 또 북서쪽으로 육로로 천리를 가면 아미르 알 무미닌(Amir al munenin: 茂門王)39의 수도 바그다드(縛達城)에 도착한다.

브라함의 남쪽 경계에서부터 물라에서 오발라까지는 모두 연해의 동쪽 연안을 따라간다. 그 서쪽 연안의 서쪽은 모두 아랍제국(大食國)이며, 그 서쪽 가장 남쪽에 있는 것은 산란왕국(Sanlan; 三蘭國)40이라고 한다. 잔지바르에서 정 북쪽으로 20일을 가며 10여 개의 작은 나라들을 지나면 시르(Shihr; 設國)41에 도착한다. 다시 열흘을 더 항해하며 작은 나라 6, 7개를 지나면 사이쿠헤지(Sayiequehejie; 薩伊瞿和竭國)42에 도착한다. 또 서쪽으로 6일 내지 7일을 항해해 가면 작은 나라 6, 7개를 지나 메조엔(Mezoen; 殁巽國)43에 이른다. 또 북서쪽으로 10일을 가며 작은 나라 6, 7개를 지나면 볼리케모난(Bolikemonan; 拔離哥磨難國)44에 도착한다. 또 하루를 더 가면 오발라에 이르며, 거기서 이 항로는 동쪽 연안 항로와 합쳐진다.7)

---

37 오늘날 이라크.
38 오늘날 이라크의 바스라(Basra).
39 이슬람교에서 '신도의 지도자'라는 뜻의 아랍어.
40 오늘날 탄자니아의 잔지바르(Zanzibar).
41 오늘날 예멘 공화국에 있다.
42 오늘날 오만 무스카트(Muscat)의 서남쪽.
43 오늘날 오만의 소하르(Sohar).
44 오늘날 바레인.

길게 이어진 이 대양 항해로는 광주에서 시작하여 전통적인 남중국해 항로를 따라 이어지고 말라카 해협을 지나서 인도양과 페르시아만으로 들어갔다. 항로는 페르시아만 서쪽 해안선을 따라 가다 호르무즈(Hormuz) 해협을 가로질러 오만 만과 아덴 만, 동아프리카 연안에 이르렀다. 이 전체 항로는 90개 이상의 나라와 지역들을 지나며, 좋은 조건일 때 89일의 항해 기간이 소요되었다(여기에는 항구에 체제하는 기간이 포함되지 않는다). 이것은 8·9세기에 세계에서 가장 긴 대양 항로로서, 동·서 간에 가장 중요한 해양 교통로로 기능했다.

중세 시기 아랍인들은 세계 해양 교역의 주역들이었다. 일부 지리서들은 또한 페르시아만에서 광주에 이르는 항로를 기록하고 있는데, 가탐의 "광주에서 외국 땅으로 가는 해상 통로"를 반대로 확인해 준다. 예컨대, 페르시아만에서 주강 하구까지의 항해를 기록한 이븐 후르다즈베(Ibn Khordaodbeh)의 『여러 길과 나라에 대한 책(*Book of Roads and Kingdoms*)』에 적힌 항로는 이러하다. 이라크의 바스라(Basra)에서 우르무즈(Urmuz)[45]를 지나 페르시아만을 나가서 동쪽으로 인도 연안을 따라 가다가 물라와 사란디브(Sarandib)(스리랑카)를 지나 벵골 만을 가로지르면 아란카발루스(Alankabbalus)(인도의 니코바르 제도)에 도착했다. 말라카 해협을 통과한 후 자바 섬을 지난 후에 칼라(Kalah)와 발루스(Balus)[46]에 이르렀다. 그 뒤 자바 섬과 샬라히트(Shalahit)(술라웨시), 향신료 제도[47]를 지나 마이트(Mayt)[48]에 도착했다. 그 뒤 방향을 바꿔 티유마(TiYūmah) 섬[49]과 가이마에르(Gaimaer)[50],

---

45 오늘날 이란의 반다르 아바스(Bandar Abbas).
46 오늘날 인도네시아의 칼리만탄(Kalimantan).
47 오늘날 인도네시아의 몰루카 제도.
48 오늘날 필리핀의 민도로(Mindoro)섬.
49 현재 위치가 어디인지 모름.

알산프(Alsanf)(참파)를 지나 당의 항구인 루킨(Luqin; 魯金)[51]에 들어갔다. 약간 더 북쪽에는 당의 가장 큰 항구인 칸푸(Kanfu; 廣州)가 있었다. 거기서 항해를 계속하면 칸주(Khanju; 漢久)[52]와 칸투(Qantu; 江都)[53] 등으로 이어졌다.

이 항로는 전체 기간이 87일이 걸렸고, 가탐의 기록 내용과 아주 유사했다. 두 항로는 페르시아만 동쪽부터 말라카 해협 서쪽까지 일치했다. 차이점은 이 항로가 말라카 해협을 지난 후 말레이 반도를 따라서 북쪽으로 중국까지 항해하는 대신 동쪽으로 가 자바 해와 술라웨시 해로 들어가며 바로 필리핀 제도로 향했다는 것이다. 거기서 그것은 비로소 서쪽으로 선회하여 인도차이나의 해상 공간으로 들어가고 그 뒤 중국 남부를 향해 갔다. 이것은 페르시아만과 인도양 주변 지역에서 동·서 간 항로상에 커다란 발전이 있었을 뿐 아니라 그 항로가 남중국해로 더 한층 확장되어 남중국해의 거의 모든 섬들을 당시의 세계 해상교역체제로 통합시켰음을 보여준다. 지난 1세기에 걸쳐 필리핀의 고고학자들은 바탄(Bataan)섬과 바부얀(Babuyan) 제도, 루손섬의 일로코스(Ilokos), 누에바에시하(Nueva Ecija), 산타아나(Santa Ana), 리잘(Rizal), 라구나(Laguna), 민도로, 세부(Cebu), 술루(Sulu)섬, 홀로(Jolo)섬 등에서 다량의 당대 도자기와 주화를 발굴해왔다. 이는 바로 앞서 말한 항로가 실재했음을 뒷받침하는 것이다.

아랍 상인 술레이만(Suleiman)도 이 시기에 중국으로 와 광주에서 살았다. 고향으로 돌아간 뒤 그는 자신의 경험을 『동방여행기(*Travels to the East*)』라는 제목의 책으로 엮었다. 이 책에 따르면, 술레이만의

---

50 현재 위치가 어디인지 모름.
51 오늘날 베트남 하노이.
52 오늘날의 복주이거나 항주.
53 오늘날 양주.

'동방' 여행은 "광주에서 외국 땅으로 가는 해상 통로"와 아주 유사한 경로를 따랐다. 시라프(Siraf)[54]에서 항해에 나서 무스카트에서 소하르(Sohar)를 지나 순풍을 타고 동쪽으로 항해해 가면 쿨람 말라야(Koulam-Malaya)(스리랑카)와 하르칸드 해(Harkand Sea)에 도착한다. 랑가바루스(Langabalous)[55]에서 한 달을 가면 칼라바라(Kalah-Vara)[56]에 이르고, 거기서 다시 40 내지 50일을 항해하면 남중국해에 진입하고, 다시 한 달을 더 가면 목적지인 광주에 도착한다. 이 해로는 다해서 약 120일이 걸렸다.

그림 2-2 다우선을 타고 인도로 항해하는 아랍상인

알하라미(Al-harami)의 『마카마트 고사집(*Maqamat*)』에 실린 삽화의 아랍 다우(Dhow)선 모습. 선체는 둥글고 삼각돛을 달았다. 파리국립박물관 소장.

대양 탐험가 신드바드(Sindbad)의 항해모험 이야기는 유명한 『천일야화(*One Thousand and One Nights*)』에서 가장 재미있고 인기 있는 부분이었다. 이 이야기는 실제로 동쪽으로 항해하여 장사를 한 이슬람 상인들의 기록과 전설을 각색한 것이었다. 고대 아랍 세계와 중국 간의 교통을 입증하고 8세기 중반 아랍 항해자 아부 자이드(Abu Zaid)의 항해를 기념하기 위해 1980년 오만의 술탄 카부스 빈 사이드(Qabus Bin Said)는 이중 노와 세 개의 돛를 갖춘 목조 복원 선박의 탐사 항해

54 페르시아만에 있는 이란의 항구
55 오늘날 인도의 니코바르 제도.
56 오늘날 말레이 반도의 크다(Kedah).

를 후원하고 재정 지원하였다. 이 배는 오만의 수도 무스카트에서 출발하여 곧바로 광주를 향해 갔다. 이 특별한 배의 이름은 오만의 고대 도시 소하르(Sohar)의 이름을 따서 지었다. 그것은 어떤 현대적 추진 장치나 과학 장비를 갖추지 않았고, 오로지 돛을 미는 계절풍의 힘에 의존했으며 위치 측정과 항해를 위해 항해용 나침반과 천문항법만을 이용했다. 선원과 전문다이버들, 해양 생태학자, 사진가, 의료진 등 모두 해서 20명 이상이 탑승했다. 11월 23일 소하르 호는 무스카트에서 항해를 시작해서 광주를 향해 당대의 항로를 따라갔다. 도중에 그것은 중국과 여타 다른 나라의 역사 문헌들에 기록된 7개의 해역─페르시아만, 아라비아 해, 벵골 만, 말라카 해협, 말레이 반도 서쪽 해역, 타이 만, 남중국해─을 경유하였다. 항해에는 총 220일이 걸렸고 6,000

그림 2-3
고대 페르시아
만에서
중국으로 가는
관문이었던
오만의 소하르

그림 2-4 광주까지 항해한
고대 선박, 소하르호

마일 이상을 달렸다. 1981년 7월 11일 소하르 호는 주강 하구로 들어왔고 광주의 주두저(洲頭咀) 부두에 정박했다. 중국 주재 오만 대사와 광동성 외무부 관리들이 그 배의 도착을 환영했다. 오만의 손님들은 광동에 머무는 동안 고대 중국에 아랍 상인들이 남겨놓은 장소들을 답사했고 아울러 중국의 가장 이른 이슬람 건축물인 회성사(懷聖寺)도 방문하여 동쪽과 서쪽 사람들의 오랜 동안의 우애와 역사를 재확인하였다.

4. 바그다드와 광주

바그다드: "세상에 필적할 만한 곳이 없는 도시"

6세기 이래 아라비아 반도의 연안 지역과 사막 지역을 따라서 셈족의 일파인 베두인(Bedouin) 족이 살고 있었다. 베두인 족은 선지자 마호메트의 이슬람 깃발 아래 아라비아 반도 전체를 통일하였다. 마호메트와 그의 계승자들의 지도 아래 아랍제국은 놀라운 공세로 곧 시리아, 팔레스타인, 이라크, 이란, 이집트를 정복했다. 새로운 제국은 이집트의 알렉산드리아와 시리아의 다마스쿠스, 이라크의 크테시폰(Ctesiphon)과 바스라 같은 세계에서 가장 부유한 많은 도시들을 자신의 영역으로 통합시켰다. 661년에 무아위야(Muawiyah)는 다마스쿠스를 수도로 삼고 우마이야(Umayyad) 왕조(661~750년)를 세웠다. 그 왕조의 백색 깃발 때문에 중국에서는 "백의대식(白衣大食)"이라 불렸던 이 제국은 서쪽으로 비잔틴제국과 전쟁을 벌이며 북아프리카와 스페인을 차지하고, 동쪽으로는 인더스 강 동쪽으로까지 영향력을 확대하여 당제국과 경계가 맞닿았다. 그 전체 영토는 아시아, 아프리카, 유럽, 세 대륙을 가로질러 뻗어있었다.

750년에 이란과 코라산(Khorasan)의 비아랍계 이슬람교도의 도움을 받아 아부 알 압바스(Abu al-Abbas)가 우마이야 왕조를 무너뜨리고 압바스(Abbasid) 왕조(750~1258년)를 세웠다. 새 제국은 수도를 쿠파(Kufa)로 정했다가 뒤에 바그다드로 옮겼다. 중국에서는 "흑의대식(Heiyi Dashi; 黑衣大食)"이라고 불렸던 압바스 왕조는 751년에 탈라스(Talas)[57]에서 당과 전쟁을 벌였다. 당의 장군 고선지(高仙芝)가 패배했고 그리하여 당은 중앙아시아로부터 영구히 물러났다. 압바스 왕조의 통치 하에서 이슬람 문명은 대략 100년 동안 지속된 황금시대로 진입했다.

아랍제국은 중세 시기 동안 세계에서 가장 강력한 나라들 중 하나였다. 아랍인들은 메소포타미아 지역과 나일 강 협곡, 지중해 동부 연안 등에 한때 번성했던 많은 고대 문화들을 물려받았다. 이것은 그리스 문화와 인도 문화, 시리아 문화, 페르시아 문화가 뒤섞이는 용광로를 창출했다. 압바스 왕조의 몇몇 칼리프들의 후원 하에 아랍 과학자들은 수학과 천문학, 화학, 광학, 의학에서 보기 드문 획기적 발전을 이루었다. 아랍인들은 찬란한 물질문명을 창출하여 한 마을에 불과했던 바그다드를 부로 가득 찬 독보적인 국제적 메트로폴리스로 만들었다. 그리하여 바그다드는 "고대 세계에서 가장 강력한 수도 중 하나"로 알려지게 되었다.

바그다드는 아랍제국의 심장이었다. 티그리스 강을 통해 페르시아만의 중추 항구 바스라와 연결되었던 바그다드에서는 육상 및 수상 운송이 발전했고 교역과 상업이 번성했다. 도시에는 몇 킬로미터에 걸쳐서 부두들이 가설되었고, 중국에서 온 대형 선박과 그 지역의 양

---

57 오늘날 카자흐스탄의 잠빌(Zhambyl).

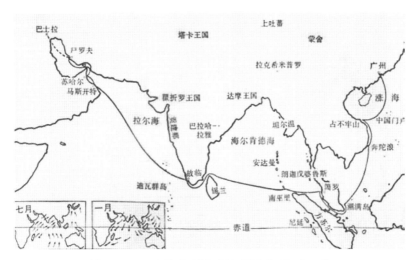

그림 2-5 9·10세기 아랍에서 중국에 이르는 해로
출처: 『中國印度見聞綠』, 穆根來等譯, 北京: 中華書局, 1983.

가죽 뗏목을 비롯해 여러 유형의 배들 몇 백 척이 동시에 접안하기에
충분했다. 시장에서는 중국산 도자기와 실크, 사향, 인도와 말레이 군
도에서 운반해 온 향신료와 광물, 염료, 중앙아시아 투르크 영토에서
온 루비와 카펫 같은 직물, 스칸디나비아와 러시아에서 온 밀랍과 모
피를 구할 수 있었다. 뿐만 아니라 동아프리카에서 온 상아와 사금(砂
金)도 있었다. 도시에는 중국산 상품만 다루는 시장들도 있었다. 제국
전역의 여러 지방들이 낙타 대상이나 배에 의지하여 토산품을 수도로
운반했다. 거기에는 이집트산 쌀과 밀, 유리, 아마포, 시리아산 유리,
금속, 견과, 그리고 아라비아 반도산 금단(錦緞), 루비, 무기류, 페르시
아산 실크, 향수, 채소류 등이 포함되었다. 당시 바그다드의 번잡한
모습은 당나라 사람 두환(杜環)의 『경행기(經行記)』에도 기록되어 있
어 이를 유추할 수 있다.

바그다드 외에도 아랍제국 내의 바스라, 시라프, 카이로, 알렉산드
리아와 같은 항구들이 모두 동·서 간 무역의 중심지로 발전하였다.

스페인도 다마스쿠스, 바그다드, 메카와 활발하게 교역하였다. 알렉산드리아와 콘스탄티노플을 통해 스페인산 산물이 멀리 인도와 중앙아시아의 시장들에 이를 수 있었다.

아랍 사회에서는 상인들이 중요한 사회적 지위를 가졌다. 모든 무역 사업체나 수공예 사업체들은 시장에 자신의 전용 가게가 있었다. 아랍 상인들은 바그다드와 다른 수출 중심지의 항구를 떠나 아시아와 유럽, 아프리카로 항해에 나섰다. 그들은 직물과 보석, 동경(銅鏡), 다채로운 목걸이, 향신료, 대추, 자당(蔗糖), 면직물, 모직물, 철 및 강철 도구, 유리제품을 수출하였다. 그들은 또한 극동에서 향신료와 장뇌(樟腦), 실크 같은 상품과 아프리카에서 상아와 흑단(黑檀) 같은 상품을 수입하였다.

아랍인들이 아시아 해양 교역에서 지배적인 위치를 차지했던 것은 압바스 왕조의 금화 디나르(Dinar)가 당시 기본적인 교환수단으로 이용된 것에서 알 수 있다. 디나르의 영향력은 695년부터 11세기에 중국 화폐가 그 지위를 대신할 때까지 지속되었다.8) 아랍 학자이자 탐험가인 알 마수디(Al Masudi)는 『황금초원(*Meadows of Gold and Mines of Gems*)』에 이렇게 썼다. "중국의 배들이 오만과 시라프, 파르스(Fars), 바레인 연안, 바스라로 들어왔으며 이런 곳의 사람들도 중국으로 바로 항해했다. 7세기에서 9세기까지 아랍 상인들은 중국의 광주에서 서서히 영향력을 높여 나갔다."

광주: 아랍과 중국 화물의 집산지

아랍의 고전적인 지리서 『여러 길과 나라에 대한 책』은 당대 남중국 해안의 몇몇 항구들을 기록하였다. 이들 중에는 루킨(Luqin; 龍編)58과 당의 가장 큰 항구인 칸푸(Khanfu; 廣府),59 칸주(Khanju; 漢久)60

그리고 칸투(Qantu; 江都)[61]가 있었다.[9]

광주는 당대에 시박사가 설치된 유일한 항구였고 또한 전 세계적으로 알려진 해항이었다. 광주는 "통행로의 요지에 입지하여 번창하는 수많은 상점들로 가득"했고, "매일 그곳에는 진주, 향신료, 상아, 코뿔소 뿔, 대모(玳瑁)를 비롯한 외국 산물들이 다 쓸 수 없을 만큼 도착했다."[10] 우소(于邵)는 『송유협율서(送劉協律序)』에 이렇게 기록했다. "남해(南海)[62]에는 북쪽의 수많은 물자가 줄지어 수레에 실려 오고 온갖 계층의 사람들이 만나는 중요한

그림 2-6 광주에서 출토된
당대의 호인(胡人)상
광주박물관 소장.

도시가 하나 있다."[11] 고대 아랍 문헌 역시 광주가 "아랍 상인들의 집결 장소", "시라프 상인들이 모이는 장소"였다고 기록했다.

광주는 세계적으로 명성을 누렸다. 인도인들은 광주를 "치나(Cina; 支那)"라고 하였다. 당대의 고승 의정(義淨)은 『대당서역구법고승전(大唐西域求法高僧傳)』에서 천축의 마하라자 스리굽타(Maharaja Sri-Gupta) 왕이 "치나의 승려"를 위해 "치나 사원"을 지었다고 적었다. 그는 이렇게 썼다. "치나(Cina)는 광주를 가리키고 마하 치나(Maha Cina; 莫訶支那)는 당의 수도를 가리킨다. 그리고 데바푸트라(Devaputra; 提婆佛呾羅)

---

58 오늘날 베트남 하노이.
59 오늘날의 광주.
60 오늘날 복주나 항주.
61 오늘날 양주.
62 당시 중국 남동부를 통괄하던 명칭.

는 당의 천자(天子)에 해당한다."12) 『송고승전(宋高僧傳)』에서 찬영(贊寧)은 고승 극량(極量)을 이렇게 소개했다. "승려 극량은 산스크리트어로 프라미티(Pramiti)라 불린 인도인이었다. 프라미티란 말의 뜻이 극량(極量)이다. 그는 통치의 율법에 통달하여 상황에 따라 다른 이들을 도왔다. 그는 여러 곳을 돌며 계도를 한 후 치나로 왔다." 그 말미에 "치나"에 관해 이렇게 말했다. "인도에서 광부(廣府)는 '치나'라고 하고 당의 수도는 마하 치나로 알려져 있다."13) 미국의 중국학자 에드워드 샤퍼(Edward H. Schafer)는 이렇게 말했다. "외국 상인들이 모여들던 남쪽의 모든 도시와 장소들 중에서 어느 것도 거대한 광주 항만큼 번성하지 못했다. 아랍인들은 광주를 '칸푸(Khanfu)'라고 했고 인도인들은 그것을 '차이나(China)'라고 불렀다."14)

748년에 당의 고승 감진(鑒眞)(688~763년)은 바다를 통해 다섯 번째로 일본으로 가고자 했다. 하지만 그의 배는 태풍을 만나 해남(海南)에 표류했고 어찌어찌하여 광주로 갔다. 도착하면서 그는 산더미 같이 향신료와 보물을 싣고 인도와 페르시아 그리고 여타 지역들에서 온 수많은 배들이 주강에 떠있는 것을 보았다. 또한 싱할라와 타지크(Tazik)(아랍), 구탕(Gutang; 骨唐),63, 유럽, 아프리카에서 온 수많은 외국인들이 광주에 거주하는 것을 보았다. 당말 무렵에는 농민반란의 지도자인 황소(黃巢)가 광주를 점령했다. 이 전쟁의 여파로 죽은 외국인 거주자가 12만 명에 달했다고 한다. 일부 자료들은 그 수가 20만 명이라고 하기도 한다. 이러한 수치는 분명 과장되었겠지만, 그것들은 광주에 아주 많은 수의 외국인 상인이 있었음을 입증한다.

국가 운영을 강화하기 위해, 당은 도시계획에 이방(里坊)제도를 채택하였다. 거기서 도시 주거지역들은 용도지구에 따라 구분되었다.

---

63 오늘날의 루손섬이나 수마트라.

그림 2-7 좌: 당대 외국인형상 인장, 우: 동제 인두상
1977년 광동성 고주(高州)현 양덕(良德) 당대묘에서 출토.
출처: 廣東省文物管理委員會·廣東博物館 編, 『南海絲綢之路文物圖集』, 廣州: 廣東科技出版社, 1991.

외국인 상인들이 살았던 영역은 "번방(蕃坊)"으로 분류되었다. 광주의 번방은 천보(天宝) 연간(742~755년) 초에 등장했다. 그 지구는 도시 바깥 서쪽 교외에 위치했다. 그 부지는 오늘날 중산로(中山路) 남쪽과 인민로(人民路) 동쪽, 대덕로(大德路) 북쪽, 해방로(解放路) 서쪽 영역에 해당할 것이다. 그 영역의 중심은 광탑로(光塔路) 주변이었을 것이다.

번방은 외국인 주민의 우두머리(蕃客大首領)를 임명하여 자체 관리토록 하였다. 일본인 학자 이와미 키요히로(石見淸裕)에 따르면, 대수령은 조정이 임명했고 세 가지 역할을 하였다. 첫째는 "조세납부"를 관리하고 "진기한 물건과 보석의 수입을 통제"하는 등 무역 관련 업무를 담당했다. 둘째는 종교적 기도와 의례를 이끌고 종교 시설물을 건설하는 등 종교 관련 사안들을 주도했다. 셋째는 소송을 처리하는 등 법적 업무를 수행하였다. 아랍인과 페르시아인들이 외국인 거주민의 대부분을 이루고 있었기에 대수령은 보통 이슬람교도 공동체에서 선정되었다. 당 조정은 시박사를 통해 대수령과 접촉하며 번방을 관리했다.

5. 당의 대표적 수출상품: 실크와 도자기

아랍 지리학자 이븐 알 파키(Ibn Al-Fakih)는 『지리서(*Concise Book of Geography*)』라는 제목의 책에서 아랍 세계에서 환영받는 유명한 상품으로 중국산 도자기 제품과 실크를 들었다.[15]

당의 실크 직물을 생산하는 곳은 그 나라 전역에 산재했다. 특히 하남도(河南道)[64], 하북(河北)도, 검남(劍南)도, 산남(山南)도, 오월(吳越) 지역이 대표적 생산지였다.[16] 국영인가 민영인가에 무관하게 실크 사업은 크게 발달했고, 생산품의 종류도 아주 다양했다. 국영 부문에서 생산되는 상품에는 여덟 가지가 있었다. 견(絹), 시(絁), 사(紗), 릉(綾), 라(羅), 금(錦), 기(綺), 간(繝)이 그것들이다. 그 중 견은 실크 직물에 대한 총칭이다. 시는 거칠고 두꺼운 실크 직물로 제(綈)라고도 한다. 사는 견 중에서 가장 가볍고 고운 것이다. 릉은 매끄럽고 가는 고급 실크 직물이다. 라는 날실과 씨실이 분명히 구분되는 부드러운 직물이다. 금은 채색 실로 문양을 넣어 짠 채색 문양 실크 직물이다. 기는 단색 배경에 다채로운 문양을 넣은 직물이며, 간은 채색 문자 무늬를 넣은 실크 직물이다. 그 외에도 주(綢), 련(練), 겸(縑), 수(綬), 백(帛), 곡(縠), 호(縞), 소(素), 섬(纖), 환(紈), 순(紃) 등 다양한 종류가 있었다. 일반적으로 실크는 생사인가 삶아낸 실인가와, 질의 거칠고 고움, 그리고 색깔로 구분했다.[17]

---

64 道는 오늘날 省과 같은 당대의 지방단위.

실크 직물은 여전히 중국의 대표적인 수출 상품이었으며 해외 시장에서 아주 인기가 높았다. 신라승 혜초(慧超)는 아랍인들이 "흔히 서쪽 바다(西海)에서 배를 타고 남해(南海)로 들어와 귀한 보화가 풍부한 싱할라에서 상품을 구입했다. 그들은 또한 곤륜국(崑崙國)(인도차이나 반도 동남쪽의 섬나라들)에서 금을 취하고 한의 영토(漢地)로 배를 몰아 광주로 바로 와서 릉, 견, 사, 금 같은 실크 직물을 구입했다"고 하였다.[18]

도자기는 당대에 새로운 수출 상품으로 빠르게 발전했다. 당시 형주(邢州),[65] 월주(越州),[66] 무주(婺洲),[67] 수주(寿州),[68] 악주(岳州),[69] 정주(鼎州)[70]에서 생산한 자기가 가장 인기 있었다. 대량의 청자와 백자가 광주와 여타 항구에서 배에 실려 동남아시아, 인도, 아랍제국, 동아프리카 지역으로 수출되었다.

일본 고고학자 미카미 쓰기오(三上次男)는 당대의 해양로를 통해 닿는 많은 곳에서 당 자기가 발굴되었음을 지적했다. 이집트의 카이로 남쪽 교외에 있는 푸스타트(Fustat)에서는 대량의 당 자기 조각이 발견되었다. 그 중에는 당삼채 자기와 형주산 백자, 월주산 황갈색 유약 자기, 장사요(長沙窯)에서 나온 자기 등이 있었다. 이란의 니샤프르(Nishapur) 유적지에서는 9세기 말에서 10세기 초 사이에 생산된 형주요, 장사요, 월주요의 자기들이 발굴되었다. 파키스탄의 카라치 반보르(Banbohr) 유적지에서는 당말 월요(越窯)산 자기와 장사요에서 생산

---

65 오늘날 하북성 형대(邢臺).
66 오늘날 절강성 소흥(紹興).
67 오늘날 절강성 금화(金華).
68 오늘날 안휘성 수현(壽縣).
69 오늘날 호남성 악양(岳陽).
70 오늘날 호남성 상덕(常德).

한 청화(靑花) 문양과 황토 유약을 바른 자기 그릇의 파편이 발견되었다. 이라크의 사마라(Samara) 유적지에서는 당대 자기의 수많은 파편들이 발견되었다. 칼리만탄 섬 북쪽에서는 9세기에서 10세기까지의 월주요 자기들이 출토되었다. 미카미 쓰기오는 이렇게 말한다. "장사요 자기는 중국에서는 별로 주목을 끌지 못했다. 하지만 그것은 인도네시아와 이집트와 이란 등 중국으로부터 멀리 떨어진 다른 지역들에서 널리 발견되었다."[19]

1985년에 주해(珠海)의 하포도(荷包島) 해역에서 광동의 어부들이 자기류 21점을 인양했다. 고고학자들은 발견물이 광동성 신회(新會)의 관충(官沖)요에서 제조된 것임을 확인하였다. 해남도 동쪽 능수(陵水)현의 해안가에서도 광동에서 만들어진 수많은 청자 사발들이 발견되었다. 사발은 대부분 10개씩 묶어 포장을 해둔 상태였다. 중국의 서사군도(西沙群島) 주위의 해역에서는 당대부터 광동에서 제조된 청자 항아리들이 발견되었다. 이런 자기 제품들은 발견 시에 작은 것들을 큰 것 안에 넣어 정돈해 두었는데, 이는 분명 포장과 운반의 편리를 위해서였을 것이다. 이 모든 해역들은 당시의 해양 교역로상에 위치했고 따라서 발견한 유물들은 당대 선박의 조난과 관련된 것들이다.

중국산 자기는 해외의 어디서든 환영받았고 판매량은 엄청났다. 실제로 그것은 송 왕조 이래 줄곧 중국의 주요 수출상품이었다. 그래서 일부 학자들은 해양실크로드를 "도자기의 길(The Ceramics Road)"이라고 부르기도 한다.

실크와 자기 외에 중국의 수출품에는 철제 상품, 보검(寶劍), 말안장, 스카프와 망토류, 담비 모피, 사향(麝香), 침향(沉香), 계피, 양강(良薑) 등이 있었다.

당의 수입품은 대부분 외국 상인들이 운송해 와 팔았는데, 상아, 코뿔소 뿔, 진주, 향신료가 큰 비중을 차지했다. 또한 인도와 아랍제국,

비잔틴제국에서 온 대량의 약재도 있었다.

6. 수 · 당대의 일본 사절

고도로 발전했던 수나라와 당나라는 주변 국가들로부터 주목받고 큰 흠모의 대상이 되었다. 중국의 가까운 이웃인 일본에서는 7세기 초 이래 중국으로부터 배우고자 하는 '학습열'이 나타났다. 607년 쇼토 쿠 태자(聖德太子)는 불교의 가르침을 찾아서 수나라로 수십 명의 승려와 함께 오노노 이모코(小野妹子)를 파견했다. 수양제는 오노노 이모코가 가져온 일본국서(日本國書)에 아주 불쾌해 했다. 국서가 이렇게 시작했기 때문이다. "태양이 뜨는 나라의 천자(天子)가 태양이 지는 나라의 천자(天子)에게 보내는 서한." 이에 수양제는 "오랑캐(蠻夷)의 글에 무례함이 있다. 다시는 그런 일이 없도록 하라"고 했다고 한다.[20] 하지만 오노노 이모코가 다음해 4월 일본으로 귀환하려 하자 수양제는 답방으로 배세청(裵世淸)이 이끄는 13명의 사절을 파견하여 대국다운 품격을 보여주었다.

608년에 오노노 이모코는 다시 수에 사절로 가면서 학자 몇 명과 학승 8명을 동반했다. 이 사절단은 중국에 2, 30년 정도 머물렀고 그 사이 중국의 제도 정책과 법, 예절을 배웠다. 그리고 그들은 당이 들어선 뒤에야 일본으로 돌아가서, 그 뒤 이어진 일본 사회의 대개혁, 다이카 개혁(大化の改新)에서 중요한 역할을 했다.

당과 일본 간의 해상교통에는 전통적인 "북로(北路)"(한반도 연안을 지나오는)와 "남로(南路)"가 있었다. "남로"는 양주(揚州)[71]나 명주(明

---

71 오늘날 강소성 양주.

州)[72]와 일본 남부 규슈의 섬을 잇는 새로운 노선이었다. 중국으로 가는 "남로"는 일반적으로 하카다(博多) 항에서 출발하여 두 개의 하위 항로로 나뉘었다. 쓰쿠시(筑紫)[73] 서안을 따라 남하한 후 일본열도 남쪽의 섬을 지나 동중국해를 횡단하여 양자강 하구의 양주나 명주에 이르는 항로가 있었고, 다른 하나는 고도(五島)열도와 히라도(平戶)섬을 경유하여 동중국해를 횡단하는 항로가 있었다.[21]

당대 중국과 일본 간의 해상 왕래는 계절풍을 이용했다. 배가 중국을 떠나 일본으로 가는 때는 보통 남서 계절풍이 부는 6월과 7월이었다. 일본에서 중국으로 오는 때는 보통 북동 계절풍이 부는 8월과 9월이었다. 그러나 당시의 항해기술을 고려할 때 동중국해 횡단은 위험으로 가득 찼고 상선들이 난파하거나 항로를 벗어나 엉뚱한 곳으로 가는 일이 다반사였다.

당대에 일본인들은 수대보다 더 열정적으로 중국에서 배우고자 했다. 수나라 말기에 중국으로 온 일본인 유학생 에사이(惠齊)와 엔이치(惠日)는 일본으로 돌아가 수이코 천황(推古天皇)에게 왕조 교체 이후 중국의 새로운 분위기를 전했다. 그들은 당을 "법식(法式)을 완전히 갖춘 귀한 나라(珍國)"라고 칭송하였다. 630년부터 일본은 계속해서 중국으로 사절과 학자를 파견하여 중국의 제도와 문화를 배웠다. 894년까지 일본은 19번 이상의 견당사(遣唐使)(한 차례의 입당사(入唐使) 포함)를 파견하였다. 일본인 학자 기미야 야스히코(木宮泰彦)의 연구에 따르면, 이런 견당사의 활동은 4개의 시기로 구분할 수 있다.

---

72 오늘날 절강성 영파.
73 오늘날 후쿠오카 지역.

제1기: 조메이 천황(舒明天皇)(629~641년)에서 사이메이 천황(斉明天皇)(655~661년)까지.

이 시기 동안 견당사는 4번 파견되어 주로 당의 우수한 문화를 배웠다. 이것은 수대의 관계가 지속된 것으로 볼 수 있다. 이 시기 동안 일본은 "다이카 개혁"(654년)을 수행하였는데, 그 개혁에는 중국의 유교원리에 입각한 토지개혁이 포함되었다. 이런 토지개혁은 630년과 650년의 1·2차 견당사가 얻은 성과와 관계가 깊었다.

제2기: 텐지 천황(天智天皇) 시기(662~671년).

이때는 주로 한반도의 백제(百濟)와 관련해서 발생한 당과의 분쟁을 해결하기 위해 사절이 파견되었다.

제3기: 몬무 천황(文武天皇) 시기(697~707년)부터 코켄 천황(孝謙天皇) 시기(749~758년)까지.

이 시기 동안 견당사가 4번 파견되었다. 이때는 당의 최성기였고 그 문화가 가장 번성하였다. 일본은 잘 조직된 대규모 견당사를 파견했을 뿐 아니라 배우는 것도 당의 단순한 형식적 모방이 아니라 보다 깊은 문화적 정수를 탐구하고자 했다. 일본 나라(奈良) 시대(710~794년) 동안에 번성한 텐포(天平) 문화는 대체로 이 시기 동안 중국을 방문하여 공부한 학승들에게 빚지고 있음에 틀림없다.

제4기: 코닌 천황(光仁天皇)(770~780년)에서 닌묘 천황(仁明天皇)(834~850년)까지.

이 시기 동안 견당사가 3번 파견되었다. 이 무렵 당은 안사의 난(安史之亂)의 여파를 겪은 후 이미 쇠퇴해 가고 있었다. 따라서 일본이 당으로 사절을 계속 보냈지만, 그 열정은 이미 약해졌고 그래서 일본인 해외 학자와 학승의 체재 기간도 약 1, 2년으로 줄어들었다.

7세기에서 9세기까지 견당사의 구성은 중국과 일본의 관계에서 중요한 사안이었고 양쪽 모두 이를 매우 중시했다. 일본이 선별한 대사

(大使)와 부사(副使)는 모두 "경륜과 역사에 능하였고 예술에 뛰어났다." 그들 모두는 놀랄 정도로 예절이 발랐고 외교와 문화 교류의 일을 수행하는 데 능숙하였다. 일단 사절단이 정해지면, 일본 천황은 "절도(節刀)"를 하사했고 궁전에서 환송연을 열었다. 사절단에는 대사와 부사 외에도 녹사(錄事) 및 여타 관리와 다양한 측면에서 온갖 재능을 가진 수많은 구성원들이 있었다. 한 사절단의 규모는 240명에서 590명 이상에 이르렀다. 가장 큰 사절단은 모두 651명이었다.

일단 사절단이 중국에 도착하면 현지 지방관아가 손님들을 맞이하여 관례에 따라 접대하고 당 조정에 보고하였다. 예부(禮部)가 확인하면 현지 관리는 주요 사절들과 몇 명의 학자 및 승려를 수도로 호송했다. 사절단의 나머지는 정박한 항구도시에서 기다렸다. 수도에 도착하면 사절들은 의례에 따라 조공을 바치고 당 천자를 알현했다. 그리고 당 조정도 사절을 크게 접대하며 보상을 내렸다. 사절단은 문화 시설들을 순시하고 규정과 제도들, 유교 문헌과 다른 기술 및 예술을 공부하였다. 그들의 임무가 완수되면, 사절단은 도착한 항구로 되돌아가서 귀환 항해에 나섰다.

사절단은 보통 1, 2년을 체류하며 주로 문화와 법제도, 통치체제, 유교경전, 그 외 여러 기예(技藝)를 배웠고, 불교 사원과 성지(聖地)를 방문했으며, 교역 활동도 수행했다.

당의 제도와 문화를 배우고 모방하는 데 일본 조정과 대중이 심취한 것은 약 300년 동안 지속되었다. 전국적인 정치 구조와 관련해 일본은 당의 3성(三省; 尙書, 中書, 門下)과 6부(六部; 吏部, 戶部, 禮部, 兵部, 刑部, 工部) 제도를 따라서, 3대신(三大臣; 太政大臣, 左大臣, 右大臣)·8성(八省)제도를 확립했다. 율령제도와 관련해서도 일본은 「무덕의 법령(武德令)」, 「정관의 법령(貞觀令)」, 「영휘의 법령(永徽令)」 등과 같은 당의 여러 법의 틀과 내용을 흡수하여 「다이호 율령(大宝律

令)」과 「요로 율령(養老律令)」 같은 그들 나름의 법을 제정했다. 토지 정책에서는 균전제(均田制)와 조용조제(租庸調制)에 기초하여 일본 나름의 한덴수주(班田收授)법을 마련했다. 전국적 교육제도의 경우 일본은 당의 국자감(國子監)을 모방하여 다이가쿠료(大學寮)를 설립했는데, 그것은 문학, 역사, 법, 수학, 음악 등을 비롯한 6개의 별개 학문들을 갖춘 중앙교육기관이었다. 천문 조사와 연구에서 일본은 중국 남조(南朝)의 「원가력(元嘉曆)」과 당의 「대연력(大衍曆)」, 「선명력(宣明曆)」을 도입해 사용했다. 한자(漢字)의 도입은 일본어 문자 "가나(假名)" 표기의 발명을 가능케 했다. 그 외에도 과학과 기술, 도시 건설, 회화와 음악, 문학과 예술, 그리고 심지어 의복, 음식, 생활방식, 관습을 비롯한 일본 사회의 다른 측면들도 모두 당으로부터 크게 영향 받았다.[22] 당대 중국으로부터 충분히 배운 일본은 마침내 중앙집권적인 고대 천황제국가를 창출했다.

7. 동북아 해역의 신라해상(新羅海商)

기원전 57년부터 서기 935년까지에 걸쳐 이루어진 당과 신라 간의 해상 교통은 산동 성 교주(胶州) 반도의 등주-내주(登州-萊州) 영역에서 시작되었다. 주된 노선은 가탐이 자신의 「해내화이도(海內華夷圖)」에서 묘사한 "등주에서 바다를 통해 고려 발해로 가는 통로"였다. 그것은 등주에서 시작하여 바다를 건너 신라 북서쪽의 장구진(長口鎭)에 이르렀다. 신라승 의상(義湘)은 등주로 갈 때도, 신라로 돌아갈 때도 모두 상선을 이용했다. 이는 산동 반도와 신라 사이에 아주 빈번한 교류가 있었음을 가리킨다.

9세기 중엽 신라 출신의 장보고(張保皐)는 당의 서주(徐州)에서 군역(軍役)에 종사하며 높은 무공을 세웠다. 신라 흥덕왕(興德王) 3년(당 태종 大和 2년, 828년) 장보고는 신라로 돌아와 약탈과 인신매매를 행하는 해적을 물리치기 위해 완도(莞島)에 청해진(淸海鎭)을 설치할 것을 청했다. 흥덕왕은 그의 청에 응하여 1만 명의 병사를 주었다. 역사 문헌에 따르면, 청해진의 설치는 해적질과 인신매매를 억제하는 효과를 거두었다. "835년 이후에는 바다에서 매매되는 신라인을 볼 수가 없었다."[23]

완도는 신라의 남쪽 끝에 위치했고 북으로 장흥반도(長興半島)와 접하고 있어 신라의 내지로부터 물자 공급이 쉬웠다. 그곳은 일본의 규슈와 아주 가까웠다. 서쪽으로는 흑산군도(黑山群島)와 인접하여 황해로 나가기도 쉬웠다. 그리하여 당의 등주·내주 지역으로 바로 갈 수도 있었다. 완도는 중국, 일본, 신라로 항해해 갈 수 있는 황해상의 교통 요충지에 위치했던 것이다. 장보고는 완도가 가진 입지상의 이점을 이용하여 황해를 통한 국제무역을 수행하였고 이 과정에서 중국에 살고 있던 신라인들을 활용하였다. 당시 신라의 중앙권력이 현지 상황을 통제할 수 없을 만큼 장보고의 힘이 커졌다. 9세기에 장보고는 동북아시아에서 가장 중요한 해상세력을 형성했던 것이다.

일본 승려 엔닌(円仁)의 『입당구법순례행기(入唐求法巡禮行記)』에 따르면, 많은 신라인들이 등주, 내주,[74] 밀주(密州),[75] 초주(楚州)[76] 일대 연안지역에 거주하였다. 장보고는 산동성 적산포(赤山浦)에 전문 "매물사(賣物使)"를 설치하고, 현지 거주 신라인과의 인맥 관계를 동원하여 신라 상품을 판매하고 중국 상품을 구입하면서 큰 이익을 올렸

---

74 오늘날 산동성 내주.

75 오늘날 산동성 제성(諸城).

76 오늘날 강소성 연운항(連雲港).

다. 장보고는 일본의 하카다에도 무역 대표(일본에서는 "회역사[回易使]"라 했다)를 보내어 지역 특산물을 "진헌(進獻)"하고 국가 간 경계를 넘는 무역을 추진하였다.[24] 일본의 문헌에는 833년 이후 "신라상인들이 빈번하게 내왕하여 동전(銅錢)을 비롯한 물자를 교환하였다"고 기록되어 있다.[25]

장보고는 신라인들이 모여 사는 곳에 사원들을 세웠고 적산에 있던 법화원(法華院)은 중국, 신라, 일본 간의 민간 교역의 핵심 거점 중 하나가 되었다. 839~840년에 일본 승려 엔닌은 법화원에 살면서 장보고의 부하들에게 후한 대접을 받았고 현지 신라인과 접촉하여 그들의 생활습속과 종교를 깊숙이 알게 되었다.

846년 장보고는 신라 조정으로부터 "반란을 일으키려 한다"는 혐의를 받아 살해당했고, 851년 청해진이 폐지되었다. 이는 동북아시아 해상교통과 국제무역의 허브로서 수행한 청해진의 기능이 종식되었음을 뜻했다. 그러나 당의 시인 두목(杜牧)은 장보고가 자신의 나라를 위해 기여한 공로를 높이 평가하여 그의 전기를 썼다. 『신당서(新唐書)』「동이열전(東夷列傳)」에서 구양수(歐陽修)는 장보고를 안사의 난을 평정한 당의 명장 곽자의(郭子儀)와 같은 반열에 놓고 논하였다. "오랑캐 중에도 어찌 사람이 없다고 하겠는가." 장보고가 조직한 국가 간 경계를 넘는 교역은 동북아시아에서 해양을 통한 경제적 연계를 활성화시켰고 문화 교류를 촉진하여 상호간 깊은 영향을 미치게 하였다. 한국학자 김덕수(金德洙)는 "장보고라는 인물을 둘러싸고 발생한 현상은 해양교역 현상으로만 절대 설명할 수 없다. 그것은 '동방'해양 실크로드를 따라 발생한 트랜스내셔널(trnasnational)적인 역사적·문화적 현상이다"라고 주장했다.[26]

8. 해양실크로드를 따라 간 고승들

7세기에 접어들어 불교는 탄생지인 인도에서 이미 탄력과 영향력을 상실했고 힌두교로 동화되고 있었다. 그러나 동아시아의 신앙심 깊은 불교 신도들에게 "서천(西天)"(인도)은 여전히 매력적인 순례지였다. 당초의 고승 의정(義淨)은 언제나 인도를 "서방(西方)"이라 불렀고, 또한 인도를 "아르야데샤(Aryadesha; 阿離耶提舍)"라고도 하였다. 이때 "아르야"는 "성(聖)"을 뜻했고 "데샤"는 "방(方)"을 뜻했다. 해양 교통이 성장하면서 더 깊은 공부를 위해 인도로 가는 상선을 타고 여행한 불교 승려의 수가 증가하였다. 통계에 따르면, 당대에 40명 이상의 승려들이 바다를 통해 인도로 갔으며, 그 중 대부분이 중국 승려였고 그 뒤를 고려와 신라, 일본의 승려들이 이었다.

당대에 승려들은 보통 다음과 같은 행로(行路)를 택했다. 남쪽의 교주와 광주에서 배를 타고 바다로 나가 남중국해를 바로 건너 스리비자야(Srivijava)[77]와 헤링(Heling), 멜라유(Melayu)[78]를 거쳐 인도와 싱할라에 도착했다. 이렇게 바닷길을 간 고승 중에는 의정과 신라승 혜초(慧超), 싱할라의 승려 아모가바즈라(Amogha-vajrah; 不空)가 있다.

의정(635~713년)은 원래 성이 장(張)이고 제주(齊州)[79] 사람이었다. 어린 시절부터 그는 법현(法顯)과 현장(玄奘) 같은 고승을 칭송했고, 서역으로 여행하겠다는 뜻을 굳혔다. 671년 의정은 영남의 호족에게서 재정 지원을 받아 제자들과 함께 페르시아 배를 타고 인도로 향했다. 그들은 바다를 20일 동안 항해하여 스리비자야에 도착했다. 거기

---

77 수도가 오늘날 수마트라 섬에 있었고 그 절정기에 수마트라와 자바, 칼리만탄, 말레이 반도를 아우르는 영역을 지배했다.

78 오늘날 수마트라의 잠비(Jambi) 근처.

79 오늘날 산동성 제남(齊南).

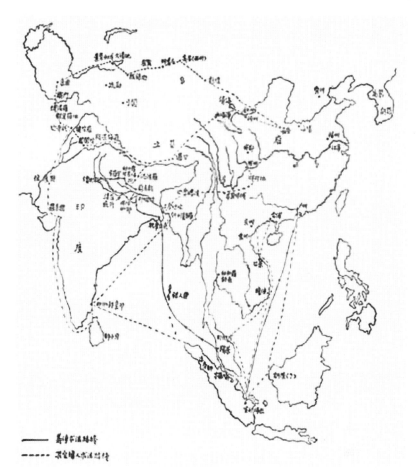

그림 2-8 구법승의 행로

출처: 義淨, 『大唐西域求法高僧傳校注』, 王邦維校注, 北京: 中華書局, 1988.

서 그들은 6개월을 머무르며 인도 문자와 말을 익혔다. 그 후 의정은
서쪽으로 계속 여행하여 멜라유(Melayu; 末羅宥)와 에투(Yetu; 羯荼)[80]
등을 지나갔다. 673년에 그는 단몰리디(Danmolidi; 耽摩梨底國)[81]에 도

---

80 오늘날 말레이시아 크다.
81 오늘날 서부 벵골 남쪽의 탐루크(Tamluk) 일대.

착했고 거기서 교주에서 온 승려 마하야나(Mahayana; 大乘燈)를 만나 그에게서 산스크리트어를 배웠다. 674년 무렵 두 승려는 함께 불교 유적에 경배하기 위해 중앙 인도로 갔다. 그 과정에서 그들은 30개가 넘는 나라들을 방문했고, 10년 동안 나란다(Nalanda; 那爛陀) 사원에서 머물렀다. 그들은 요가를 익히고 중관(中觀), 인명(因明), 구사(俱舍)를 배웠다. 그러면서 그들은 거의 400부(部)의 산스크리트어 본 삼장불경(三藏佛經)을 구했다. 그것은 구절로 하면 50만 구절이 넘었다. 685년 의정은 동쪽으로 귀향 항해에 나섰다. 귀향길에 그는 스리비자야제국에 잠시 머무르며 경전 번역을 수행했다. 689년 무렵 의정은 광주로 돌아와 지사(止寺)[82]에 기거했다. 그 해 말 의정은 광동의 여러 승려들과 함께 다시 스리비자야로 가서 불교 경전의 번역과 산스크리트어 원본의 필사를 수행했다. 694년에 의정은 스리비자야를 떠나 귀향하여 광주에 잠시 머물다가 동중국의 중심도시 낙양(洛陽)으로 갔다.

의정은 동진의 법현과 당초의 현장과 같은 이들을 이어 구법(求法)을 행한 뛰어난 고승이었다. 그는 인도와 남중국해의 여러 나라에서 총 25년을 살았고, 중국과 외국의 문화교류를 유도하고 불교의 전파를 촉진하는 데 크게 기여했다. 중국으로 귀환한 후 의정은 56책의 불교 경전을 총 56부 230권으로 번역하여 중국 불교의 경전과 이론을 풍성하게 만들었다. 『대당서역구법고승전』(2권)과 『남해기귀내법전(南海寄歸內法傳)』(4권) 등 그가 쓰고 편찬한 책들은 그가 오랜 여행을 통해 얻은 정보와 불교 신앙 확산의 경험을 기록했다. 이런 저작들은 7세기 후반 인도양과 남중국해의 역사를 연구하는 데만이 아니라 동·서 간의 교류의 역사에도 귀중한 자료이다.

혜초는 대략 700년(또는 704년)에 신라에서 태어났다. 719년에 밀교

---

82 오늘날 광효사(光孝寺).

(密敎)의 고승인 바즈라보디(Vajrabodhi; 金剛智)(671~741년)가 바다를 통해 광주로 왔다. 혜초는 그의 제자가 되었다. 723년 혜초는 바다를 통해 인도로 여행하여 여러 나라의 성지를 방문했다. 그 후 그는 727년에 중앙아시아를 경유해 안서(安西)에 도착했다. 중국에 돌아온 그는 장안의 대천복사(大薦福寺)에 머물며 바즈라보디를 도와『금강정유가경(金剛頂瑜伽經)』을 번역하였다. 바즈라보디가 사망한 후 혜초는 불공(不空)에게서 가르침을 받았고, 3권으로 된『왕오천축국전(往五天竺國傳)』을 썼다. 이 책은 8세기 전반 인도와 남중국해 여러 나라의 사회사를 서술하고 있어 아주 귀중한 자료로 여겨진다.

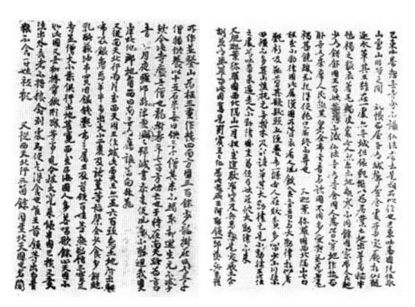

그림 2-9『왕오천축국전』 잔존 돈황사본
출처: 張毅箋譯,『慧超往五天竺國傳』, 北京: 中華書局, 1994.

불공(705~774년)은 원래 이름이 즈나나가르바(Jnanagarbah; 智藏)였고 싱할라 사람이었다. 불공은 어릴 때 출가하여 승려가 되었다. 719년에 그는 자바에서 바즈라보디를 만났고 그와 함께 중국으로 와, 당과 힌두 세계의 불교 교리와 경전을 익히고 아울러 경전을 번역하였다. 741년 바즈라보디가 병으로 죽었다. 그의 유언을 따라 불공은 고향으로 돌아갈 채비를 하였고, 당 조정은 그에게 싱할라에 국서(國書)를 전달하는 일을 맡겼다. 불공은 제자 함광(含光) 등과 함께 남쪽의 광주로 내려가 항해에 나서 싱할라에 도착했는데, 이곳에 도착하는 데 거의 1년이 걸렸다. 싱할라의 왕은 그를 극진하게 맞이했다. 전하는 바에 따르면, 불공은 밀교를 접하게 되었고, 그 후 불경을 공부하지 않고 『밀장(密藏)』을 비롯한 다른 밀교 경전들을 널리 구했다. 그가 모은 경전은 다라니(陀羅尼)교의 『금강정유가경(金剛頂瑜伽經)』 등 80부와 대소승경론 20부 등 총 1,200권에 달했다. 그러면서 그는 오천축(五天竺)도 방문했다. 746년에 불공은 장안으로 돌아와 정영사(淨影寺)에서 경전을 번역하기 시작했다. 그는 『금강정유가진실대교왕경(金剛頂瑜伽眞實大敎王經)』을 비롯해 총 110부, 143권에 이르는 경전을 번역했다. 뒤에 그는 오월과 장안, 낙양 등과 같은 도시들에서 불법을 설파했고 중국 밀교의 종사(宗師)가 되었다.

헤이제이 천황(平城天皇)의 셋째 아들인 다카오카 친왕(高丘親王)은 한때 일본의 친왕(親王) 자리에 올랐지만, 뒤에 음모에 연루되었다는 혐의로 폐위 당했다. 그 뒤 그는 출가하여 승려가 되었는데, 그 이름이 신뇨(眞如)였다. 862년 그는 모두 60명의 승려와 일반 민들을 이끌고 당선(唐船)에 올랐고 당에 입조(入朝)하기 위해 여행을 떠났다. 『두타친황입당약기(頭陀親王入唐略記)』에 따르면, 신뇨는 명주에서 배를 내렸고 그 후 북쪽으로 가 낙양에 이르렀다. 장안에서 그는 인도로 가는 데 필요한 관부(官符)를 얻었고, 그 사이 유명한 고승들을 여럿 만났다. 그 이후 신뇨는 남쪽으로 광주로 가서 거기에서 바다를 통해 인도로 갔다. 하지만 그는 인도로 가는 중에 말레이 반도의 라월국(羅越國)에서 사망했다. 전설에 따르면 신뇨는 70세의 나이에 호랑이의 습격을 받아 사망했다고 한다. 친왕을 따랐던 승려와 친지들은 당나라로 돌아와 863년과 865년 사이에 당선을 타고 일본으로 돌아갔다.

또한 일부 중국 승려들은 일본에서 설법을 하도록 초빙 받아 불교의 가르침을 전파하는 데 중요한 역할을 하였다. 당승 도명(道明)과 도영(道榮)은 나라(奈良) 시대 초기 일본에 정착한 승려들이다. 도명은 하세데라지(長谷寺)를 세웠고 718년에 본존11면관음입상을 만들었는데, 이것은 일본 밀교의 역사에서 큰 중요성을 가진 사건이었다. 한편 도영은 중국 한자음의 전파에 큰 기여를 하였다. 736년에 낙양 대복사(大福寺)의 승려 도예(道睿)는 당에 온 일본 견당사 부사인 나카토미노 나시로(中臣名代)와 함께 일본으로 갔다. 그는 다이안지(大安寺)에서 살았고, 남도육종(南都六宗) 중 하나인 율종(律宗) 확산의 선구를 이루었다.

742년에 율종 불교의 고승 감진(鑒真; 688~763년)이 양주의 대명사(大明寺)에서 일본 승려 영예(栄睿)와 보조(普照)에 의해 초대를 받고 제자들과 함께 일본으로 여행하고자 했다. 하지만 그들은 5번의 항해를 시도했지만 모두 실패했다. 748년 다섯 번째 항해를 하면서 감진과 그의 제자들은 폭풍에 밀려 경로를 벗어났고 해남도(海南島)에 표착하였다. 힘든 귀환 여행 동안 일본 승려 영예는 단주(端州)의 용흥사(龍興寺)[83]에서 병들어 죽었다. 감진과 보조는 그의 시신을 거기서 불태웠다. 그들은 계속 여행하여 소주(韶州)[84]에 이르렀다. 그곳의 날씨

---

83 오늘날 광동성 조경(肇慶)시의 정호산(鼎湖山).
84 오늘날 광동성 소관(韶関).

는 아주 더웠고 눈병이 돌고 있었다. 이 때문에 감진은 실명하였다.

753년 감진은 여섯 번째 일본 여행을 시도했고, 마침내 일본 가고시마(鹿児島)현의 아키메(秋目)에 도착했다. 그리고 다자이후(太宰府)와 오사카를 지나서 마침내 수도 나라에 이르렀다. 그는 도다이지(東大寺)에 계단원(戒壇院)을 세우고 일본에서 수계제도(受戒制度)가 확립되는 데 도움을 주었다. 759년에 감진은 도쇼다이지(唐招提寺)를 세웠다. 도다이지는 "일본불교의 중심"이 되었고 "일본에서 불교의 지위를 확립하는 데 진정으로 지도적 역할을 수행했다." 감진과 그의 제자들은 불교의 전파에 큰 기여를 했을 뿐 아니라 또한 일본 불교 예술과 문화에도 깊은 영향을 남겼다.[27]

감진의 일본 도항 이야기는 해양실크로드의 역사에서 아주 널리 알려졌고, 중국인과 일본인 모두가 그를 높게 추앙해왔다. 오늘날 나라의 도쇼다이지에는 감진의 제자들이 그의 모습을 본떠 만든 감진의 좌상(坐像)이 남아있다. 그 좌상은 감진이 눈을 감은 채 미소 지으며 가부좌를 한 모습이며 다리 위에 놓은 손은 단호함과 자비심을 담고 있다.

1680년대 초봄 어느 날 일본의 유명한 하이쿠(俳句) 시인 마쓰오 바쇼(松尾芭蕉)가 감진의 좌상을 경배했다. 그때는 어린잎들이 막 나뭇가지에서 움틀 때였고, 햇빛이 나무들을 어루만졌다. 빛이 감진의 상에 들자, 마치 그의 눈에서 눈물이 떨어지는 것 같았다. 그 모습에 시인은 시상(詩想)에 사로잡혀 이렇게 외쳤다. "일렁거리는 어린잎으로 당신 눈에서 떨어지는 눈물방울을 훔치고 싶구나."[28]

1980년에 감진의 좌상은 중국 순회전시에 올랐다. 중국인들은 앞다투어 위대한 고승에게 절을 올렸고, 그런 방문자들의 수가 천만을 헤아렸다. 감진의 조상은 일본의 국보일 뿐 아니라 중국과 일본 사이의 우애의 상징이기도 하다.

그림 2-10
일본 나라의
도쇼다이지(唐招提寺)
경내 감진 상이 있는
불당

그림 2-11 일본 나라의
도다이지(東大寺)

그림 2-12 일본 나라의
도쇼다이지

그림 2-13 마쓰오 바쇼(松尾芭蕉)의
하이쿠 시비

그림 2-14 감진좌상
일본 나라 도쇼다이지 소장.

9. 이슬람의 동진(東進)

7세기에 아라비아 반도에서 태어났고 쿠라이시(Quraysh) 부족의 일파인 바누 하심(Banu Hashim) 씨족에 속한 마호메트(Muhammad)가 종교적 신앙과 종교적 의무라는 기본 원칙을 가진 이슬람을 창시하였다. 종교적 교의에는 유일신 알라와 코란, 선지자, 최후의 심판에 대한 믿음이 포함된다. 가장 중요한 것은 "알라 외에 어떤 신도 없다(lā 'ilāha 'illā llāh)"는 믿음이다. 마호메트는 신이 보낸 최후의 사자이며 가장 위대한 선지자이다. 그리고 코란은 알라의 가르침을 보여주는 성서이다. 종교적 의무는 다섯 가지 기본 행위에 반영된다. (1) 신앙고백(샤하다[shahada]), (2) 매일 다섯 번, 카바(메카의 성지이자 순례지)가 있는 방향으로 기도하는 것(살라트[salat]), (3) 희사(자카트[zakat])로서 돈이나, 가축, 곡물, 과일 등 기타 상품으로 내는 재산세도 포함되며 그 기본 원리는 기독교의 십일조와 일치, (4) 단식(사움[sawm])으로, 라마단(Ramadhan) 한 달 동안 새벽부터 황혼까지 음식과 음료, 성적 접촉을 금지하는 것, (5) 순례(하즈[hajj]).[29]

아랍제국의 확장과 함께 이슬람은 세계 전역으로 급속하게 퍼졌다. 일반적으로 이슬람이 처음으로 광주에 도착한 시기가 628년인 것으로 인정되고 있다. 국제무역의 중심지로서 광주가 가진 중요성 때문에 그곳은 아랍인과 페르시아인의 주요 거류지가 되어 있었기 때문이다. 명대의 하교원(何喬遠)은 마호메트에게는 "4대 현자"라고도 하는 4명의 신자가 있었다고 했다. "첫째 현자는 광주에서 설교했고 둘째 현자는 양주에서 설교했으며 셋째와 넷째 현자들은 천주(泉州)에서 설교했다."[30] 광주의 번방(蕃坊)에서는 번장(蕃長)이 모든 이슬람교도들의 기도를 이끌었고 교리를 설교했으며 주요 축제를 주재했다. 이런 활동은 광주의 모스크인 회성사(懷聖寺)에서 수행되었다.

그림 2-15
광주 회성사의
이슬람식 첨탑
출처: 廣東省文物管理委員
會·廣東博物館 編,
『南海絲綢之路文物
圖集』, 廣州: 廣東
科技出版社, 1991.

그림 2-16
1978년 해남도
삼아(三亞)에서
발견된 당대 이슬람
교도의 묘비

송대 방신유(方信孺)가 쓴 『남해백영(南海百詠)』은 회성사의 이슬람
식 첨탑을 당대의 회성장군(懷聖將軍)이 세운 것이라고 전한다. "그것
의 높이는 16.5장(丈)으로 가장 높으며 꼭대기에 남쪽을 바라보며 금
계(金雞)가 서있다. 매년 5월과 6월에 외국인들이 그 꼭대기에 올라가
아침 3시에서 5시까지 알라에게 기도를 드린다. 그 아래에는 예배당
이 있다."31) 명나라 사람 엄종간(嚴從簡) 역시 이렇게 말했다. "광동
회성사 앞에는 이슬람식 첨탑이 있다. 그것은 당대에 세워진 것이며
높이가 16.5장이다. 매일 그들은 조상들에게 예배를 드린다."32)

당대에는 페르시아인과 아랍인들이 해남(海南)에서도 활동을 벌였
다. 1978년에는 해남 남쪽 끝에 있는 삼아(三亞)시에서 당대에 만들어

진 50개 이상의 이슬람 무덤이 발견되었다.[33) 이는 한때 이 지역에도 서아시아 사람들이 정착했으며 이곳에도 이슬람이 확산되었음을 보여준다.

10. 난파선 바투 히탐(Batu Hitam)과 인탄(Intan)

해양고고학은 수중고고학이나 난파선고고학이라고도 불리는 새로이 등장하는 고고학 분야이다. 그것은 주로 해양문화(marine culture)를 연구하며, 해양활동의 문화적 유산들을 조사한다. 그 유산들에는 난파선, 유실 화물, 도시, 항구, 거류지, 생산 및 생활 유적지, 성지 수역에서의 제물과 수중 묘지, 연안 지역에서의 해양활동과 관련한 종교 및 신앙 등이 포함된다. 남중국해에서 해양고고학은 많은 주목을 받고 있으며, 해양실크로드의 발전을 연구하는 데 중요한 학술적 의미를 갖고 있다.

1998년 독일의 한 해난구조회사가 인도네시아 벨리퉁(Belitung) 섬 앞바다의 거대한 흑암초 지대 근처에서 당대의 것으로 추정되는 난파선을 발견했다. 그 배는 난파선 바투 히탐(검은 돌이란 뜻이다) 또는 난파선 벨리퉁이라 불린다. 6만 점이 넘는 문화 유물이 발견되었고, 그 중에는 귀금속 제품(10점의 금제 그릇, 24점의 은제품, 18점의 명문이 새겨진 은괴, 30점의 동경)과 여타 물건들 ─구리와 철, 납으로 만든 도구들의 완전한 일습, 2점의 유리병, 1점의 칠쟁반, 1점의 먹통, 먹과 향료 등─ 이 있었다. 6만 7,000점이 넘는 도자기가 발견되었고, 그 중 98퍼센트가 중국산이었다. 거기에는 장사요, 월요, 형요(邢窯), 공현요(鞏縣窯) 자기가 포함되었다. 장사요에서 나온 제품 5만 6,500점 중 대다수가 사발(碗)이었고, 그 외에 단지, 잔, 접시, 항아리, 통, 물동이

그림 2-17 난파선 바투 히탐 출토　　　　그림 2-18 난파선 바투 히탐 출토
　　　당대 동경　　　　　　　　　　　녹색 유약을 바른 사기그릇

그림 2-19 난파선 바투 히탐에서 나온 금은제 그릇들

등이 있었다. 그리고 월요에서 생산된 청자가 200점, 형요와 공현요에서 생산된 백자류가 350점, 광동 지방의 요들에서 생산된 청자가 700점 이상 발견되었다. 조사를 통해 난파선 바투 히탐이 아랍에서 건조된 돛이 3개인 선박이라는 것이 밝혀졌다. 장사요에서 생산된 사발 하나에는 "보력(寶曆) 2년(826년) 7월 16일"이라고 새겨져 있다. 이것은 이 배가 양주에서 출항하여 광주를 거쳐 아라비아로 귀항하는 중에 알 수 없는 이유로 벨리퉁 앞바다에서 침몰했음을 가리킨다. 난파선에서 발견된 도자기 제품들은 서아시아 상인들의 주문에 따라 생산된 것으로, 825~850년이 중국 도자기 산업의 상업화에 결정적인 시기였음을 보여준다.[34]

난파선 바투 히탐이 발견되기 1년 전인 1997년 독일의 해저탐사회사와 인도네시아의 술룽 세가라자야(Sulung Segarajaya) 회사는, 인도네시아 수도 자카르타에서 북쪽으로 150킬로미터 떨어진 인탄 유전지대의 수심 25미터 바다에서 10세기 동남아시아 선박을 인양하였다.

그림 2-20 난파선 바투 히탐에서 나온 개원통보(開元通寶) 동전

그림 2-21 난파선 바투 히탐에서 나온 백색 유약을 바르고 녹색으로 채색한 봉황 머리의 물 항아리

이 배는 길이가 약 30미터이고 폭은 10미터인데, 난파선 인탄으로 알려졌다. 배는 사치스럽게 꾸미고 많은 화물을 싣고 있었는데, 화물 중 대부분이 920~960년이나 그보다 약간 뒤에 생산된 것이었다. 이로부터 광주에서 교역한 후 귀환 길의 상선이거나 사절을 운송하는 정부의 공식 선박이었을 수도 있음이 확인된다.

그림 2-22 난파선 바투 히탐 출토 갈색 유약을 바른 사발

그림 2-23 난파선 바투 히탐에서 나온 점묘 형태로 꽃을 새긴 물병

그림 2-24 난파선 바투 히탐 출토 녹색유약을 바른 물항아리

그림 2-25 난파선 바투 히탐 출토 남색 유약을 바른 물 항아리

프린스턴 대학의 데니스 트위쳇(Denis Twitchett) 교수와 캠브리지 대학의 제니스 스타가트(Janice Stargardt)가 수행한 연구에 따르면, 배는 소량의 금 장신구와 청동 괴들, 주석 괴들, 구리 제품, 납 괴들, 유리 및 여러 다양한 품목들을 실었는데, 그 중 가장 가치가 큰 것은 아래에 열거된 세 가지 유형이다.

은괴 총 97점. 이 은괴들의 은 함량은 93퍼센트에서 96퍼센트에 이르며, 각각의 무게는 약 0.25킬로그램으로 모두 하면 거의 250킬로그램의 무게가 나간다. 이 은괴 화물은 초(楚)의 소금 관리부서가 징수한 염세(鹽稅)였을 수도 있다. 그것은 계양(桂陽) 지방 소금 관리부서가 남한(南漢)에서 생산된 해염(海鹽)을 구매하기 위해 은괴로 지불한 것이다. 그러면 남한은 그 은을 이용해 광주에서 남중국해산 상품을 구입하는 상업 거래에 지불하였다. 그래서 결국 은괴는 외국 상인의 수중으로 귀착된 것이다.

납으로 만든 "건형통보(乾亨通寶)" 주화 총 145점. 바닷물에 오랫동안 담겨있었기 때문에, 얇고 부러지기 쉽게 되었다. 많은 주화들이 서로 뭉쳐 있었다.

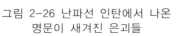

그림 2-26 난파선 인탄에서 나온 명문이 새겨진 은괴들 　　　 그림 2-27 난파선 인탄에서 나온 자바의 자루가 달린 동경

중국산 및 동남아시아산 도자기 제품들. 물병과 그릇을 비롯해 세심하게 공들여 만든 채색 유약을 바르고 복잡한 문양을 그린 큰 자기제품들이 나왔다. 조잡하게 만든 도기 그릇도 배에서 발견되었다. 이 자기 제품 중 일부는 중국의 정요(定窯), 번창요(繁昌窯)(안휘성), 월요, 광요(廣窯)산이었다.[35]

난파선 인탄에서 나온 고고학적 유물들은 약 10세기에 중국 동남 연안 지역을 둘러싼 모든 나라들이 대외관계와 대외교역을 중시하고 긴밀한 무역접촉을 유지했음을 보여준다.

그림 2-28 난파선 인탄에서 나온 건형중보(乾亨重寶)

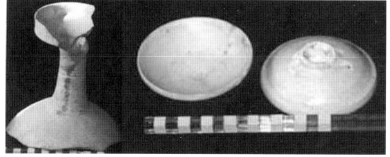

그림 2-29 난파선 인탄에서 나온 백자 그릇 파편(정요 생산)과 대삿갓 형태 사발(번창요 생산)

제 3 장

동아시아의 대항해시대
—송·원제국의 해양무역 경영—

제3장 동아시아의 대항해시대
-송·원제국의 해양무역 경영-

1. 송·원의 무역 관리

송(960~1279년)은 경제가 발전하고 도시가 번성했으며 과학과 기술이 진보했던 세계에서 가장 선진적이고 부유한 제국이었다. 일부 서구학자들은 중국이 당대에서 송대까지 심오한 사회적 변혁과 "경제적 혁명"을 겪고 있었음을 지적해 왔다. 일본학자 나이토 코난(內藤湖南)과 미야자키 이치사다(宮崎市定) 등은 이 시대의 변모와 유럽의 근대화 과정을 비교하여 송이 이미 "근대"에 진입했었다고 결론지었다.

한편 오대십국(902~979년)의 분열적 상황을 종식시키며 조광윤(趙匡胤)이 세운 송은 거란(契丹)과 탕구트(Tangut), 여진(女眞)을 비롯한 북쪽 유목민들로부터의 위협을 결코 물리칠 수 없었다. 1276년 몽고의 철기마병이 남송(1127~1279년)의 수도인 항주(杭州)로 밀려들었다. 그들은 송의 황실 조(趙)씨 일가를 멀리 떨어진 남중국해의 해안가까지 뒤쫓아 도륙하였다.

전통적인 중국 역사가들은 북송과 남송 모두를 외래 민족에 의해 치욕과 혹사를 당한 민족적 허약함의 시기라고 평했다. 하지만 결과와 무관하게 송대는 특별히 주목할 만한 시기였다. 해양실크로드가 그 광휘의 정점에 있던 때가 바로 이 시기였기 때문이다. 송은 특히 대외관계와 대외무역에 상당한 중요성을 부여했다. 무역에 유리하고 그것을 장려하는 송의 정책들은 당대부터 일관된 것이었을 뿐 아니라 어떤 측면에서는 당을 능가하는 것이었다. 이것은 당과 송이 발전시킨 체제의 내적 연속성과 긴밀하게 연관되었다. 그에 더해 고려해야 할 두 가지 다른 요소가 있었다. 첫째, 남송과 북송 모두가 북쪽의 유목민족들에 의한 위협과 압박에 끊임없이 시달렸기 때문에 육로를 통한 중국의 북쪽과 서쪽에 대한 외교 공간이 기본적으로 차단되었다. 이것은 자연스레 송이 바다를 통해 동남아시아 여러 나라와의 유대를 발전시키려는 성향을 갖게 했다. 둘째, 북송과 남송, 특히 남송은 그 영토가 줄곧 줄어들면서 호적에 등록된 인구 수와 조세 수입이 크게 줄어들고 있었다. 그에 반해 국가적인 군사 지출만이 아니라 조정의 소비 지출도 여전히 높았다. 따라서 그 나라가 국가 재정위기를 해결하기 위해 해양 교역에 의존하는 것은 논리적으로 당연한 선택이었다.

해양 교역은 국가 재정과 긴밀하게 결부되었으며, 권력 집단은 그 중요성을 명확히 인식하였다. 남한(南漢) 영역을 진무(鎭撫)한 후 송 조정은 광남(廣南)[1] 지역의 군정장관인 반미(潘美)와 윤숭가(尹崇柯)를 광주 항의 무역을 관장하는 시박사로 겸임시켰다. 그들은 광주에 있는 남해신묘(南海神廟)의 개축을 조직하기도 하였다. 송 고종(高宗) 조구(趙構)(1107~1187년)는 항구들에서 시박사를 통해 대외무역으로부터 걷는 이윤이 가장 수익성이 높은 세수 형태라는 확고한 믿음을 갖고 있었다. 적절하게 시행된다면, 세수가 몇 백만을 헤아릴 수도 있었고, 이는 국가 경제와 민의 생활에 크게 도움이 될 터였다. 따라서 황제는 외국인과의 교역을 적극적으로 장려했다.

---

1 오늘날 광동 및 광서 지역.

송 조정은 무역을 장려하는 행정 조처들을 끊임없이 발표하고 수정했다. 해양교역 관리부서인 시박사가 세워져서 서서히 완성되었는데, 그것은 모든 교역로를 관장하였다. 광주와 명주, 항주, 천주, 온주(溫州), 수주(秀洲), 밀주(密州), 그리고 연안을 따라 있는 여타 도시들에 시박사가 설치되었고, 광동성과 복건성 그리고 절강성이 가장 중요한 권역("三路市舶")이었다. 송 조정은 또한 외국 상인들을 유인하기 위해 사절들을 파견하기도 했다. 자신의 목적을 이루지 못하거나 교역에 부정적인 영향을 미치게 된 관리들은 그에 따라 처벌받았다. 중요한 외국 상품을 구해 온 외국 상인들은 보상받았다. 중국에서 외국 상인들의 자산과 유산, 여타 이익들이 모두 보호받았다.

송 희녕(熙寧) 연간(1068~1077년)과 소흥(紹興) 연간(1131~1161년) 사이에 광주와 복건에서 관직을 받은 외국 사절과 상인들[1]

연도	출신국	사절/상인	이름	관직명	지역
희녕6(1073)년 7월 이전	아라비아(大食)		蒲陀婆離慈 (Baoshunlang)	都蕃首, 保順郞將	
원풍(元豊)2(1079)년 7월	삼보자(Samboja) (三佛齊)	進奉使	群陀畢	寧遠將軍	광주
원풍2(1079)년 7월	삼보자(三佛齊)	判官	陀旁亞里	保順將軍	광주
원우(元佑) 이전			雅托勒	懷化將軍	광주
원우 원(1086)년 7월			雅托勒	歸德將軍	광주
원우 4(1089)년 3월	삼보자(三佛齊)	進奉使		懷化將軍	
원우 4(1089)년 4월	아라비아 무르바트 (大食麻羅拔)	貢使	加立特 (Galit)	保順將軍	
원우 연간(1086~1094년)			劉某	左班殿直	광주
소흥 6(1136)년 8월	아라비아(大食)		蒲羅辛	承信郞	복건
소흥 26(1156)년 이전			蒲晉	承信郞	광주
소흥 26(1156)년 12월		進奉	蒲晉	忠訓郞	광주
소흥 26(1156)년 12월		引接入貢	蒲延秀	承信郞	광주

송의 대외무역 관리체계는 당대에 만들어진 것에 기초했지만 그것을 크게 개선한 것이었다. 일본의 후지타 토요하치(藤田豊八)는 시박사의 업무를 다음과 같이 다섯 가지로 분류하였다. (1) 상품의 검사와 물질적인 수수료의 징수(상품의 적합한 비율을 징수), 그리고 관세로 징수한 상품의 보관과 호송, (2) 정부 독점 상품의 구입, 매각, 보관, 호송, (3) 항구를 떠나는 배들의 출항허가장 발행과 바다로 나가는 밀무역품에 대한 단속, (4) 외국 상품의 판매허가장 발행, (5) 환대와 도시 내 외국인 거주구역의 운영을 비롯한 외국 교역 상대와 외국 상선의 유인.[2]

몽고인들은 유라시아 대륙을 정복했고 세계의 전체 땅을 자신의 영토로 여겼다. 그리하여 해외여행에 대한 방어책을 세우는 것이 불필요하게 되었다. 그들이 세운 원(元)의 통치자들은 유럽 및 중동과의 상업을 위해 실크로드를 다시 엶과 동시에 해양실크로드상의 교역을 적극적으로 추진하였다. 원의 건설자 쿠빌라이 칸(世祖)(1215~1294년)은 먼저 양자강 남쪽 영역을 확보하자, 특히 포수경(蒲壽庚)과 여타 부유한 상인들에게 지시하여 연안 지역의 상인들이 해양 교역을 시작하도록 즉시 허용했다. 이렇게 되자 상인들은 남해의 여러 나라들에 새로운 체제의 권위와 자비로움을 적극적으로 선전했다. 이런 나라들이 새로운 왕조에 충성하게 된다면, 원 조정은 그들에게 관대한 보상을 할 터였다. 외국 땅에서 상인들이 사업을 하러 오면, 정부는 완벽한 지원을 제공할 것이고 어떤 어려움도 만들지 않을 터였다.

원대 중국 도시들의 시박사에는 그 이전 것들에 비해 한 가지 중요한 개선부분이 있었다. 그 틀과 편제가 보다 표준화되었고 체계적이었다. 각 시박사(司)에는 5품 관직의 시박사(使)가 2명 임명되었고, 6품 관직 2명과 7품 관직 2명으로 구성된 보조관리가 있었다. 그리고 서기(知事)를 한 명 두었다. 송의 제도에 기초하여 원 조정은 "관본선(官本

船" 제도를 시행하여 대외무역의 처리를 독점시켰다. 지원(至元)(1264~1294년)·연우(延佑)(1314~1320년) 연간에는 수입상품의 추출에 대한 규칙(「市舶抽分則例」)과 외국 무역선에 관련한 법령(「市舶法則」)이 각각 마련되었다. 이렇게 하여 해양 교역 경영은 시박사직에 부여된 권력과 권위가 증가하면서 아주 엄격해졌다.

2. 송의 교역 상대국

10세기에서 13세기까지 몽고가 서쪽으로 팽창해 가면서 유라시아 대륙 전체에 걸친 실크로드의 여러 부문들이 전쟁에 휩싸였다. 이런 전쟁들로 많은 나라들이 큰 대가를 치렀고, 이는 각국의 영역을 재편했을 뿐 아니라 거대 세계종교들의 판도에도 변화를 가져왔다. 느닷없이 동양과 서양의 문화들도 중요한 충돌과 광범위한 융합의 와중에 놓였다.

해양 교역에 탁월했던 아랍 상인들은 전쟁이 야기한 재정 압박을 완화시키기 위해 동방과의 사업에 훨씬 더 집중할 수밖에 없었다. 그들의 범선들은 중국 항구들을 빈번하게 드나들었고 동·서 간의 해양 교역에 주도적인 역할을 계속하였다.

송대 주거비(周去非)의 『영외대답(嶺外代答)』과 조여괄(趙汝适)의 『제번지(諸蕃志)』, 원대 진대진(陳大震)의 『남해지(南海志)』와 왕대연(汪大淵)의 『도이지략(島夷志略)』 같은 송·원대의 문헌자료상의 통계에 따르면, 송·원대에 중국과 직·간접적 관계를 맺은 나라와 지역들이 100개가 넘었다. 그런 나라 중 아라비아를 말하는 대식국(大食國)이 가장 부유하고 강력했고, 그 뒤를 야바드비파(Yavadvipa; 闍婆國)와 삼보자(三佛齊國)가 이었다.[2]

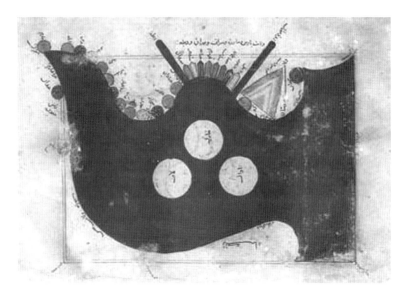

그림 3-1 아랍인들의 시선으로 본 동방

『송회요집고(宋會要輯稿)』에 따르면, 아랍 무역상들은 종종 "조공을
바친다"는 명목으로 중국과 거래했고 송 조정 역시 그들에게 특혜를
주었다. 쌍무 교역에 공헌한 것으로 입증된 상인들에게도 송 왕조는
풍성한 보상을 주었다. 일례는 몇 십 년 동안 광저우에 살았던 아랍상
인 신압타라(辛押陁羅)가 될 것이다. 그는 은으로 수백 만 냥(兩)이나
되는 거대한 부를 쌓았다. 그가 대체로 외국 상인들 사이에서 신망 있
고 호소력 있는 사람으로서 칭송받았기 때문에 그리고 분쟁을 해결하
고 이익을 둘러싼 다툼을 중재하는 데 능했기에 그는 사업을 통해 광
주시와 국가 재정에 큰 이익을 가져왔다. 송의 신종(神宗) 조수(趙
頊)(1048~1085년)는 그에게 귀덕장군(歸德將軍)이란 칭호를 부여했다.
남송 초에 또 다른 아랍 상인 포라신(蒲羅辛)이 은으로 30만 냥 이상

---

2 둘 다 현재 인도네시아에 속한다.

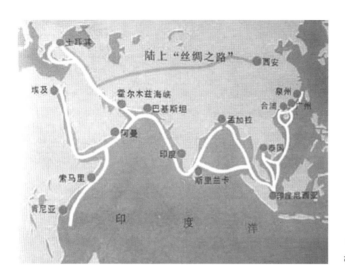

그림 3-2
남송 시기의
해양실크로드

의 가치를 가진 유향(乳香)을 운송하였다. 역시 조정은 그에게 승신랑
(承信郎)이라는 공식 직함을 부여했다.

중국 역사기록에서 "서방정토의 나라들(西天諸國)"은 인도 아대륙의
나라들을 가리키는 말이었다. 이런 나라들은 당대보다 송대에 중국과
더 밀접한 관계를 맺었다. 1015년 촐라(Chola) 왕국3은 중국으로 52명
의 사절단을 파견했다. 사절단은 진주로 장식한 상의 한 벌과 진주 장
식 머리수건 하나, 2만 1,100냥의 진주, 60개의 상아, 60근(斤)의 유향,
6,600냥의 구슬, 3,300근의 향신료를 가져왔다. 송의 진종(眞宗) 조항
(趙恒)(968~1022년)은 기뻐하여 사절들에게 큰 보상을 하사했다. 1994
년 중국학자 요삭민(姚朔民)은 인도에서 발견된 고대 중국 주화 저장
고에 대한 보고서를 간행했다. 모두 세 개의 지하저장고가 있었는데,
거기에는 총 2,165개의 고대 주화가 묻혀 있었고, 그 대부분이 송대의
것이었다.3) 이 고대 주화가 발견된 곳은 스리랑카에서 바다 바로 건

---

3 오늘날 남인도 코로만델 연안.

너편에 있는 인도 동남부 타밀 나두(Tamil Nādu) 주의 탄자부르(Tanjavur) 지역이었다. 그곳은 또한 중세 시기 남인도의 촐라 왕국이 위치한 곳이기도 하였다. 이 발견은 중국과 인도 사이의 해양 관계에 대한 소중한 증거를 제공한 것이기도 하다.

13세기에 마르코 폴로(Marco Polo)가 남중국해를 경유해 이탈리아로 돌아가는 중에 쿨람(Kulam)과 엘리(Ely),[4] 말라바르(Malabar),[5] 그리고 인도 아대륙의 여러 다른 지역을 지났다. 이들 지역에서 나는 향신료와 다른 산물들은 대부분 남중국으로 수출되었다. 14세기에 모로코 탐험가 이븐 바투타(Ibn Battuta)도 자신의 여행기에 중국 상선들이 종종 쿨람과 엘리, 판다라이나(Fandaraīna)[6]로 항해해 오며, 귀항 길에 중국으로 가는 인도 승객들을 실어간다고 언급했다.

삼보자(Samboja; 三佛齊)는 오늘날 인도네시아 수마트라의 잠비(Djambi) 지역에 위치했다. 그곳은 남중국해에서 인도양으로 가는 해로상에 확실한 통과지점이었고 유일한 유통 중심지였다. 송의 주거비는 이렇게 말했다. "동쪽으로 인도네시아와 서쪽으로 아랍 국가들과 쿨람에서 오는 모든 이들이 삼보자를 지나지 않으면 절대 중국으로 오지 못한다." 삼보자와 광주 및 천주 사이에는 상대적으로 정기적이고 고정된 해로가 있다. 순풍을 받아 항해하면 광주에 이르는 데 약 20일이 걸리지만, 천주에 이르는 데는 한 달이 좀 더 걸렸다.

야바드비파의 위치는 오늘날 인도네시아의 중앙 자바일 것이다. 이 왕국도 10세기에서 13세기까지 남중국해의 중요한 나라였다. 이 나라에서 바다를 건너면 동쪽에는 드비파탈라(Dvipatala; 崑崙國)가 있고, 서쪽에는 아랍 국가들이 있었다. 거기서 북서쪽으로 15일을 항해하면,

---

4 인도 케랄라 주에 있는 카나노르(Cannanore) 북서쪽.
5 인도 남쪽 끝.
6 오늘날 인도 캘리컷 북쪽.

그림 3-3 천경관(天慶觀)중수비

송대의 것으로 원래 광주 해주북로(海珠北路) 천경관 내에 위치했다. 비문에는 중국과
삼보자 간의 교역관계와 아울러 천경관 중수에 제공한 삼보자 상인들의 시주 내용이
기록되어 있다.

브루나이(Brunei)에 이를 수 있다. 그 뒤로 15일을 더 항해하면 삼보자에 도착한다. 다시 7일을 더 가면 고라국(古邏國)에 이르고 또 7일을 더 가면 교지(交趾; Cochin)에 이르렀다. 거기서 배가 북쪽으로 계속 항해하면 광주에 이를 수 있었다. 중국 상인들은 보통 야파드비파에 도착하면 뜨거운 환대를 받았다.

10세기 이후 중국 북쪽의 거란, 탕구트, 여진, 몽고 등의 민족들이 잇따라 흥기하였고, 이에 북서쪽으로 실크로드가 차단되었으며, 송의 영토는 끊임없이 침략 당했다. 송 조정은 동북아시아와의 접촉이 제한되었기에 앞서 언급했듯이, 대외무역의 중심을 동남 해로로 옮길 수밖에 없었다. 그에 더해 송대에는 일본이 중국과 무역을 수행하는 데 그다지 열의가 없었고, 중국 상인들은 단지 2년에 한번 일본에 들어가 교역할 수 있는 허가를 받았다. 원 조정은 일본에 대한 두 차례의 원정을 벌여 일본의 중국에 대한 불신과 두려움을 배가시켰다.

북송 시기에 일본 행 중국 상선들은 보통 명주에서 출발했다. 계절풍의 도움을 받아 항해하면 배는 고토(五島) 열도 근처에 갈 수 있고, 규슈의 하카타에 도착할 수 있다. 거기서 중국 배들은 교역을 맡고 있던 다자이후에 보고해야 했다. 다자이후는 중국 상품을 검사하고 공식 문서를 발행하고 중앙정부에 보고했다. 그러면 중국과의 교역을 책임지는 일본 관리들(交易唐物使)이 파견되어 중국 상인들이 제공하는 상품을 구매하였다. 그 후에야 중국 상인들은 일본 민간상인과 거래하도록 허용 받았다. 이런 종류의 교역은 일본 정부의 완벽한 통제하에 있었고, 일본 정부는 종종 구입 가격을 강제로 내리려 하거나 대금 지불을 미루었다. 이 때문에 중국 상인은 큰 손해를 보기도 했다. 그래서 많은 중국 상인들이 불법 교역을 위해 규슈의 사이코쿠(西國) 지역으로 상품을 몰래 들여오곤 했다.

남송 시기에는 일본과의 교역이 얼마간 개선되었다. 1167년 타이라

노 키요모리(平淸盛)가 태정대신(太政大臣)에 임명된 후 일본은 대외 무역을 촉진하기 위해 "자기 폐쇄" 정책을 바꾸기 시작했다. 이 시기 동안 중국 상인들은 하카다와 규슈의 이마즈(今津) 지역을 빈번하게 드나들었고, 쌍무 무역이 서서히 높은 수준에 이르렀다. 1192년에 가마쿠라(鎌倉) 막부체제의 등장 이후에도 중국-일본 무역은 여전히 비교적 활발하였다.

송과 고려의 관계는 일본에 비해 더 활발하였고 열의에 넘쳤다. 송의 신종 시기 이전에는 고려로 갈 때 중국인들은 종종 산동성 등주(登州)에서 출발했다. 고려인들 역시 중국에 올 때 등주나 밀주(密州)에서 하선했다. 하지만 1074년 이후 거란과의 충돌을 피하기 위해 고려인들은 명주에서 하선할 수 있게 허락해달라고 요청했다. 그때 이래 명주가 송과 고려 사이의 주요 상업 항구가 되었다. 명주에서 출발하면 고려에는 순풍을 받을 경우 8일이면 이를 수 있었다. 육로와 바다를 번갈아 가면, 고려 수도 개성에는 겨우 열흘이면 이를 수 있었다.

송은 고려와의 관계를 아주 중시했고 그 사절들을 크게 환대했다. 명주에 이르는 길을 따라 들어선 역참들은 "고려정(高麗亭)"이라 불렸다. 1117년에는 고려 사절을 위한 숙소(高麗使行館)가 명주의 시박사 건물 서쪽에 있는 보규묘(寶奎廟)에 세워졌다.

3. 번성하는 중국의 항구들

10세기부터 13세기까지 동·서 간 해양 교통은 번성하고 있었다. 그래서 온갖 나라에서 온 상인들이 대규모 해양 교역에 참여하면서 중국 연안의 항구들로 몰려들었다. 이것은 항구 도시의 경제 발전을 해양실크로드와 연계시켰을 뿐만 아니라 지역의 경제적 번영도 촉진하고 중국에 다채로운 이국 취향 열풍을 야기하였다.

광주

당대에 가장 큰 대외무역 항구였던 이곳은 당말 전란의 와중에 파괴되었지만, 곧 이전의 영광을 회복하였다. 북송 동안 광주는 여전히 중국에서 가장 큰 대외무역항이었다. 1070년대와 1080년대 동안 명주와 항주 그리고 광주의 시박사들은 무게로 총 35만 4,449근(斤)[7]의 유향을 수입하였다. 그 중 전체의 98퍼센트인 34만 8,673근[8]이 광주로 수입되었다. 송대의 주욱(朱彧)은 절강, 장수, 복건, 광동 중에서 광동이 단연 가장 번성하다고 하였다. 이것은 대외무역과 관련해서 그 나라에서 가진 광주의 필적할 수 없는 중요성을 보여주었다. 남송대에도 광주의 대외무역은 여전히 번성하였다. 진기한 물건과 돈들이 끝없이 들어왔고 조세 수입은 다른 항구의 몇 배나 되었다.[4] 매년 참파, 캄보자(Camboja; 眞臘), 스리비자야(三佛齊), 야바드비파(闍婆) 등의 나라에서 온 수많은 상선들이 정박했고, 코뿔소 뿔, 상아, 진주, 향신료, 유리 제품 같은 이국적이고 진기한 품

그림 3-4 1349년 고려인 자마단(剌馬丹)이 이슬람 현자의 무덤에 경배를 드렸고, 병들어 죽은 후 그 옆에 묻혔다는 내용의 비문

---

7 17만 7,224.5킬로그램.

8 17만 4,336킬로그램.

목들을 광주로 끊임없이 공급했
다.5)

송·원대 동안 수많은 아랍인,
페르시아인, 인도인, 그리고 남
중국해 출신의 상인들이 광주로
들어오거나 방문하거나 정착하
여 이 남쪽 항구도시를 이국적인
정취로 가득 채웠다. 그곳의 문화
적 분위기는 내지와는 아주 달랐
다. 유명한 미국인 중세사 전문
가 제임스 웨스트폴 톰슨(James
Westfall Thompson)은 자신의 저

그림 3-5 광주 포(蒲)씨 가족의 묘비

작에서 "9세기 말의 약간의 균열을 제외하면 9세기와 12세기 사이의
거의 400년 동안 중국의 광주에 있던 '아랍인 거류지'는 중국인과의 조
화로운 정치적 관계를 유지했다"고 썼다.6)

송말에는 송과 원이 광남(廣南) 지역에서 격렬한 전투를 벌였다. 광
주의 대외무역은 심각한 타격을 받았다. 그러나 원대 중기(1271~1368
년) 이후 광주의 사업은 점차 회복되었다. 대덕(大德)(1297~1307년) 연
간 동안 광주는 이미 140개 이상의 나라와 지역들과 무역관계를 확립
했다. 1320년대에 이탈리아 탐험가 수사 오도리코(Odoric)가 광주에
와서 엄청난 수의 배들이 정박해 있는데다 베네치아보다 크기가 4배
나 더 큰 것에 크게 놀랐다. "이 도시에 이탈리아 전체보다 더 많은 배
가 있다."7) 원말 무렵 모로코의 여행자 이븐 바투타가 중국에 왔다.
그는 광주를 크고 아름다운 도자기의 도시로 묘사했다. 그곳에서 도
자기들이 중국 전역만이 아니라 인도와 예멘으로 선적되었다.

천주

오대십국 시기 동안 민(閩)(909~945년)의 통치 하에서 복건의 경제는 급속히 발전하였고, 천주가 동남 연해 지역의 중요한 항구도시가 되었다. 북송 중기에는 천주의 교역 활동이 점차 번성하였고, 특히 고려와의 교역이 큰 비중을 차지했다.

송 왕조가 성립되고 120년 남짓 지난 후에도 복건에는 시박사가 설치되지 않았다. 그래서 복건 지역의 배가 바다로 나갈 때는 광주의 시박사에 보고하여 허락을 얻어야 했다. 귀환 시에도 배는 광주 시박사로 가서 현물 형태로 세금을 내야 했거나, 때로는 일부 상품을 몰수당하기도 했다. 그래서 많은 골치 아픈 절차들이 복건의 해상 교역에 불리하였다. 1087년에야 송 조정은 마침내 천주에 시박사를 설치하기로 결정했다. 북송 말 무렵에는 정부가 천주에 중국으로 오는 외국 사절을 맞이하는 내원역(來遠驛)을 세웠다. 일부 외국 상인들은 천주 남쪽 지역에 모여서 살면서 "외국인 거리(蕃人巷)"를 이루었다.

남송 시기에 수도는 임안(臨安)⁹으로 정해졌다. 따라서 천주 및 복건과 남송의 정치 중심 간의 거리가 더 가깝게 되었다. 귀족이나 황실의 많은 구성원들의 유입은 그 지역의 소비 수요와 힘을 크게 증가시켰고, 이는 천주의 상업에 실질적인 자극제가 되었다. 그들은 또한 상업 무역에 활발하게 참여하여 그것을 촉진하기도 했다. 유리한 자연조건과 새로이 얻은 지원에 힘입어 천주의 대외무역은 빠르게 발전했고 풍부한 이국적인 상품이 넘쳐나, 도시는 "부주(富州)", 즉 문자 그대로 "부의 도시"로 불리었다. 13세기 초에는 30개 이상의 나라와 지역들이 천주시와 무역관계를 맺고 있었고 이 수는 1220년대에는 50개 이상으로 늘어나게 되었다.[8]

---

9 오늘날 절강성 항주.

그림 3-6 천주 구일산(九日山)에 산재하는 순풍을 기원하는 금석 명문

남송 말 무렵에는 광주에 살고 있던 중앙아시아 출신 사람들의 후손인 포개종(蒲開宗)이 천주로 이주했다. 그 아들인 포수경(蒲壽庚)과 포수성(蒲壽宬)은 바다에서 해적을 진압하는 데 공을 세워 천주 시박사의 관리에 임명되었다. 그들은 30년 동안이나 천주의 해운과 해상 교역을 책임졌다. 1276년 포씨 일가는 원에 항복하였고 그래서 원 조정으로부터 특별한 총애를 얻을 수 있었다. 그 결과 천주의 상업도 꾸준히 발전할 수 있었다.

원대 동안 천주는 중국에서 가장 중요한 항구였다. 마르코 폴로는 인도의 향신료와 다른 귀중한 상품 모두가 이 항구로 운송된다고 했다. 상상할 수 없을 정도의 대량의 상품과 보석, 진주들이 운송되었다. 마르코 폴로는 알렉산드리아나 다른 이집트의 항구에서 유럽으로 후추를 싣고 오는 배가 한 척이라면, 천주로 후추를 싣고 오는 배는 100척이 넘을 것이라고 추정하였다.

원말 무렵 모로코의 여행가 이븐 바투타가 천주에 왔다. 그는 그곳의 항구에 약 100척의 대형 정크(大艟克船)[10]가 정박해 있고 그보다 작

10 1,000명 이상을 태울 수 있는 아주 큰 배.

은 선박과 배들은 너무나 많아 셀 수가 없을 정도인 것을 보았다. 그는 천주가 "세계의 거대 항구 중 하나이거나 어쩌면 세계에서 가장 큰 항구"일 것이라고 평가했다.[9]

항주

중세 시기 동안 양자강 남쪽 지역은 중국 경제의 핵심이었다. 당대의 유명한 시인 백거이(白居易)는 "강남의 여러 고을 중 소주(蘇州)가 가장 크다"고 하였다. 비록 당대에 항주가 소주만큼 크진 않았지만, 그곳은 동남부 지역의 수송 축으로서 전당강(錢塘江) 하구에서 해양 선박의 손쉬운 항해를 가능케 하였다. 이것은 번성하는 상업 현장을 창출했으며 항주의 경제적 지위를 성장시켰다. 뒤에 절강이 오월(吳越)(907~978년)의 통치 하에 있을 때도 절강지역은 평화를 누리고 경제적 발전과정을 유지할 수 있었다. 특히 일본 및 고려와의 외교 관계 및 무역과 관련하여 중요한 진보가 있었다.

북송대에 절강의 수도로서 항주는 매혹적인 풍경은 물론이고, 고도로 발전된 경제를 갖고 있었다. 그곳은 "동남제일주(東南第一州)"와 "지상천궁(地上天宮)"이라 불리었다. 송 조정은 항주에 양절(兩浙) 시박사를 설치하여 절강의 교역을 관리하였다. 왕조가 남쪽으로 옮긴 후 항주는 송의 수도가 되었고, 많은 인구가 집중되어 총 124만 명을 넘었다. 마르코 폴로는 자신의 여행기에서 항주를 세상에서 가장 아름답고 우아한 도시이기에 "천상의 도시(heavenly city)"라고 했다.

1320년대에 이탈리아인 수사 오도리코(Odoric)가 중국에 왔다. 그는 항주가 사방 100마일 이상인 "세계에서 가장 큰 도시"라고 믿었고 "한 치의 땅에도 사람이 살지 않는 곳이 없다"고 하였다. 이곳의 사람들 중에는 기독교인, 사라센인, 우상 숭배자들, 등등 여러 사람이 있었다.[10] 여기서 "사라센인"은 무슬림을 가리키며 "우상 숭배자들"은 불교와 도교 승려들을 가리켰다.

대외무역이 번성하면서, 항주에서 동쪽으로 약 12.5킬로미터 떨어진 감포진(澉浦鎭)[11]이 외국 상선의 집결지로 발전하였고, 교역이 이지역 경제의 중심이 되었다. 원대까지 감포는 여전히 해양교역을 위한 핵심 중추였다. 그곳은 복건과 광동 같은 인근 지역들만이 아니라멀리 떨어진 많은 외국 나라들과도 교역할 수 있었다. 정부는 해외 무역을 관장하도록 그곳에 시박사를 세웠다.

명주

명주는 동중국해 연안에 위치해있고 용강(甬江)과 요강(姚江)이 흐르고 있어 이를 통해 항주에 이를 수 있다. 오대십국 시기 동안에는오월이 명주를 일본과 고려의 상인과 사절의 출입 지점으로 삼았다.북송대에는 명주에 시박사가 설치되었고, 아울러 외국 상인을 맞이하기 위한 용도로 내원정(來遠亭)[12]과 페르시아관(波斯館), 고려관(高麗館) 등이 들어섰다.

그림 3-7 송대에
건설된 명주
보국사(保國寺)

---

11 현재 절강성 해염(海盐)현 남쪽.
12 또는 내안정(來安亭)이라고도 했다.

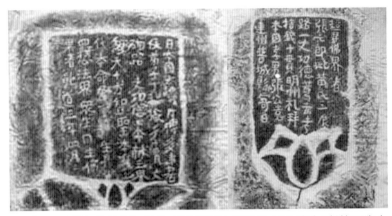

그림 3-8 명주 출신으로 일본 다자이후(大宰府)에 거주하던 정연(丁淵)과
장영(張寧) 등이 명주의 도로 건설에 자금을 대었다는 것을 기록한 명문
영파(寧波)박물관 소장.

명주의 해외교역의 주된 상대는 일본과 고려였고 그보다 못하지만
동남아시아 및 아랍 여러 나라들과도 무역관계를 맺었다. 이탈리아인
수사 오도리코가 중국을 여행할 때, 그는 명주에 "믿을 수 없을 정도"
로 엄청난 수의 선박이 있으며, 필시 세계의 어느 다른 장소보다도 더
많을 것이라고 하였다.

4. 대양선박 및 항해 기술

10세기에서 14세기까지 유럽 여러 나라의 선박건조 기술은 중대한
변화를 겪고 있었다. 베네치아에서는 선체를 먼저 건조하고 그 뒤에
방수 장붓구멍과 장부로 선체를 이어 선실을 연결하는 작업을 하고
마지막으로 선체 중앙에 뼈대와 버팀대를 끼워 넣었다. 11세기 이후
범선 제작 기술이 크게 개선되었다. 선박의 용골과 뼈대가 먼저 건조
되고 그 위에 목조 선체를 올릴 수 있게 되었다. 배의 내수성(耐水性)

을 강화하기 위해 섬유와 피치가 더해졌다. 그 외에 선미키가 키잡이 노를 대체하였고 그리하여 항해 경로를 수정할 때 보다 효율적인 조정이 가능하게 되었다. 돛의 개선은 대형 삼각돛을 특징으로 하였다. 그것은 주 돛대에 비례하여 일정한 각도로 설치되었다. 이것이 주 돛대와 직각으로 설치되었던 사각 돛을 대체한 것이다.

베네치아의 범선에는 두 가지 주요 유형이 있었다. 하나는 "가로돛범장선(square rigged vessel)"이라고도 알려진 다목적 화물운반 범선이었다. 그 배는 추진력을 바람에 완전히 의지하였다. 다른 배는 돛과 노를 모두 갖춘 대형 목조 선박이었는데, 국영 아르스날레(Arsenale) 조선소에서 건조되었다. 이 배는 승객이나 귀금속 운반용으로 이용되었고 아울러 해군 작전에도 사용되었다. 이런 유형의 배는 길고 넓은 선체를 갖고 있어 200명을 족히 태울 수 있었다(대부분 노 젓는 사람이었다). 그것은 속도가 아주 빨랐으며 조정이 아주 쉬웠다. 그래서 바람이 없을 때 항해하는 데 더 적합했다. 십자군 시기 동안 베네치아 정부의 선박들은 평균 적재 용량 500톤을 실어 날랐다. 민간 상선은 보통 정부 선박만큼 크기가 크지는 않았다.

배의 크기도 계속 늘어났다. 지중해의 배들은 북유럽의 배보다 더 컸다. 11세기에서 13세기까지 선박의 적재용량은 평균 500톤이었고 이것은 선실과 갑판에 실은 화물의 무게가 포함된 것이었다. 13세기에 영국 선박의 평균 적재용량은 200톤이었고 최대 300톤이었다(아래 표를 보라).

베네치아 상선의 선적용량, 1318~1559년[11]

연도/노선	길이(미터)	폭(미터)	높이(미터)	적재용량(톤)
1318/베네치아-키프러스	40.4	5.3	2.4	110
1320/베네치아-키프러스	40.4	5.7	2.4	115
1420/베네치아-키프러스	41.2	6.0	2.7	170
1549~1559/상업용범선	47.8	8.0	3.1	280

다른 곳과 마찬가지로 중국도 조선업이 크게 발전하였다. 복건의 복주(福州), 천주, 광남의 광주, 뇌주(雷州) 등에서 건조된 선박이 가장 유명했다. 이 배들은 보통 바닥이 예리하게 각이 진 V자형 선체를 갖고 있어 바람에 대한 저항력이 좋고 파도를 가르고 나아가는 데 유리했다. 1974년에 복건 성 천주만의 후저(後渚)항에서 발굴된 송선(宋船; 천주선)은 그런 선체 형태를 갖고 있었다. 배는 넓고 평평했으며, 타원형으로 되어 있었다. 복수 돛대가 채택되었고, 그 중 일부는 납작하게 접을 수 있었다. 이는 새로운 기술이다. 선체는 복수의 독립 선실을 채택했고, 선실 사이에 격벽이 있었다. 그래서 선체에 부분적으로 물이 들어오더라도, 배 전체에는 심각한 영향을 주지 않게 하였다. 이 옛날 선박은 배를 13개의 구역들로 나누기 위해 12개의 격실벽을 이용하였다. 이용된 자재는 부식에 저항력이 좋은 소나무, 전나무, 녹나무 등을 썼다. 각 격벽의 솔기에는 동백기름, 석회, 아마 실을 사용하여 물이 새는 것을 막을 만큼 꽉 조이도록 하였다.[12]

그림 3-9 천주만 후저항에서 발굴된 송대 대양 선박

여러 선박의 적재용량은 "료(料)"로 계산되었는데, 1료는 약 60킬로그램이었다. 이 측정단위는 명대까지 남아있었다. 오자목(吳自牧)이 쓴『몽양록(夢粱錄)』에 따르면, 중국에서 가장 큰 대양 선박의 적재용량은 300톤 정도에 이르렀다.

1080년대 동안 송 조정은 고려에 사절단을 한 번 파견했다. 그들은 120톤에서 240톤에 이르는 8척의 배를 타고 갔다. 배들의 규모는 웅장해서, 고려의 항구에 도착했을 때 상당한 소동을 일으킬 정도였다. "온 나라가 환호와 갈채로 사절을 우러러 보았다."[13]

송·원대에 중국인들이 항해 경험을 더욱 쌓으면서, 대양과 외부 세계에 대한 그들의 이해도 계속 성장하였다. 송대 이전에는 중국인들은 동남아시아와 인도양의 나라들을 "남해제국(南海諸國)"이라는 하나의 일반적인 명칭으로 불렀다. 아랍세계 전반을 가리키기 위해선 "대식(大食)"이란 말을 사용했고, "오천축(五天竺)"은 인도 아대륙을 가리켰다. 하지만 송대 무렵에는 중국인들이 아랍 지역을 종종 방문하면서, "대식"을 동쪽 지역과 서쪽 지역으로 구분하기 시작했다. "동대식해(東大食海)"는 아라비아 반도 동쪽의 페르시아만을 가리켰고, "서대식해(西大食海)"는 아라비아 반도 서쪽의 홍해를 가리켰다. 남중국해를 통해 접근하는 지역들도 "상안(上岸)"과 "하안(下岸)"으로 구분되었다.

원대 무렵에는 중국인의 지리 개념도 변하고 있었다. "동양(東洋)", "서양(西洋)", "대동양(大東洋)", "소동양(小東洋)", "소서양(小西洋)" 같은 새로운 개념들이 등장했다. 진고화(陳高華)의 연구에 따르면, "동양"과 "서양"은 대체로 특히 용아문(龍牙門)[13]과 라무리(Lamuri; 蘭無理)[14]로

---

13 오늘날 말라카 해협.
14 오늘날 수마트라 북서쪽 끝의 아체.

구분되었다. 그 동쪽의 남태평양은 "동양"이었고 그 서쪽의 인도양은 "서양"이었다. "동양"은 브루나이를 경계로 다시 동쪽의 "소동양"과 서쪽의 "대동양"으로 구분되었다. 이것은 고대 중국의 바다와 해양학에 대한 이해에서 주요한 진보였다. 이런 개념들은 후대인들도 계속 사용하였다.[14]

중국의 외항 상인들은 해류의 경로에 통달했고 계절풍을 이용하는 방법을 잘 알고 있었다. 보다 경험 많은 뱃사람들은 또한 하늘을 살펴 항해의 안전도를 예측하거나 밤에는 별을 낮에는 해를 관찰할 줄 알았다. 해와 달, 별을 관찰함으로써 날씨의 변화를 예측할 수 있었다. 마르코 폴로는 중국 상선들이 페르시아로 가면서 말라카 해협을 통해 인도양으로 들어서자마자 북극성의 높이에 대한 관찰 기록을 지니고 있었다고 하였다. 당시 중국 뱃사람들은 이미 천문 항해에 통달해 있었다고 결론지을 수 있다. 북극성의 높이를 관찰함으로써 위도와 경도상의 배의 위치를 계산할 수 있었다. 이것은 송·원대에 이른 천문 항해 기술상의 일대 비약이었다.

북송의 문헌인 『평주가담(萍洲可談)』(12세기 초)과 『선화봉사고려도경(宣和奉使高麗圖經)』(12세기 후반)은 해양 활동에서 중국 뱃사람들이 항해용 나침반을 사용했다고 기록하였다. 이것은 항해용 나침반 사용을 밝히는 세계에서 가장 오래된 기록이다. 나침반은 바다에서 배의 방향을 잡는 데 극히 유용한 도구였다. 그로 인해 광주와 천주에서 달람리(達藍里)[15]를 지나 인도양을 가로질러 바로 예멘과 동아프리카로 향하는 새로운 항로가 열렸다.

중국인들이 통달한 천문 항해 지식과 항해용 나침반의 활용은 세계 항해업에 커다란 일보였다. 나침반 기술은 아랍을 통해 유럽으로 도

---

15 오늘날 수마트라의 아체 근처.

입되었고, 이것은 14세기 서구에서 항해업의 발전을 강력하게 자극하였다. 나침반을 사용하기 전에는 베네치아 상업 제국의 범선들도 불리한 날씨 때문에 10월부터 다음해 4월까지는 지중해를 가로지를 생각조차 하지 못했다. 보다 정확한 지도에다가 나침반의 도움을 받아 베네치아인들은 연중 내내 바다를 항해할 수 있게 되었다. 베네치아와 알렉산드리아 사이의 항해 수가 연간 1회에서 2회로 늘어났다.

5. 마르코 폴로 시대의 탐험가들

13세기에 초원의 몽고 부족들은 유라시아 대륙에 정복의 광풍을 불러일으켰다. 중국, 투르키스탄, 페르시아, 러시아, 이 모든 곳이 유례없이 방대한 몽고제국의 땅으로 통일되었다. 동아시아와 이슬람 세계, 유럽 간의 해로 및 육로가 다시 연결되었다. 프랑스 역사가 르네 쥬세(René Geousset)는 "아랍인과 셀주크족(Seljuks)이 다스리던 이란이 서구인들에게 문을 닫자, 페르시아의 몽고인 칸이 넓게 문호를 개방했고 유럽 상인들과 선교사들은 바다를 건너 자유롭게 중국으로 갈 수 있게 되었다"고 했다. 바그다드의 칼리프 왕조가 멸망하고 페르시아의 이슬람 칸국이 완전히 승리할 때까지의 기간 동안 라틴 지역 나라들의 상인들은 어떤 방해도 받지 않고 이란을 지나갈 수 있었다. 그리고 상인들은 그 뒤 타브리즈(Tabriz)에서 호르무즈로 갔고 결국 배로 실론을 거쳐 중국으로 향했다. 물론 공식적인 인가를 받은 중국의 여행자들도 상선을 구해서 어디든 마음대로 갈 수 있었다.

왕대연(汪大淵)

왕대연(1311년 출생)은 자(字)가 환장(煥章)으로 강서성 남창(南昌)

사람이고, 원대의 유명한 항해자였다. 그는 두 차례 대양 항해에 나섰다. 첫 번째는 1330년에 서양(西洋)으로 항해한 것이다. 천주에서 출발한 그의 배는 인도양으로 향했고 아라비아 해를 가로질러 홍해로 진입하여 이집트의 고건(庫駑)에 도착했다. 그 뒤 페르시아만을 탐색하고 마침내 서쪽으로 가 동아프리카의 케냐로 향했다. 그는 1334년 늦여름에 중국으로 귀환했다. 두 번째 여행은 1337년에 시작되었다. 역시 천주에서 출발한 그가 탄 배는 말레이 군도의 여러 지역을 들리고 1339년 늦여름에 중국으로 돌아왔다. 왕대연은 자신이 해외에서 보고 들은 것을 기록하고 그 정보를 『도이지략(島夷志略)』이라는 책으로 편찬했다. 거기서 그는 100개 장으로 나눠 200개 이상의 지역들을 묘사했는데, 거기에는 팽호(澎湖),[16] 유구(琉求), 삼도(三島),[17] 민다랑(民多郎),[18] 진랍(真臘),[19] 스리비자야(三佛齊),[20] 방배(放拜),[21] 천축, 천당(天堂),[22] 마나리(麻那里)[23] 등 여러 곳이 나온다. 책은 동남아시아와 남아시아, 서아시아, 동아프리카의 여러 나라들을 다루면서 그 두드러진 지리적 특징, 지형적 특징, 위험 지점들, 육상 및 해상 영역, 자연산물을 상세히 서술하였다. 이런 내용 중 상당 부분은 그 이전 어느 곳에서도 기록되지 않은 것이었다. 이 책은 당대의 해양 활동 연구를 위한 귀중한 기록이다.

1860년대에 서구의 중국학자들은 역사 자료로서 『도이지략』의 가치

---

16 오늘날 대만의 팽호.
17 오늘날 필리핀의 루손 제도.
18 오늘날 베트남의 판랑(Phan Rang).
19 오늘날의 캄보디아.
20 오늘날 인도네시아 팔렘방.
21 오늘날 인도 뭄바이.
22 오늘날 사우디아라비아의 메카.
23 오늘날 동아프리카의 케냐.

에 주목하기 시작했다. 1867년에 아서 와일리(Arthur Wylie)가 『중국 문헌 주석(*Notes on Chinese Literature*)』을 편찬했는데, 거기에 왕대연의 책이 포함되었다. 그보다 뒤에 E.V. 브라잇슈나이더(Breitschneider)와, 레오나르 외젠 오루쏘(Léonard Eugène Aurousseau), 제라르 프랑(Gérard Ferrand)이 『도이지략』의 일부를 영어나 프랑스어로 옮겨 중국학 잡지들에 발표하였다. 윌리엄 우드빌 록힐(William Woodville Rockhill)과 폴 펠리오(Paul Pelliot)은 이 책에 대한 더 많은 연구와 소개를 수행하였다. 1914년에 중일관계사의 유명한 일본인 전문가 후지타 토요하치는 『도이지략교주(島夷誌略校註)』를 발간하였다. 1981년에는 중화서국(中華書局)에서 소계경(蘇繼廎)이 주를 달고 해설을 한 『도이지략』을 간행하였다. 1996년에는 왕전진(汪前進)이 역주를 단 판이 요녕교육출판사(遼寧敎育出版社)에서 간행되었다.

주달관(周達觀)

주달관은 절강성 온주 영가(永嘉)현 태생이다. 1295년 그는 원 사절단의 일원으로 온주(溫州)에서 출발하여 크메르제국(Khomer Empire; 高棉帝國)의 수도인 앙코르(Angkor; 吳哥城)로 여행하였다. 그는 크메르제국의 마지막 영광의 순간을 만끽할 수 있었다. 1297년 귀환한 후 그는 자신의 개인적 경험을 글로 써 『진납풍토기(真臘風土記)』라는 책을 남겼다. 그 책은 앙코르 왕조의 정치, 경제, 지리, 풍습, 종교, 건축에 대해 세부적으로 묘사하였다. 그것은 앙코르 문화를 기록한 가장 오래된 자료이다. 캄보디아에도 중세 시기 캄보디아의 문화유산과 관습에 관한 역사 기록으로 『진납풍토기』에 비견될 만한 기록이 없다. 따라서 캄보디아와 인도차이나 반도의 역사를 연구하는 학자라면 누구나 주달관의 저서가 가진 중요성을 인정하고 있다.

19세기 초에 『진납풍토기』는 유럽에 소개되었고, 프랑스인 중국학자 아벨 레뮈자(Abel Rémusat)가 처음으로 그것을 프랑스어로 번역했다. 그 후 폴 펠리오와 폴 데미빌(Paul Démiville)이 새로운 번역과 프랑스어 판에 대한 주석 작업을 수행했다. 1930년대 이후 『진납풍토기』의 일본어판과 영어판이 차례로 간행되었고, 여러 나라의 학자들이 그것을 참고하게 되었다. 1980년대 중화서국은 저명한 고고학자 하내(夏鼐)가 해설을 하고 역주를 단 중국어판을 간행했는데, 이것이 지금까지 가장 완전한 중국어판이다.

19세기 초 프랑스의 영향력이 인도차이나로 침투하기 시작했다. 많은 선교사들과 탐험가들, 과학자들이 모두 캄보디아로 몰려들었다. 1860년 프랑스 박물학자이자 탐험가 앙리 무오(Henri Mouhot)는 파리 지리학회로부터 메콩(Mekong) 강과 차오 프라야(Chao Phraya) 강 협곡 사이의 저지대를 조사하라는 위임을 받았다. 거기에는 두 가지 목적이 있었다. 하나는 이 지역의 생태계를 조사하여 식물과 동물의 표본을 모으고 특히 숲에서 특별한 종류의 나비를 찾는 것이었다. 다른 하나는 고대 동남아시아 숲 속에 크메르제국의 신비스런 도시가 존재하고 있다는 오래된 전설을 확인하는 것이었다. 일부 역사가들은 이 오래된 이야기가 필시 주달관의 『진납풍토기』에서 유래했을 것이라 믿었다. 앙리 무오는 너무나 운 좋게도 위험스런 오지 탐험 후에 결국 이 장대한 궁전, 앙코르 와트(Angkor Wat)를 "발견"하였다. 그것은 열대 우림 아래 깊이 묻혀 있었다. 몇 년을 지체한 후에 이 사람이 이룩한 기적 같은 장소는 다시 한 번 세상에 모습을 드러내었다. 동시에 그것은 『진납풍토기』의 신뢰성을 확인하였다. 캄보디아 사람들은 앙코르 와트 부지에 주달관을 기념하여 동상을 세웠다.

마르코 폴로

세계적으로 유명한 여행가인 마르코 폴로(1254~1324년)는 평생 동안 서구 세계의 위대한 탐험가였다. 그의 『마르코 폴로의 여행기(Travels; 馬可·波羅遊記)』는 전 세계에 퍼졌고 도처에서 큰 영향을 남겼다. 그것은 또한 동·서 간의 우호관계에 대한 그리고 특히 해양실크로드에 대한 역사적 증거이기도 했다.

마르코 폴로는 1254년 베네치아의 귀족 가문에서 태어났다. 그의 아버지 니콜로 폴로(Nicolo Polo)와 삼촌 마페오 폴로(Maffeo Polo)는 모두 상인이었다. 1260년 폴로 형제는 크림 반도의 솔다이아(Soldaia)[24]에서 볼가(Volga) 강변 지역으로 사업을 하러 갔다. 당시 그곳 영주인 베르케 칸(Berke Khan)은 페르시아 일칸국(Ilkhanate)의 훌라구 칸(Hulagu Khan)과 전쟁 중이었다. 그래서 폴로 형제는 카스피 해를 돌아서 페르시아의 큰 도시 부하라(Bokhara)로 가야 했다. 거기서 그들은 중국의 원 조정으로 가는 훌라구 칸의 사절단을 우연히 만났다. 그 사절은 그들에게 같이 중국에 갈 것을 권했다. 그 결과 그들은 원 세조(世祖) 쿠빌라이 칸(Kublai Khan)을 알현했다. 1269년 폴로 형제는 쿠빌라이 칸이 교황 클레멘스(Clemens) 4세에게 보내는 편지를 갖고 고국으로 돌아왔다. 그 편지에서 쿠빌라이 칸은 교황에게 원 조정에

그림 3-10
마르코 폴로의 고향 -
베네치아
출처: 吳嶽添編, 『絲綢之路-古代文明的通道』, 重慶: 重慶出版社, 1999.

100명의 수도사를 파견하여 몽고인들에게 가르침을 줄 것을 요청했다. 그때 마르코 폴로의 나이는 15세였다.

1271년 11월 폴로 형제는 새로운 교황 그레고리우스 10세의 외교 임무를 띠고 다시 원으로 파견되었다. 2명의 도미니크파 수도사와 함께 교황이 칸에게 보내는 공식 편지 및 선물을 가지고 형제는 다시 한 번 원나라로 가야 했다. 호기심에 가득 찬 어린 마르코 폴로는 중국으로 가는 이 여행에 어른들과 함께 나섰다. 폴로 형제는 원래 해로로 중국에 가고 싶어 했지만, 뒤에 육로로 바꾸었다. 1275년 그들은 원의 여름 궁전인 상도(Xanadu; 上都)25에 도착했고 쿠빌라이 칸을 알현했다.

그림 3-11 폴로 형제가 사절로 원에 파견되다
출처: 吳嶽添編,『絲綢之路-古代文明的通道』, 重慶: 重慶出版社, 1999.

---

25 오늘날 내몽고 상도(商都).

쿠빌라이 칸은 폴로 일가에게 중요한 직책을 주었다. 젊은 마르코는 영리했고 지식을 갈망했다. 그는 곧 몽고어를 익히고 원의 예절과 법도를 배웠다. 마르코 폴로는 자기 일을 주의 깊게 해냈고 쿠빌라이 칸의 신뢰와 의뢰를 받았다. 그리고 결국 뛰어난 신하를 말하는 공신 명단에 올랐다. 17년 동안 마르코 폴로는 그 나라의 여러 지역들을 조사했다. 그는 한때 양주에서 공직을 갖기도 했으며 중국 전역을 여행하였다. 그 여행을 통해 신강, 감숙(甘肅), 영하(寧夏), 내몽고, 하북, 산서, 섬서, 티베트, 산동, 하남, 강서(江西), 호북(湖北), 절강, 복건 등을 거쳤다. 그는 또한 베트남, 자바, 수마트라 같은 나라들에 공식 사절로 가기도 했다. 공직에서 그가 가장 멀리 여행한 곳은 오늘날의 인도와 스리랑카였다.

마르코는 자신이 가는 어디에서든 그 지역의 관습과 자연자원, 생산물, 종교, 등 여러 측면들을 상세히 익혔다. 그런 정보는 뒤에 『여행기』를 쓰는 데 풍부한 기초가 되었다.

마르코 폴로와 그의 일가는 중국에서 큰 부를 얻었다. 그들은 관직에서 물러나 귀향하기를 원했지만, 친절한 쿠빌라이 칸에 의해 여러 번 머물도록 설득 당했다. 1292년 폴로 형제는 페르시아 사절단에 속해 아르군(Arghun; 阿魯渾) 왕자와 결혼하기 위해 페르시아로 가는 코케친(Kokechin; 闊闊真) 공주를 호송하라는 허락을 받았다. 그것은 폴로 일가에게는 귀향을 할 좋은 기회였다. 쿠빌라이 칸은 사절단을 위해 14척의 대양 항해선을 마련하였고, 각 배에는 200명 이상의 선원들이 배치되었다. 그 해 여름 함대는 천주를 출발해 먼저 남쪽으로 항해했다. 그 뒤 자바와 수마트라를 지나 인도양을 건넜다. 그 여행은 족히 18개월이 걸렸고 함대는 마침내 페르시아의 호르무즈(Hormuz)[26]에

---

26 오늘날 이란 동남쪽.

정박하였다. 그 무렵 아르군은 이미 사망했고 가이카투(Gaykhatu; 海合都)가 왕위를 계승했다. 코케친 공주는 대신에 아르군의 아들인 가잔(Ghazan; 合贊)과 결혼했다. 폴로 일가는 공주를 안전하게 가잔에게로 호송한 후에 귀향길에 나섰다.

1296년 베네치아와 제노바 사이에 전쟁이 벌어졌고, 마르코 폴로는 전쟁 포로가 되었다. 제노바 감옥에서 그는 자신이 극동에 있을 때 보고 들은 경험들을 자신의 동료 죄수에게 얘기했는데, 그는 피사 출신의 루스티켈로(Rustichello)라는 이름의 작가였다. 루스티켈로는 마르코 폴로의 이야기를 프랑스어로 기록했고 그것이 유명한 『마르코 폴로의 여행기』였다. 1299년 마르코 폴로는 석방되어 베네치아로 돌아가 상인으로서 아버지의 사업을 물려받았다. 그는 1324년 70세의 나이로 병들어 사망했고 베네치아의 산 로렌초(San Lorenzo) 묘지에 묻혔다.

『마르코 폴로의 여행기』의 원 제목은 『세계의 경이에 대한 기록(*Book of the Marvels of the World*)』이었고, 또 『동방견문록(*Record of Observations of the East*)』으로도 불리었다. 책은 유럽에 처음으로 고도로 발달한 중국 문명을 소개했고, 아주 소중한 역사 정보와 함께 해양실크로드에 대한 진기한 기록을 담고 있었다. 하지만 마르코 폴로가 살아있을 동안에도 사람들은 그의 책에 관해 온갖 종류의 의문을 제기하였다. 지난 700년 동안 많은 사람들이 마르코 폴로가 실제로 중국에 갔었는지 의문시하였다. 그러나 그보다 많은 사람들은 그의 경험이 진짜임을 단연코 확신하였다. 1824년에 파리측지연구소(Paris Mapping Institute)가 최초의 프랑스어판을 간행했다. 1936년 중국의 상무인서관(商務印書館)은 풍승균(馮承鈞)의 번역으로 중국어판을 발간했는데, 그것이 『마르코 폴로 여행기(馬可波羅行紀)』이다. 이 책은 지금까지 가장 완전한 중국어판이다. 1938년에는 이미 마르코 폴로 여행기의 다른 판들이 143개나 나와 있었다.

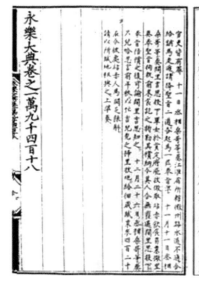

그림 3-12 마르코 폴로의 여행기와 내용이 겹치는 『永樂大典』의 기록
이를 통해 마르코 폴로가 언제 어디서 중국을 떠났는지 알 수 있다.
출처: 楊志玖, 『馬可 波羅在中國』, 天津: 南開大學出版社, 1999.

하지만 가장 널리 퍼진 것은 마르코 폴로의 이야기를 소설 형식으로 쓴 존 맨드빌 경(Sir John Mandeville)의 『맨드빌 여행기』였다. 1400년에 이 책은 유럽의 모든 공통언어로 번역되었다. 1500년에는 체코어, 덴마크어, 네덜란드어, 아일랜드어로도 번역되었다.[15]

수사 오도리코(Friar Odoric)

수사 오도리코와 마르코 폴로, 이븐 바투타, 그리고 니콜로 콘티(Nicolo Conti)는 중세 시기에 동양으로 여행한 4대 여행자로 알려져 있다. 원대에 중국으로 여행한 유럽인들 사이에서 오도리코(1286~1331년)는 마르코 폴로 다음으로 상당한 영향력을 가졌다. 그의 이야기도 유럽 전역에서 널리 회자되었던 것이다.

오도리코는 이탈리아 프리울리(Friuli) 지방의 빌라노바(Villanova)라고 불리는 작은 마을에서 태어났다. 그는 프란체스코파 교단에 속했고 이른 나이부터 편력승으로서 경제적으로 가난한 삶을 살았다. 오도리코는 맨발로 걸었고 자연 상태로 돌아가 고난을 견딜 수 있는 강한 의지와 힘을 길렀다.

영국의 중국학자 헨리 율(Henry Yule)과 다른 학자들의 연구에 따르면, 오도리코는 1318년부터 동쪽으로 여행하기 시작했다. 1322년 무렵 오도리코는 콘스탄티노플과 트레비존드(Trebizond), 아르지론(Arziron), 타브리즈(Tabriz), 솔다니아(Soldania) 등을 여행했고, 그런 곳에서 시간 대부분을 교회에서 보냈다. 그 뒤 그는 시라즈(Shiraz) 혹은 쿠르디스탄(Kurdistan)을 경유하여 바그다드로 갔고, 거기에서 페르시아만의 호르무즈로 들어갔다. 호르무즈는 인도와의 해양 교역을 위한 거대한 항구였고, 그 시장들은 온갖 종류의 사치품들로 넘쳐났다. 그곳에서 오도리코는 인도와 실론 그리고 더 동쪽으로 가는 배에 올라탔다. 그는 수마트라, 자바, 칼리만탄, 베트남을 지나서 중국의 거대한 도시 광주에 도착했다. 광주에서 그는 계속 북쪽으로 올라가 자이툰(Zayton, 천주), 푸조(Fuzo, 福州), 칸사이(Cansay, 항주), 칠렌푸(Chilenfu, 남경)를 지나갔다. 이암자이(Iamzai, 양주)에서 그는 대운하를 타고 마침내 캄바레치(Cambalech, Taydo, 大都)에 이르렀다. 오도리코는 그곳에 3년을 머물렀고 그 이후 귀향길에 올랐다. 귀향 과정에서 그는 천덕(天德), 산서, 티베트를 지나 중앙아시아와 페르시아를 거쳐 이탈리아로 돌아왔다. 그는 1331년 1월에 사망했다.

오도리코는 병상에서 자신의 전설적인 생애 얘기를 들려주면서 다른 이에게 그것을 적게 했다. 그의 얘기는 많은 다른 언어로 옮겨져 책으로 남겨졌다. 헨리 율의 추정에 따르면, 유럽에는 라틴어, 이탈리아어, 프랑스어, 독일어 등 갖가지 언어로 된 76종의 사본이 존재했다. 1889년에 이탈리아의 중국인 유학생 곽동신(郭棟臣)이 처음으로 수사 오도리코의 여행기를 중국어로 번역하여 무창숭정서원(武昌崇正書院)에서 간행했다. 1980년에는 하고제(何高濟)가 헨리 율의 영어판을 중국어로 다시 번역하여 중화서국(中華書局)에서 간행하였다.

이븐 바투타

모로코의 위대한 여행가 이븐 바투타는 1303년에 해항도시 탕헤르(Tangiers)의 부유한 가문에서 태어났다. 독실한 이슬람 신자였던 그는 이슬람 성지에 경배하기 위해 22세에 순례길에 나섰다.

1325년 이븐 바투타는 고향 탕헤르를 떠나 메카로의 순례길에 올랐다. 가는 도중에 그는 알제리와 튀니스, 이집트를 지나갔다. 홍해를 마주한 그는 그곳을 건널 채비를 하였다. 하지만 전쟁이 벌어지면서 그는 이집트로 돌아갈 수밖에 없었고 파키스탄, 레바논, 시리아로 우회해서 마침내 메카에 도착하여 그의 첫 번째 하지 순례길을 완수했다. 그 후 이븐 바투타는 이라크, 페르시아, 아나톨리아를 거쳐 동쪽으로 갔고, 그 후 두 번째 하지 순례를 위해 메카로 돌아왔다. 그는 2년 동안 메카에 머문 후 예멘으로 가서 바다를 건너 동아프리카로 갔다. 그 뒤 아라비아 반도로 돌아와 오만과 바레인을 다시 들리고 아울러 세 번째 하지 순례를 위해 메카로 갔다. 얼마 뒤 이븐 바투타는 '동방'으로의 여행을 시작했다. 가는 중에 그는 화리즘(Khwarezmia), 호라산(Khorassan), 투르키스탄, 아프가니스탄을 지나서 힌두쿠시 산맥을 건너 1333년에 인도에 도착했다. 그는 인도의 델리에서 판관으로 일했다.

1342년 델리의 술탄은 이븐 바투타를 원으로 보낼 사절에 임명했다. 2월 17일 이븐 바투타 일행은 선물을 가득 싣고서 델리를 떠나 항구도시 캘리컷으로 향했다. 거기서 그들은 중국으로 항해를 시작했다. 그들은 도중에 폭풍을 만나 몰디브와 실론으로 우회하고 그 뒤 다시 인도로 돌아갔다. 1347년에야 그들은 오늘날의 방글라데시를 지나갔고, 니코바르 제도와 수마트라를 지나 북쪽으로 방향을 틀어 인도차이나로 향했다. 그리고 마침내 중국 남부의 자이툰(천주)에 도착했다.

이븐 바투타는 천주 지방 관아에 의해 후한 환대를 받았다. 그는 또한 그 지방의 이슬람교도 지도자와 상인들도 만났다. 조정의 알현 허가를 기다리는 사이에 그는 광주를 방문해 료자 아이딘(Rioja Aydin)이라는 이름의 부유한 이슬람 상인의 집에서 지냈다. 뒤에 이븐 바투타는 항주에 들렀는데, 그는 그곳이 중국에서 가장 큰 도시라고 믿었다. 그때는 이미 원말 무렵이었고 전쟁의 기운이 중국 전역에 퍼지고 있었다. 이븐 바투타는 서둘러 천주로 돌아와 바다를 통해 모로코로 귀국하였다.

모로코로 돌아온 후 이븐 바투타는 당시 수도인 페스(Fez)에 자리잡았고 마리니드(Merinid) 왕조의 술탄인 아부 아나니(Abu Anani)의 보좌관이 되었다. 그는 종종 자신의 여행 이야기를 다른 사람들에게 들려주었고, 그런 전설적인 삶을 들은 술탄은 그의 서기에게 이븐 바투타가 말한 것을 기록할 것을 지시했다. 1356년 그가 구술한 내용이 『놀라운 외국여행기(Marvelous Travels in Foreign Lands)』라는 제목의 책으로 편찬되었다. 1377년에 이븐 바투타는 페스에서 사망했다.

이 여행기는 마르코 폴로의 여행기만큼이나 과장과 허구의 요소들이 많다. 하지만 그럼에도 그것은 자연과 지리, 사회, 인문적 지식을 객관적으로 풍성하게 하는 많은 설명들을 지니고 있다. 19세기 이후 이븐 바투타의 여행기는 영어, 라틴어, 포르투갈어, 프랑스어, 독일어 터키어로 번역되어 유럽에서 간행되었다.

6. "천남불국(泉南佛國)": 천주의 종교 유적

복건성 천주의 구일(九日)산 정상에는 원 지정(至正) 10년(1350년)에 절벽에 새긴 금석문이 남아있다. 그것은 "천남불국(泉南佛國)"이라 적혀있다. 이 명문은 당시 천주에서 불교가 얼마나 융성했는지를 보여준다.

송과 원 조정은 모두 어떤 외래 종교에 대해서도 개방적인 태도를 취했다. 다른 연안 항구와 마찬가지로, 천주에도 많은 외국인 상인들이 있었고 그들은 그들 나름의 생활 방식과 종교 신앙을 유지하며 살았다. 천주에는 불교만이 아니라, 이슬람, 경교(景教; Nestorianism), 마니교(Manicheism), 힌두교가 모두 유행하였다.

중국 남동부 연안의 항구도시들에는 아랍인들의 수가 가장 많았고, 그래서 이슬람 역시 가장 널리 퍼진 종교였다. 당대에 건설된 광주의 회성사(懷聖寺)는 송대에도 여전히 이슬람교도의 예배 장소였다. 송대의 항주에도 이슬람 사원이 있었는데, 진교사(真教寺)[27]가 그것이다. 1009년에는 이슬람교도들이 천주의 도문가(塗門街)에 청정사(清淨寺)를 세웠다. 1310년에는 예루살렘에서 온 아가 마트(Aga Matt)가 청정

그림 3-13 천주의 청정사(清淨寺)

---

27 오늘날 봉황사(鳳凰寺).

그림 3-14
송·원대 제작된 천주의
이슬람교도 묘비
천주해외교통사박물관 소장.

사를 보수하여 오늘날까지 보존되어 왔다. 그것은 시리아 다마스쿠스의 모스크를 모방한 것이라고 한다. 현재 모스크에는 돔들과 뾰족한 아치형 문이 있고, 그 외 벽과 창문과 벽감들이 있다. 그 모든 것들은 강력한 아랍 건축 양식을 표현한다. 하지만 이 건물의 세부적인 면에서는 전통 중국적 요소들도 보이며, 그래서 모스크를 중국 건축 양식과 아랍 건축 양식이 혼합된 것으로 여겨야 할 것이다.16) 원대 무렵에는 천주의 이슬람 모스크 수가 6개 내지 7개나 되었다.

1290년대 초 교황 니콜라우스 4세는 프란체스코 교단의 주교 죠반니 다 몬테코르비노(Giovanni da Montecorvino)를 원 조정에 사절로 파견하였다. 그 후 중국에서 기독교의 확산이 일정하게 진전되었다. 1320년대에는 중국에 이미 수천 명의 기독교도들이 있었다. 1313년 천주에 기독교 교구가 설치되었고, 제라도(Gerado)가 초대 주교 자리를 맡았다. 1326년경 천주에는 가톨릭 성당이 3개 있었다.

천주에서는 송·원대 시기의 초기 기독교도들의 묘비들이 발견되었는데, 그 수가 30기가 넘었다. 이 묘비들은 대부분 휘록암(輝綠岩)을 깎아서 만들었고 십자가와 다른 문양으로 장식했다. 그것을 통해 당시 천주의 기독교가 경교와 프란체스코파로 나누어졌음을 알 수 있다. 경교 신자에는 처음 남쪽으로 진군해온 몽고 군대와 함께 온 북방

부족민들과 위구르인, 중국 남부의 조로아스터교와 경교를 관할했던 관리들이 포함되었다. 천주에서 경교를 관할한 관리들도 거기에 묻혔다. 그들은 원 조정의 특별한 배려를 받았다.[17]

또한 원대에는 천주에서 힌두교도 성행하고 있었다. 특히 그것은 13세기에 남인도에서 확립된 시바 숭배 형태를 띠고 있었다. 1553년에 복원된 『청원금씨족보(淸源金氏族譜)』에 따르면, 원대 천주 시박사의 우두머리였던 포수경의 정원에는 힌두사원 "번불사(番佛寺)"가 있었다. 최근 천주에서 200점이나 되는 많은 원대 힌두 석재조각들이 발견되었다. 그 내용과 형태들은 시바 숭배를 충분히 입증한다.

마니교는 3세기 페르시아인 마니(Mani)가 설립했고, 당대에 중국으로 도입되었다. 840년대에 그것은 중원(中原)을 거쳐 복건으로 들어왔다.

그림 3-15
복건 진강
화표산 마니사

그림 3-16 마니상
천주해외교통사박물관 소장.

원대 진강(晉江)현 화표산(華表山)에는 마니를 숭배하는 수도원으로 이용된 "초가 암자"가 있었다. 이 암자에서 발견된 송대 마니 종파 도자기 그릇과 "순수하고 빛나며 엄청난 힘과 위대한 지혜를 가졌으며 만물 중 가장 진실한 빛을 내는 마니불(淸淨光明, 大力智慧, 無上至眞, 摩尼光佛)"이라고 적힌 절벽 면의 금석문을 통해 천주의 초가 암자 수도원이 의심할 바 없이 송·원대 마니교 활동의 중심이었음을 알 수 있다. 하지만 명대 이후 마니교는 복건에서 차츰 쇠퇴했다.

7. 난파선 남해(南海) 1호와 신안(新安)유물선

1987년 중국 교통부 산하의 광주 인양국(廣州救撈局)은 영국 해양탐사회사와 함께 광동성 상천도(上川島) 앞바다를 조사하던 중 예기치 않게 1,000년도 더 전에 침몰한 난파선을 발견하였다. 배에서는 금박혁대, 주석 주전자, 200점 이상의 도자기류가 발견되었다. 도자기류에는 송대 시기의 도안을 새긴 용천 자기그릇 모방품, 유약을 바른 호리병 모양의 청백자기 꽃병, 화장품 갑, 여타 유형의 진기한 공예품이 있었다. 그 중에서 금박 혁대는 길이가 17.9센티미터였다. 그것은 네 가닥의 이중 금박으로 짠 것이었다. 혁대는 사각 부분들과 술(tassel) 문양을 가진 직사각형 버클로 구성되었다. 버클의 뒤쪽에는 혁대를 채우기 위해 사각 구멍들이 나 있었다. 혁대의 다른 쪽 끝에는 네 개의 작은 고리들이 달려있는데, 이는 조임을 조정하는 데 이용했다. 혁대의 양식에서 볼 때 그것은 아주 높은 가치의 외국산 수입품임에 틀림없었다. 고고학자들은 이 난파선에 "남해 1호"라는 이름을 붙였다.

2002년 3월에 중국 역사박물관의 수중고고학연구센터와 광동 문화유적 및 고고학 연구센터가 남해 1호를 위한 수중고고학연구팀을 꾸

려 세부적인 조사와 인양을 수행했다. 침몰 상선은 길이가 약 30미터이고 폭은 10미터로 지금까지 발견된 송대의 "복선(福船)" 중 가장 큰 것이었다.

선박의 예비 발굴에서, 4,000점 이상의 문화유적들이 발견되었다. 그 중에는 금, 은, 동, 철, 도자기 등이 있었는데, 대부분이 진기한 보물들이었고 손상되지 않은 채 완벽하게 보존되었다. 발굴품은 대부분 복건의 덕화요(德化窯)와 자조요(磁灶窯)에서 만든 도자기였고 아울러 경덕진(景德鎭)의 요들과 용천요(龍泉窯)에서 나온 것도 있었다. 도자기류의 디자인은 독특하고 세심한 수공기술과 놀랄 만한 아름다움을 갖고 있었다. 그 뒤 2016년 1월 5일까지 1만 4,000점 이상의 문화유적이 발굴되었는데, 그 중 1만 3,000점 이상이 도자기였고, 금제기물이 151점, 은제기물이 124점, 청동기물이 170점, 주석과 납 기물이 53점, 철제기물이 11점, 죽세공품이 13점, 목조 물품이 46점, 칠기세공품이 28점, 돌 그릇이 25점이었다. 약 1만 7,000개의 주화도 발견되었다. 이 배에는 모두 해서 총 6만 내지 8만 점의 문화 유물이 실려 있었던 것으로 추정된다.

그림 3-18 남해 1호의 은괴

그림 3-19 남해 1호의 주화

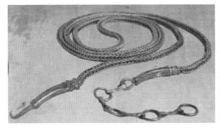

그림 3-20 남해 1호의 도금혁대

그림 3-21 남해 1호의 용문양이
있는 금반지

그림 3-22 남해 1호의 경덕진요
靑白釉蔡口碗

그림 3-23 남해 1호의
靑白釉葉脈紋芒口碗

그림 3-24 남해 1호의 경덕진요
青白釉菊瓣碗

그림 3-25 남해 1호의
경덕진요青白釉葉脈紋芒口碗

그림 3-26 남해 1호의 青釉菊瓣紋盤

그림 3-27 남해 1호의
절강용천요 青釉菊瓣紋碗

그림 3-28 남해 1호의
남송시기 복건 천주
자조요 錄釉長頸瓷瓶

그림 3-29 남해 1호의 복건 자조요 小口陶瓶

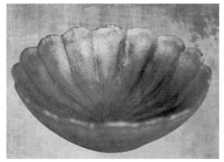 

그림 3-30 남해 1호의 喇叭口瓷碗　　그림 3-31 남해 1호의
　　　　　　　　　　　　　　　　　　　青白釉執壺

특히 의미 있는 것은 나팔 모양의 주둥이를 가진 약간 큰 도자기 그
릇들이었다. 이것은 국내 도자기에서 이전에는 결코 볼 수 없던 디자
인이었다. 실제로 그릇들은 손으로 먹는 음식을 접대하기 위해 아랍
인들이 사용하는 그릇과 흡사했다. 자기 보석함 같은 다른 제품들도
있었는데, 그것들도 내지에서 사용하는 같은 유형의 제품들과 디자인
과 형태가 전혀 달랐다. 전문가들은 난파선 내의 많은 제품들이 해외
시장의 수요에 따라 국내에서 생산한 제품이었다고 믿는다.[18)

난파선 남해 1호의 고고학적 연구는 중국 해양 고고학의 획기적 사건으로서 중국의 해양실크로드에 대한 수중고고학 연구와 조사를 크게 진전시킬 것이다. 2003년에 중국 국가문화유산관리국(國家文物局)은 양강(陽江)의 해능도(海陵島)에 중국 최초의 수중고고학 연구 및 인력양성 센터를 세웠다. 2009년에는 같은 곳에 국제적으로 선진적인 광동해양실크로드박물관(廣東海上絲綢之路博物館)도 완성되었다.

남해 1호에서 인양된 유물[19]

범주	기본 현황
자기	북송 중기와 말기에서 남송 초기에 이르는 시기에 복건 덕화요, 자조요, 경덕진요, 용천요에서 나온 제품들
철제 및 기타 금속 제품	철제솥, 철못, 철봉, 은괴, 구리 반지 등
주화	동한(東漢)의 '화천(貨泉)', 수당대의 '오수(五銖)'전, 당의 '개원통보(開元通寶)', 후주(後周)의 '주원통보(周元通寶)', 후당(後唐)의 '당국통보(唐國通寶)', 북송대 각 연호별 동전, 남송의 '소흥원보(紹興元寶)'
일상용품	은도금혁대, 용문양도금반지, 금목걸이, 금반지, 물결무늬가 있는 사각 금반지, 동경, 벼루, 석조불상, 석조관음좌상, 주사(朱砂), 분합, 가늘게 감아놓은 금봉, 금박(金箔), 밝고 정밀한 칠기 조각, 돌베개, 주석항아리 등
기타	코브라 뼈, 인골, 동물 뼈, 올리브 너트, 여지(荔枝) 종자 등

그림 3-32
광동 양강시
해능도에 있는
광동해양실크로드
박물관

13세기 초 북쪽 사막을 지배하던 몽고인들이 이웃 부족과 나라들을 끊임없이 공격하였다. 얼마 안 가 몽고제국은 고려를 복속시켰다. 그 이후 고려는 원 황제에게 조공을 바쳐야 했다.『원사(元史)』「고려전(高麗傳)」에 따르면 고려에서 매년 10명이 조공을 하러 파견되었다. 중국과 고려는 정치적·경제적 교류를 아주 빈번하게 유지했고 상인들은 두 나라 사이를 자유롭게 오갔다.

1975년 한국의 어민들이 전라남도 신안군 앞바다의 수심 20미터 아래에서 6점의 청자를 인양했다. 그들은 그 사실을 정부의 문화관련 부서에 보고했다. 1976년 한국 정부는 신안해저유물발굴조사단을 조직하고 해저 발굴을 수행하였다. 1984년까지 신안유물선에 대한 탐사와 발굴, 확인조사가 10차례에 걸쳐 행해졌다. 모두해서 2만 691점의 자기, 729점의 금속제품과 45점의 석조제품, 575점이 넘는 다른 품목들이 인양되었다. 그에 더해 수많은 주화들이 인양되었다. 이 배의 무게는 200톤 정도, 길이는 34미터, 폭은 11미터로 측정되었다.[20]

인양된 유물 중 가장 큰 비중을 차지한 것은 자기류였다. 자기에서는 용천요에서 생산한 청자가 약 60퍼센트를 차지했고, 경덕진요(영청[影靑]자기와 추부[樞府]자기), 자주(磁州)요, 길주(吉州)요, 건요(建窯)(천목요[天目窯]), 균요(鈞窯)산 자기들이 그 뒤를 이었다. 그 외에 금속기물(청동기물, 청동촛대, 향로, 저울추, 황동요발[鐃鈸], 철솥), 주화, 여타 유물(돌절구, 칠기, 부채, 수정 염주, 장기판, 후추, 계피, 나무상자)이 발견되었다.

신안유물선에서 발견된 중국 자기는 그 연대가 원 중기와 말기로, 즉 대덕(大德) 연간(1297~1307년) 이후로 거슬러 올라갔다. 일부 그릇들은 형태와 문양 면에서 원의 대도(大都) 유적지와 용천요에서 나온 자기와 유사했다. 허리 부분이 휘어지고 배 부분이 곧은 사발은 원대 경덕진요의 전형적인 제품으로, '추부사발(樞府碗)'이라 했다. 일부 그

그림 3-33 신안유물선에서 인양된 중국 자기들

출처: 浙江省博物館,「大元帆影－韓國新安沉船出水文物精華暨康津高麗靑瓷特展」, 2012년; 「新浪博客－江南木客的博客」, 2012년 12월 29일.

룻들에는 안이나 바닥에 "지휘부용" 같은 검은 문자나 문양을 새겨놓았다. 고려청자도 3점이 있었는데, 2점은 강진(康津)요에서, 1점은 부안(扶安)요에서 나온 것으로 12~14세기경의 것으로 보인다. 인양된 10만 개가 넘는 주화 중에서 연대가 가장 내려오는 것은 '지대통보(至大通寶)'로 1310년에 주조된 것이다. 그 외에 나무패도 몇 개 나왔는데, 지금도 식별 가능한 문자를 통해 화물 표식임을 알 수 있다. 예컨대 "동복사(東福寺)"라고 적혀 있는 것은 화물의 주인을 가리키는 것일 수 있다. 그리고 "지치(至治) 3년"(1323년)이라고 적혀 있는 것은 침몰선의 연대 추정에 중요한 근거를 제공한다. 절동(浙東)에 방국진(方國珍)이 자신의 정부를 세우고 중국 동남부가 전란으로 혼란에 빠진 상황을 고려하면, 이 상선은 경원(慶元, 영파)에서 조선과 일본 하카다로 항해했지만 신안 앞바다를 지나다 침몰했을 가능성이 높다.

신안유물선의 유물은 중국과 조선 및 일본 간의 해양 교역에 대한 이해만이 아니라 중국 남부의 자기 제조 및 수출에 대한 이해를 위해서도 반드시 필요한 소중한 근거자료를 제공해 준다. 현재 유물들은 한국 국립광주박물관, 국립중앙박물관, 목포시 국립해양유물전시관에 분산되어 소장되어 있다.[21]

제 4 장

초기 글로벌화 시대의
동·서 간 해양교역과 문화교류

제4장 초기 글로벌화 시대의
동·서 간 해양교역과 문화교류

1. 정화(鄭和)의 대원정

1360년대 말 주원장(朱元璋)이 설립한 명이 원을 대체하고, 중국의 전통 의례에 입각한 조공체제를 확립하였다. 새로운 조공체제는 상품 교역 체제와 조공 공납 체제를 합친 것으로, 그 안에서 정부로부터의 "덜 받고 더 준다(厚往薄来)"는 원칙 위에 엄격한 조공 일정과 조공 경로, 검사와 승인, 연회와 보상 시스템이 시행되었다. 전통적인 정부 통제 대외 교역이 가진 정치외교적 기능은 최대한으로 행사되었고, 대외무역 활동은 정부가 완전히 독점하였다. 명 조정은 해양교역에 대해 엄격한 통제를 가했고 대외 교역을 공식 통로로 제한하였다. 이에 따라 활기차게 벌어지던 동·서 간 교역이 억제되었고 해양실크로드의 발전에도 주된 전환점을 맞게 되었다.

15세기에 들어서자마자 명 체제 내에서 황위계승권을 둘러싸고 잔혹한 내부 알력이 발생했다. 몇 차례의 대립을 반복한 후에 연왕(燕王) 주체(朱棣; 永樂帝)가 건문제(建文帝)를 타도하는 데 성공하고 제위를 계승했다. 그는 아주 재능 있고 넓은 시야를 가진 황제로 통치

전략 면에서 아버지 주원장과 크게 달랐다. 그는 건문제를 계속 지지하는 세력들을 잔혹하게 진압하고 정화를 외국에 보내는 사절로 파견하였다. 이는 진시황과 한무제를 모방하여 외국에 중국의 힘을 과시해 자신의 통치를 한층 확고히 하고 "모든 나라와 화해를 이루고 널리 은혜를 퍼뜨리는(協和萬邦 恩澤廣被)" 거대한 조공체제를 창출하기 위한 것이었다. 이렇게 이루어진 정화의 대원정은 세계항해사에 아주 뚜렷한 족적을 남겼다.

정화는 모두 7번 원정 항해를 떠났다. 원정은 대부분 태창(太倉)의 유가항(劉家港)에서 출발하여 배로 복건에 이른 뒤 복주의 오호문(五虎門)에서 대양 항해에 올랐다. 하지만 광동에서 시작한 원정도 2번 있었다. 정화 선단의 규모와 크기는 믿기 어려울 정도였다. 인원은 2만 7,000명이나 되었는데, 군관과 군인, 여러 일을 맡은 다양한 사람들이 있었다. 나침반을 맡은 사람, 닻을 맡은 사람도 있었고, 조타수들, 사무원들, 통역, 회계원, 의사, 전문기술자, 선원들이 있었다. 일의 구분과 관리는 아주 엄격하게 지켰다. 배의 수는 200척이 넘었다. 배는 귀중한 상품과 주화를 실은 배(寶船)와 말을 실은 배(馬船), 곡물과 식량을 실은 배(糧船), 승객을 태운 배(坐船), 군인을 태운 배(戰船)가 있어서 모두 다섯 가지 범주로 나눌 수 있었다. 이런 선박들은 항해용 나침반을 사용했고 진기한 이국적인 상품들과 거래하기 위해 도자기, 실크, 금, 은 등의 품목들을 싣고 있었다. 이것은 정점에 있는 명의 강력한 힘을 보여주는 것이었다.

정화는 일곱 차례의 서방 항해 중에 동남아시아, 남아시아, 인도양, 페르시아만, 동아프리카 연안의 여러 나라들에 들렀다. 그가 직·간접적으로 관련을 맺은 나라와 지역들은 모두 해서 56개나 되었다(아래 표를 보라).

순서	시기	방문한 나라와 지역들
제1차	1405~1407년	참파, 자바, 구항(Old Harbor, 舊港), 말라카, 아루(Aru), 수마트라, 람브리(Lambri), 실론, 퀼론(Quilon), 코친(Cochin), 쿠리(Kuri)
제2차	1407~1408년	참파, 자바, 샴, 수마트라, 람브리, 쿠리, 코친, 실론
제3차	1409~1411년	참파, 자바, 말라카, 수마트라, 실론, 소남(小喃), 코친, 쿠리, 샴, 람브리, 카엘(Cael), 코마린(Comarin), 아발파단(阿拔把丹)
제4차	1413~1415년	참파, 자바, 구항, 말라카, 수마트라, 실론, 코친, 쿠리, 카엘, 파항(Pahang), 케란탄(Kelantan), 아루, 남 보하이(Bohai), 호르무즈, 류산(溜山), 모가디슈, 불라바(Bulava), 마람(Ma Lam), 아덴, 제일라(Zeila), 주파르(Zufar)
제5차	1416~1419년	참파, 파항, 자바, 말라카, 수마트라, 남 보하이, 실론, 사리만니(沙里灣尼), 코친, 쿠리, 호르무즈, 류산, 모가디슈, 불라바, 마람, 제일라, 아덴
제6차	1421~1422년	호르무즈, 동아프리카, 아라비아 반도의 여러 나라
제7차	1430~1433년	참파, 자바, 사노마익(斯魯馬益), 구항, 말라카, 수마트라, 실론의 베루왈라(Beruwala), 캘리컷, 호르무즈 등 모두 17개 나라

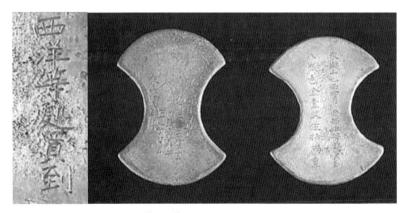

그림 4-1 2001년 호북성 종상(鍾祥)시에 있는 명대 양장왕(梁莊王)
주첨기(朱瞻垍)(1411~1441년)의 묘 출토 금괴

명문은 이 금괴의 무게가 약 2.5킬로그램이며 영락 17년 4월에 서방에서 구입했음을 가리킨다. 이것은 분명 1416년의 4번째 원정 항해 동안 정화가 여러 서방 국가들에서 구입한 금괴 중 일부일 것이다.

출처: 莫鵬·王紅星主 編,『鄭和時代的瑰寶－梁莊王墓出土文物精品展』[圖錄], 廣東省博物館, 湖北省博物館, 2005.

그림 4-2 정화상
말라카역사박물관.

정화의 항해는 명대 중국의 위신을 크게 드높였고, 조공무역은 최고의 영향력을 발휘하게 되었다. 통계에 따르면, 명대 영락제 시기(1403~1424년)에만 46개의 나라와 지역들이 239차례나 "신하의 예를 다하고 조공을 바치기" 위해 바다를 통해 중국으로 왔다. 이런 조공국 중에 브루나이, 말라카, 술루(Sulu),[1] 고마자랑(古麻剌朗)[2]의 왕들 11명이 중국을 방문하여 명 조정과 긴밀한 관계를 구축했다. 20세기 초에 양계초(梁啓超)는 정화를 당대 "바다의 거인(海上之巨人)"으로 크리스토퍼 콜럼버스 및 바스쿠 다가마와 같은 사람이라고 찬양하였다. 즉 그는 "세계 해양 항해사의 위대한 인물"이었다.[1]

하지만 정화의 대원정 항해는 중국 전제군주정의 주도에 의한 정치적 산물이었고, 중국의 사회·경제적 발전이나 세계의 역사적 전개과정에 크게 기여한 것은 아니었다. 그것은 장대한 항해였지만, 또한 막대한 인력과 물적 자원 그리고 재원을 소모하였다. 명 조정 내에 반대가 없었던 것이 아니었다. 명 성조(成祖)가 죽은 후 인종(仁宗)이 제위

---

1 오늘날 필리핀의 술루제도.
2 오늘날 필리핀의 민다나오 섬.

에 오르자 즉시 보선의 대양 항해를 중단한다는 법령이 반포되었다. 1430년 정화는 다시 참파와 자바, 그 외 15개 정도의 나라에 외교 사절로 파견되었다. 하지만 그는 1433년 쿠리(Kuri)에서 병으로 사망했다.

2. 유럽인들의 대양 팽창

15세기는 인류 역사에 큰 변화의 시기였다. 기술이 진보하고 항해술이 나아지자 금과 향신료에 대한 욕망으로 유럽인들은 빈번하게 대양 항해와 탐험에 나서게 되었고 결국 "신대륙"을 찾게 되었다. 대서양 및 발트 해 연안의 많은 나라들이 잇달아 전 세계적 범위의 해양 팽창과 식민 활동에 나섰는데, 여기에는 포르투갈, 스페인, 네덜란드, 영국이 포함되었다. 그들은 "발견의 시대(The Age of Discovery)"를 개시하여 전 지구적 해양 교역의 새로운 시대를 가져왔다.

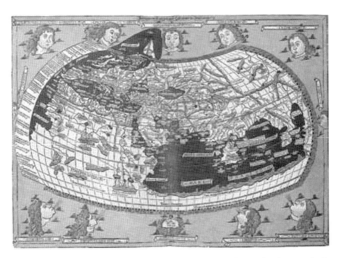

그림 4-3 프톨레마이오스(100~170년)의 책에 나오는 묘사에
기초하여 1842년에 그린 세계지도

유럽인들의 해양 팽창의 결과 전통적인 해양실크로드는 당시의 경쟁적인 전 지구적 해양교역 체제의 범위 내로 들어갔고, 더 이상 동·서 간 교류는 평화로운 무역에 기초하지 않게 되었다. 서유럽에서 바로 중국 동남부 연안지역으로 가는 2개의 새로운 항로가 확립되었다. 하나는 아프리카 서부 연안을 따라 남쪽으로 가다가 아프리카 남단의 희망봉을 돌아서 인도양과 수마트라 남서쪽 해역을 지나 순다 해협을 경유한 후 북쪽으로 방향을 바꿔 남중국해로 들어가 중국 남부의 마카오와 광주에 이르는 항로이다. 같은 항로이지만, 인도양을 지나 말라카 해협과 싱가포르 해역, 인도차이나 근해를 지나서 중국으로 갈 수도 있었다. 또 다른 항로는 대서양 남부를 지나서 마젤란 해협을

그림 4-4 1592년 암스테르담에서 간행된 동남아시아 도서부 지도
말루쿠 제도와 말라카, 인도네시아 군도, 필리핀이 보이며 아래에 육두구, 정향, 백단향을 그려놓았다. 페트루스 프란키우스(Petrus Plancius; 1552~1622년)의 그림. 로테르담 해양박물관 소장.
출처: Femme S. Gaastra, *The Dutch East India Company*, Shanghai: Orient Press, 2011.

통과해 태평양으로 진입한 후 필리핀 제도로 향하는 것이다. 필리핀 제도에서 중국 남동부 연안지역은 바로 연결될 수 있었다. 아메리카의 배들이 중국과 교역하기 시작하면서 새로운 태평양 항로가 열린 것이다.

이 시기 동안 동·서 간 관계에 큰 변화가 일어났다. 유럽과 아울러 아메리카의 나라들 대부분이 중국과 해양 교역관계를 맺었다. 위협과 무력 사용을 앞세워 마구잡이로 무역을 수행한 서구 상인들의 압력을 받아, 아시아 해양 상인들은 소수 교역집단으로 축소되었다. 중국 상인들은 동아시아 바다에서 우위를 점했지만, 이전처럼 인도와 아랍 상인들과 거래를 하러 말라카 해협을 통과하는 일은 거의 없었다.

그림 4-5 청 건륭 연간에 제작된 暹羅航海圖
채색인쇄.
출처: 林天人主編, 『河嶽海疆: 院藏古輿圖特展』, 臺北: 臺北故宮博物院, 2012.

그림 4-6 청 건륭 연간에 제작된 인도차이나 반도 지도
채색인쇄.

출처: 林天人主編,『河嶽海疆: 院藏古輿圖特展』, 臺北: 臺北故宮
博物院, 2012.

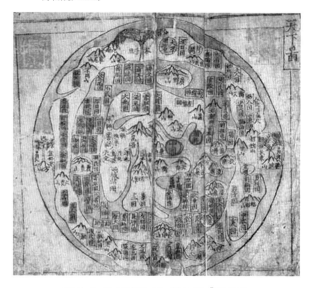

그림 4-7 17세기 말 조선의 「天下圖」

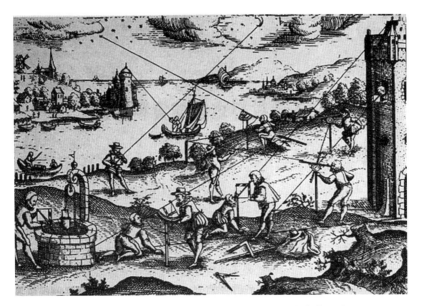

그림 4-8 16세기 천체현상을 관찰하는 유럽인의 모습

그림 4-9 배에서 천체 현상을 관찰하는 유럽인의 모습

천문항해용 도구들　　　　　중국인이 발명한 나침반

그림 4-10 천문항해용 도구와 나침반

출처: 林中河, 『南太平洋 -驚濤駭浪的征程』, 重慶: 重慶出版社, 1999.

그림 4-11 『順風相送』(부분)

16-18세기 중국 연안 지역과 동·서 항로의 정황을 기록하고 있다.
원본은 옥스퍼드 대학교 보드레이언(Bodleian) 도서관 소장.

마카오(澳門)의 포르투갈인

해양 팽창의 선봉에 선 이들은 포르투갈인들이었다. 이들은 경제적 필요와 정치적 요인, 그리고 종교적 열정에 추동되어 바다로 나섰다. 15세기 말 무렵 이 나라는 인구 110만 명이 약간 넘고 그저 그런 경제를 가진 나라에 불과했다. 하지만 포르투갈의 해안선 길이는 800킬로미터나 되었고 많은 항구와 부두가 자리하고 있었다. 그 중 리스본은 세계의 주도적인 해항도시였다. 포르투갈인들은 이베리아 지역에서 처음으로 무어인(이슬람)의 통치에서 벗어났고 국가적 통일을 이루었다. 무어인들과의 오랜 전쟁 속에서 포르투갈인들은 가공할 해군력을 건설했다. 그들은 또한 많은 선원을 수용할 수 있는 장거리 대양 항해용 대형 선박의 건조 능력에서 다른 나라들을 압도했다. 유럽 내에서 자신의 영토를 확장할 여지도 가능성도 전혀 없었기 때문에 포르투갈에게 대양 팽창은 정치적이면서도 경제적인 이중적 중요성을 가졌다.

1415년 항해왕자 엔히크(Henrique, 1394~1460년)는 포르투갈 군을 이끌고 모로코의 세우타(Ceuta) 항을 공격하여 점령했다. 이것은 포르투갈의 대양 팽창의 시작을 알렸다. 1487년 바르톨로뮤 디아스(Bartholomew

Diaz, 1451~1500년)가 아프리카의 남쪽 끝인 "폭풍의 곳(Cape of Storms)" (나중에 희망봉이라 불린다)까지 항해하는 데 성공했다. 포르투갈인들은 페르시아만 입구의 호르무즈3와 인도 서해안의 디우(Diu) 같은 전략적으로 중요한 무역 거점들을 장악함으로써 인도양을 지배했다.

1510년 포르투갈인들은 인도 서쪽 연안의 고아(Goa)를 점령하여, 인도양 교역 지배를 위한 해군기지이자 '동방' 식민지의 수도로 삼았다. 뒤에 포르투갈인들은 아시아에서 가장 중요한 상업 거점인 말라카를 점령하고, 이어서 콜롬보, 수마트라, 자바, 칼리만탄, 술라웨시, 몰루카 제도에 무역 거점을 세워 남중국해 교역의 지배권을 획득했다.2)

포르투갈인들은 인도양 권역으로 자신의 영향력을 확대하기 전에

그림 4-13 말라카의 산티아고(Santiago) 문 1521년 건설되었으며 아 파모사(A'Famosa) 요새로 통하는 4개 문 중 하나 였다.

---

3 오늘날 이란의 반다르아바스 남쪽에 있는 키슈섬.

중국인들에 대한 정보를 모았다. 광주가 동남아시아의 말라카 및 여타 지역들과 긴밀한 무역 관계를 갖고 있음을 안 그들은 광주를 "중국의 문을 여는 열쇠"라고 생각했다.3) 1517년 6월 17일 포르투갈 궁정의 약제사들인 토메 피레스(Tomé Pires)와 안드라데(Andrade)가 사절로서 광주로 파견되었다. 그들이 "광주에서 중국의 중앙권력에 접근하고 중국과 평화적으로 상호 호혜적인 관계를" 맺을 수 있기를 바라면서 이루어진 일이었다. 사절단은 8월 15일에 둔문(屯門)에 도착했고 9월 말에는 광주로 향했다. 양광총독(兩廣總督)이 조경(肇慶)에서 그들을 맞이했다.4) 1520년 1월 사절단은 길을 나서 남경으로 향했고, 거기서 무종(武宗)(1505~1521년)을 알현할 수 있었다. 다음해 1월에 그들은 황제를 따라 북경으로 갔다.

그림 4-14 1517년 광주에 도착한 포르투갈 사절
안드라데(Andrade)가 중국관헌에게 리드를 바치고 있다.
출처: Jacques Brosse, 耿昇譯, 『發現中國』, 濟南: 山東畫報出版社, 2002.

사절들이 광동에 머무르는 동안 후추와 백단향 및 여러 상품을 실은 포르투갈 상선들이 중국인과 거래하기 위해 광주에 도착했다. 일부 포르투갈 상인들은 중국 상인들과 결탁해 밀무역을 벌이면서, 관세 납부를 회피하고 상선을 털고 노예를 거래하였다. 명의 어사(御史) 구도륭(丘道隆)과 하오(何鼇)는 포르투갈인들을 내쫓기를 요구하는 상소를 올렸다. 그때 이전 말라카 왕의 아들인 투안 모하메드(Tuan Mohammed)가 빈탄라도(賓坦羅闍)의 사자로 북경에 있었다. 그도 포르투갈인들을 말라카에서 저지른 폭력을 이유로 비난했다. 1522년 명 세종(世宗)이 즉위했고, 그는 토메 피레스를 광주로 압송하라고 지시했고 그는 뒤에 그곳 감옥에서 죽었다.

명 조정의 법령에 따라 광동 당국은 포르투갈인들에게 둔문을 떠나도록 지시했고 그들의 교역활동을 금지했다. 중국 해군과 포르투갈 선단이 둔문 인근 해역과 서초 만(西草灣)에서 두 차례 전투를 벌였다. 전투의 결과 포르투갈은 광동에서 완전히 쫓겨났다. 거기서 그들은 북쪽으로 가 광동 동쪽의 남오도(南澳島), 절강 영파의 쌍서도(雙嶼島), 복건 장주(漳州)의 오서도(浯嶼島)와 월항(月港)을 비롯한 중국 연안 앞바다의 다른 섬들로 물러났다. 그런 곳들에서 그들은 복건과 절강의 특권적인 가문들(閩浙大姓)과 바다의 무뢰한들(海濱無賴之徒), 그리고 일본 해적들과 결탁하여 밀무역과 약탈 행위를 일삼았다.

1547년 명 조정은 우부도어사(右副都御史) 주환(朱紈)을 절강과 복건의 해군 방어를 책임지는 지방 사령관(提督浙閩海防軍務)으로 임명하여, 해상교역과 외국 나라들과의 접촉에 대한 금지령을 엄격하게 시행하였다. 주환은 또한 쌍서도에 있던 포르투갈 요새를 파괴했고, 그들을 복건성 하문만(厦門灣) 주마계(走馬溪)까지 내쫓았다. 포르투갈인들은 완전히 패했고 500명이 넘는 인원 중 겨우 30명 남짓만이 살아서 도망쳤다.

도처에서 기반을 상실한 포르투갈인들은 광동 근해로 돌아가는 수밖에 도리가 없었다. 그들은 교역 정책을 수정하여 다른 나라의 상인들을 광주에서의 상업 대리인으로 삼아 거래를 맡겼다. 그렇지 않으면 그들은 유어주(游魚洲)나 상천도(上川島), 랑백오(浪白澳), 마카오 등의 연안이나 섬 근처에서 다른 해양 밀무역자들과 불법 교역에 참여하곤 했다.

　마카오는 옛날 향산(香山)현 근처의 남중국해에 있는 작은 섬이었다. 뒤에 주강 델타의 퇴적 속도가 빨라지면서 땅이 커지고 섬과 주강 델타가 연결되었다. 마카오는 명대 중반 중국과 외국 간 무역의 집산지가 되었다. 1537년에 포르투갈인들은 지역 지휘관 황경(黃慶)을 연간 2만 금(金)으로 매수하여 마카오에 들어가 교역을 했다. 1557년에는 포르투갈인들이 광동의 해도부사(海道副使) 왕백(汪柏)에게 뇌물을

그림 4-15 초기 마카오의 모습
Theodor de Bry의 동판화, 1598년.

그림 4-16 서쪽 편 망양산(望洋山)에서 바라본 마카오 중부

유화, 18세기 말.

그림 4-17 마각묘(媽閣廟) 앞 광장

채색석판화, 1838년.

주어 상품을 햇빛에 말린다는 구실로 마카오에 체류하는 것을 공식적으로 허가받았다. 그 후 포르투갈인들은 영향력을 계속 확대하면서 마카오 현지 무역을 서서히 독점하였다.

마카오는 중국과 외국 간 교류의 창구이자 동·서 간 해양 교역의 허브가 되었다. 일단 마카오에 상업항이 열리자, 무역 연계는 유럽과 인도, 일본, 필리핀, 동남아시아, 아메리카로 확장되었다. 마카오-고아-리스본 노선, 마카오-나가사키 노선, 마카오-마닐라-아카풀코 노선, 마카오에서 동남아시아 여러 항구로 가는 노선 등 국제 상업 항로들이 확립되었다.

마닐라의 스페인인들

유럽이 동쪽으로 팽창해 가는 파고 속에서 스페인인과 포르투갈인들은 항상 전면에 섰다. 스페인 왕은 원거리 대양 항해를 해외 영토 획득과 국가 세수 증대를 위한 일차적 수단이라고 여겼다. 그래서 그들은 잇달아 상인과 귀족, 기사들에게 재정 지원을 하여 대양 원정을 조직하게끔 하였다. 1492년 스페인은 무어인들로부터 그라나다(Granada)를 회복하였다. 스페인의 이사벨라(Isabella) 여왕은 이탈리아인 탐험가 크리스토퍼 콜럼버스에게 자금을 대어 인도로 가는 더 나은 길을 찾도록 하고, 그에게 "모든 대양의 제독(Admiral of All the Ocean Seas)"이라는 명칭과 새로이 발견되는 섬들의 총독(governor) 지위를 주는 데 동의하였다. 콜럼버스와 그의 선단은 중앙아메리카 근처의 바하마 제도와 쿠바 그리고 아이티에 이르렀지만, 자신들이 인도에 도착했다고 잘못 생각했고 그곳의 원주민들을 "인디안"이라 불렀다. 콜럼버스는 계속해서 1493년과 1498년, 1502년에 3번 더 원정을 하였고, 중앙아메리카의 대부분을 발견했다. 16세기 중반 무렵에는 스페인인들이 라틴아메리카 상당 부분을 식민지로 만들었다.

1518년 스페인의 카를로스 1세는 유럽에서 서쪽으로 아메리카를 지나 태평양을 가로질러 동방의 향신료 제도인 몰루카 제도까지 가는 대양 항로를 열려는 포르투갈인 탐험가 페르디난드 마젤란(Ferdinand Magellan, 1480~1521년)의 세계일주 계획에 자금을 제공했다. 다음 해 마젤란의 선단은 중앙아메리카에 도착했다. 1520년 11월 28일 그들은 남아메리카 최남단 케이프 혼(Cape Horn)을 돌아 태평양에 진입했다. 1521년 3월 필리핀 제도에 도착한 마젤란은 막탄(Mactan) 섬 원주민과의 전투에서 사망했다. 그 후 원정대의 나머지는 향신료 제도를 찾아 항해를 계속했다. 선단 중 하나인 빅토리아 호는 티도레(Tidore) 섬[4]에 도착했고, 거기서 향신료로 화물칸을 가득 채우고 1522년 9월 6일 스페인으로 귀환했다. 마젤란의 선단은 최초의 세계일주 항해를 성공적으로 완수했다. 그것은 지구가 둥글다는 이론을 입증했을 뿐 아니라, 동방으로 팽창하고자 하는 스페인의 야심에 크게 불을 지폈다. 빅토리아 호가 세비야(Seville)에 돌아오자, 스페인 왕은 "동방에 거점을 세우는 데 관심을 표명"했고[5] 이 거점이 필리핀이었다.

스페인의 해외 팽창은 곧 포르투갈과의 충돌을 야기했다. 1494년 6월 7일 교황 알렉산드리아 6세의 중재 하에 스페인과 포르투갈은 토르데시야스(Tordesillas) 조약을 체결하여 비기독교 세계를 두 나라 사이에 나누었다. 그 조약은 카보베르데섬에서 서쪽으로 370리그(leagues)[5] 떨어진 곳(대략 서경 43도 정도 지점)에서 남극과 북극을 통과하게 그린 원을 '경계선(Line of Demarcation)'이라고 정하였다. 경계선 동쪽의 "새로" 발견한 세계는 포르투갈에 속했고 서쪽의 땅은 스페인에게 속했다. 마젤란 선단이 몰루카 제도에 도달한 후 그 섬의 소

---

4 몰루카 제도의 작은 섬.
5 1 리그=5.556킬로미터.

유권을 둘러싸고 두 나라 사이에 분쟁이 다시 일어났다. 1529년 4월 22일 스페인과 포르투갈은 사라고사(Zaragoza) 조약을 체결했는데, 그 것은 몰루카 제도에서 동쪽으로 17도 떨어진 곳에 또 다른 구분선을 그어 그 동쪽은 스페인 영토로 그 서쪽은 포르투갈 영향권으로 삼았다. 그런 조약을 통해 스페인은 거의 단독으로 아메리카를 소유하게 되었고, 포르투갈의 식민지 영토에는 아시아와 아프리카가 포함되었다. 하지만 그 조약들은 더 많은 식민지 영토를 둘러싸고 앞뒤 가리지 않고 싸우던 스페인인과 포르투갈인들에게 거의 의미가 없었다. 미겔 로페스 데 레가스피(Miguel Lopez de Legaspi)가 이끄는 스페인 원정선단은 필리핀의 사마르(Samar)섬에 상륙했고 그 후 세부(Cebu)섬과 파나이(Panay)섬을 장악했다. 1569년 1월 레가스피는 공식적으로 필리핀 총독의 직함을 받았다. 1571년 5월 그는 마닐라를 빼앗아 그곳을 스페인의 식민지인 필리핀의 수도로 선언했다.

1575년 6월 성 아우구스티노 수도회 수사인 마르틴 데 라다(Martin de Rada)가 중국에 사절로 파견되었다. 복건성 정부는 마르틴을 환대하여 맞이했지만, 선교활동을 수행하겠다는 그의 요청에 응하지는 않았다. 10월 말 마르틴과 사절단은 마닐라로 되돌아왔다. 1578년 프란체스코회의 수사 페테르 데 알파로(Peter de Alfaro)가 중국에서의 선교활동을 목적으로 14명의 선교사를 이끌고 스페인에서 마닐라로 왔다. 6월 12일 그들은 광주에 도착했고 현지 관아에 광주에서 선교활동을 하고 아울러 중국어를 공부하도록 허락해달라고 요청했다. 광주 관아는 그들을 오주(梧州)로 보내 양광총독(兩廣總督)이 결정하게 하였다. 양광총독 유요(劉堯)는 그들의 선교활동 요청을 재차 거절했고 그들을 광주로 되돌려 보냈다. 결국 선교사 중 일부는 마카오에서 정착할 수 있는 허가를 얻었고 나머지는 천주를 거쳐 필리핀으로 돌아갔다.

1598년 필리핀의 식민지 정부는 중국과 직접적인 무역 관계를 세우기 위해 돈 후앙 사모디오(Don Juan Camodio)를 파견하였다. 광주 관아는 대표단을 광주에서 12리 떨어진 곳에 있는 빈나(賓那)6에 머물도록 허용하였다. 하지만 스페인인들은 지켜야 할 거주지 경계를 넘어 다녔다는 이유로 당국에 의해 추방당했다. 마카오의 포르투갈인들도 그들이 활동하는 데 방해가 되었다.

중국에 고정된 교역 거점을 세울 수 없었던 스페인은 중국인 상인들을 마닐라로 유인하고자 했다. 17세기에 스페인과 포르투갈은 네덜란드와 영국의 위협에 맞서기 위해 협력하면서 상호 이익을 추구했다. 그들의 협력이 널리 퍼졌고 양국의 교역 상황을 개선하였다. 마카오와 마닐라를 오가는 상선 수가 꾸준히 증가하였다. 명의 숭정제(崇禎帝) 시기(1628~1644년)에는 매년 2척 내지 4척의 상선이 마카오에서 마닐라로 향하곤 했다. 1619년에서 1631년까지 포르투갈인들은 매년 150만 페소의 가치가 나가는 생사와 실크 직물을 광동과 마카오를 거쳐 필리핀으로 운반했다. 이런 실크 제품들은 대부분 아메리카와 유럽으로 다시 팔려나갔다. 그에 더해 스페인인들은 중국산 금을 유럽과 아메리카로 가져가 팔기도 했다. 광주에서 금을 사서 아메리카와 스페인에서 되팔면, 75 내지 80퍼센트의 이윤을 올릴 수 있었다.

네덜란드인들의 대만 및 바타비아 경영

'대항해시대' 동안의 네덜란드는 오늘날의 네덜란드, 벨기에, 룩셈부르크, 그리고 북프랑스 일부로 이루어졌다.6) 16세기 중반 무렵 이 '저지' 나라(Low Country)는 북해-발트 해 지역의 금융 및 상업 중심지들인 안트베르펜(Antwerp)과 암스테르담을 지배했고, 그에 따라 그곳

---

6 오늘날 광동 혜양(惠陽)의 평해(平海).

의 상공업이 발전하였다. 네덜란드인들은 대양 항해에 능했기 때문에 "바다의 마부(nautical dragsman)"라고 불리었다. 1560년대에 네덜란드는 스페인에 맞서 독립 전쟁을 벌였다. 스페인과 포르투갈의 방해를 피하기 위해 네덜란드인들은 중국 및 일본으로 가는 항로를 찾아서 북극해로 원정대를 보냈지만, 모두 실패했다. 그들은 아프리카 서해안을 따라 내려가 희망봉을 돌고는 '노호하는 40도대(Roaring Forties)'를 이용해 인도양을 빠르게 가로질렀다. 그 후 그들은 순다 해협을 통해 인도네시아에 이르고 결국 남쪽으로 방향을 틀어 오스트레일리아를 발견했다.[7]

1601년 네덜란드인 야콥 반 넥크(Jacob van Neck)의 선단이 광동에 나타났고 광동세리(廣東稅使)인 이봉(李鳳)과 양광총독 대요(戴耀)가 그들을 맞이했다. 선단은 광주에 한 달 동안 머물렀다. 마카오에서는 포르투갈인들이 그들을 공격하여 20명의 선원을 포로로 잡았다. 이 중 17명은 처형당했고 나머지 3명은 말라카로 호송되었다.[8]

1602년 3월 네덜란드 동인도회사가 동인도 지역의 군사 및 정치 문제를 관리할 전권을 갖고 설립되었다. 회사의 목적은 두 가지였다. 하나는 '동방'에서 네덜란드인에게 최대한의 무역 자유를 확보하는 것이었고, 다른 하나는 스페인과 포르투갈 같은 경쟁국들의 상업 활동을 가능한 많이 방해하는 것이었다. 1619년 네덜란드인들은 자카르타에 바타비아시를 세우고 네덜란드령 동인도의 수도로 삼았다. 1622년 6월 네덜란드인들은 마카오에 대한 대규모 군사 공격을 감행했지만 완전히 패배했다. 즉시 그들은 복건으로 방향을 돌려 팽호도(澎湖島)를 점령하고 거기에 방어시설이자 무역 거점으로서 성채를 세웠다. 얼마 안 가 복건순무(福建巡撫) 남거익(南居益)이 이끄는 명의 해군이 네덜란드인들을 격파하였다. 그러자 1624년 네덜란드인들은 이번엔 대만을 공격했다. 1642년 네덜란드인들은 담수(淡水)와 기륭(基隆)에 자리

그림 4-18 암스테르담 네덜란드 동인도회사의 창고와 조선소
네덜란드 국립해양박물관 소장.
출처: Femmes S. Gaastra, 『荷蘭東印度公司』, 上海: 東方出版中心, 2011.

그림 4-19 17세기 마카오 항
1655년 네덜란드 사절단과 함께 광주에 도착한 요한 니호프(Johan Nieuhof)가 그
렸다.

잡았던 스페인인들을 몰아내어 대만 전체를 식민 통치 하에 두었다.

1650년 무렵 대만은 경제적으로 비교적 강력한 식민지가 되었다. 그곳에 사는 한인(漢人)은 모두 1만 5,000명에 이르렀고 1만 에이커가 넘는 경작지에서 연간 2만 내지 3만 담(擔, picul)7의 사탕수수가 산출되었다. 1650년에 네덜란드 동인도회사가 대만에서 올린 수입은 150만 길더(guilder)나 되었다.

청조 설립 후에는 중국 동남 연안 해역에 대해 해상 활동을 금지하는 해금(海禁) 정책이 오랫동안 시행되었다. 복건 연안지역은 청조와 명을 지지하는 대만의 정성공(鄭成功) 정권 간의 주요 전쟁터가 되었다. 그러는 사이에 네덜란드인들은 광동 연안 지역에서 종종 밀무역을 행했고, 이에 힘입어 광동을 지배한 평남왕(平南王) 상가희(尙可喜)와 그의 아들 상지신(尙之信)이 막대한 부를 축적했다. 1652년 네덜란드 동인도회사는 광주에 프레드릭 쉐델(Fredrick Schedel) 등을 사절로 파견하여 그곳에서의 사업 가능성을 타진하고자 하였다. 이때 네덜란드인과 청 치하 광동의 지방관이 처음으로 만났다. 1656년 피테르 데 고예르(Pieter de Goyer)와 야콥 카이제르(Jakob Keyzer)가 이끄는 사절단이 파견되어 청 조정에 처음으로 조공을 바쳤고, 그 결과 네덜란드 동인도회사는 8년에 한 번씩 조공을 바칠 수 있게 되었다.

1689년 네덜란드 동인도회사의 이사회는 중국으로의 직항 운송비가 너무 높고 이윤은 너무 낮아 불안하다고 생각했다. 그래서 회사는 중국 상선을 바타비아로 유인하는 특혜정책을 채택하기로 결정했다. 그때부터 매년 수십 척의 중국 범선들이 도자기, 실크, 차 등을 싣고서 바타비아로 항해했다. 영국의 역사가 박서(C.R. Boxer)는, 중국 본토에 수익성 높은 상관을 세우는 데 실패했기에 네덜란드 동인도회사

---

7 1담=약 63킬로그램.

가 구입한 중국 상품은 대부분 1년에 한 번 광동과 복건, 절강 등의 동남부 연안 지방에서 바타비아로 온 배들에게서 얻은 것이었으며, 소량은 마카오에서 온 포르투갈 상선과 거래한 중국 상인에게서 구입했다고 하였다. 그 결과 네덜란드 동인도회사와 중국 간의 직접 연결은 중단되었고, 네덜란드 선박들은 근대 시기까지 중국 항구들로 항해하지 않았다.

1727년이 되어서야 네덜란드인들은 광주에 상관을 세울 수 있는 허가를 얻었다. 이후 네덜란드 동인도회사는 대(對)중국 무역 정책을 수정하여 복선정책(double-track policy)을 채택했다. 그 정책은 한편으로 광주로 네덜란드 상선을 계속 보내면서 다른 한편으로 중국 상선도 바타비아로 유인하는 것이었다. 그렇게 하여 구입한 중국산 도자기와 실크, 차 같은 인기 있는 상품을 네덜란드인들은 유럽인들에게 되팔 수 있었다. 1794년 네덜란드 동인도회사는 건륭제의 제위 60주년을 맞이하여 이싹 티싱프(Issac Tisingh)와 A.E. 반 브람(Van Braam)을 중국에 사절로 보냈다. 그것은 중국과의 교역을 확장하려는 목적을 가진 것이었다. 하지만 그들의 요청을 청 조정은 받아들이지 않았다.

뒤늦게 온 영국인들

16세기 후반 동안 여왕 엘리자베스 1세 통치 하의 영국은 중앙집권적 체제를 구축하고 공업과 상업을 발달시키며 아울러 대외무역과 대양 팽창을 촉진하는 데 집중하였다. 대외적으로 영국은 유럽대륙 내 영토에 대한 이해관계를 포기하면서 독자적인 외교정책을 채택하였다. 그리하여 영국은 프랑스와의 관계를 개선하고 스페인의 간섭에서 벗어났으며 유럽 내 권력 균형상에 주요 세력이 되었다. 대외무역과 관계 측면에서 영국은 유럽 외 지역과의 교역을 적극적으로 추구하여 인도, 남중국해, 중국과 직접 교역관계를 이루는 것을 중요 목표로 삼앉다.

1573년 윌리엄 본(William Bourne; 1535~1582년)이 『바다의 지배(*A Regiment of Sea*)』라는 책을 간행했는데, 거기에는 영국에서 중국으로 갈 수 있는 5개의 경로가 제시되어 있었다. 첫째는 포르투갈이 전용하고 있는 희망봉을 경유하는 길, 둘째는 스페인이 전용하고 있는 마젤란 해협을 경유하는 길, 셋째는 북아메리카 위쪽으로 북서 항로를 통하는 길, 넷째는 러시아의 동북쪽을 경유하는 북동 경로, 다섯째는 북극해를 통하는 길이다.[9]

1576년에 영국 탐험가 마틴 프로비셔(Martin Frobisher)는 자신이 중국으로 가는 북서 항로를 발견했다고 밝혔는데, 이 발표에 크게 흥분한 런던 상인들은 카타야(Cataya) 회사를 세웠다. 하지만 마틴 프로비셔는 오늘날 캐나다 북부의 배핀 섬(Baffin Island)에 이르렀을 뿐이었고, 실제로는 북아메리카 북부 지역을 관통하여 아시아에 이르는 길을 찾지 못했다.

1583년 엘리자베스 1세는 동방원정대에 상인 존 뉴버리(John Newbury)를 함께 보냈는데, 그는 무굴제국 황제와 중국 황제에게 보내는 여왕의 서신들을 지니고 있었다. 하지만 원정대는 인도에서 포르투갈인들에게 체포되었고 서신은 결코 중국에 전달되지 못했다.

영국이 스페인 무적함대를 격파한 뒤에는 호킨스(Hawkins)와 드레이크(Drake) 같은 모험가들이 스페인 보물선들을 습격하였다. 1591년 영국 항해가 제임스 랭카스터(James Lancaster)는 3척의 무장상선을 이끌고 희망봉을 돌아 말라카 해협으로 진입하여 수마트라와 페구(Pegu)로 항해했다. 그들은 그러면서 몇 척의 포르투갈 상선을 나포하고 배를 후추로 가득 채워 잉글랜드로 돌아갔다. 이에 런던의 상인들이 크게 놀라고 기뻐했다. 1596년 영국 상인 리처드 앨런(Richard Allen)과 토머스 브램필드(Thomas Bremfield)가 중국으로 갈 항해 준비를 마쳤다. 엘리자베스 1세는 이들의 여행에 벤저민 우드(Banjamin Wood)를 사절로 함께 보냈다. 그는 중국 황제에게 보내는 또 다른 서한을 갖고 있었고, 그 서한에는 중국과의 교역을 진정으로 원한다고 적혀 있었다. 하지만 이 서한도 이전의 시도들과 같은 운명을 겪었고 결코 중국에 전달되지 못했다.

1600년 12월 31일 영국 동인도회사가 설립되었고, 그것은 15년 동안 희망봉과 마젤란 해협 사이의 권역에서 아시아, 아프리카, 아메리카와의 모든 교역을 수행할 독점적 권리를 얻었다. 영국에게 이 회사의 설립은 동방을 향한 팽창의 새로운 단계를 뜻했다.

17세기 초 영국인들은 인도양과 태평양에 여러 교역 거점을 세웠다. 하지만 중국과의 교역에서 많은 이익을 얻지는 못했기 때문에 영국의 찰스 1세(1600~1649년)는 1635년 12월 중국 및 인도와의 교역과 관련한 배타적 권리를 '커어틴 회사(the Courteen Association)'에 부여했다. 같은 해 존 웨딜(John Weddell)은 중국으로 항해하라는 명령을 받았다. 1637년 6월 27일 그의 선단은 마카오에서 3마일 떨어진 횡금도(橫琴島)에 도착했다. 그리고 무력으로 호문(虎門)을 통과하려 했지만 광동 해군이 이에 맞섰다. 마카오의 포르투갈인들의 중재로 영국인들은 광주와 마카오에서 교역 활동을 마치고 중국을 떠났다.

1660년대와 1670년대 동안 영국 동인도회사는 마카오를 2번 방문하여 사업을 시도했지만 마카오 현지 포르투갈인과 광동 지방관아의 방해로 실패했다. 그래서 영국인들은 방향을 바꾸어 당시 대만을 지배했던 정성공 세력과 관계를 발전시켜 20개 조로 구성된 조약을 체결했다. 이 조약에 의거해 그들은 대만에 상관을 세울 수 있었다. 하지만 이 상관도 청군이 대만을 점령한 후 폐쇄되었다. 청조가 해금령을 철회하자, 영국인들은 광동과 복건 그리고 절강 연안지역을 중심으로 활동하게 되었다. 1715년 그들은 광주에 공식 상관을 세웠다. 영국 동인도회사 광주 사무소의 특별위원회는 중국·영국 간 무역 및 외교를 책임지는 조직이 되었다.

18세기에 영국은 중국의 가장 큰 무역 상대국이 되었다. 영국 동인도회사는 유럽의 중국산 차 시장에 대해 거의 독점권을 행사했다. 건륭제(乾隆帝, 1711~1799년)와 도광제(道光帝, 1782~1850년) 시기 동안 영국 동인도회사가 매년 광주에서 구입한 생사의 양은 은으로 환산해 20만 내지 50만 냥에 달했다. 1834년 영국 정부는 중국과의 배타적인 교역권을 영국 동인도회사로부터 철회했다. 그래서 실크 수입량이 크게 증가했고, 1837년 이래 연간 수입량이 1만 담(擔)에 이르렀다.

영국은 중국과 교역하는 데 유럽 다른 나라보다 이점을 갖고 있었지만, 중국과의 외교관계는 거의 나아지지 않았다. 1787년 영국 정부는 의원 찰스 캐스카트(Charles Cathcart)를 중국주재 대사로 임명했고, 중국과의 교역을 훨씬 더 확장하기를 바랐다. 하지만 캐스카트는 중국으로 가는 중에 병으로 사망했고 사절단은 되돌아왔다. 1792년 영국 정부는 외교관이자 식민지 관리인 조지 메카트니(George Macartney)를 건륭제의 83세 생일을 축하하는 영국 왕 조지 3세의 특사 자격으로 중국에 파견했다. 그의 사절단은 청 조정의 주목을 끌기 위해 1만 5,610파운드 가치의 중국 황제에게 보내는 선물을 가져갔다. 1793년 8월 사절단은 천진(天津)의 대고(大沽)에 도착했고 9월 열하(熱河)의 여름 궁전에서 건륭제를 알현했다. 메카트니는 뒤에 청 정부에게 중국 내 영국 상업을 늘릴 수 있도록 광주의 무역 제한 정책과 무역 관세를 줄여줄 것을 제안했다. 이런 제안들은 전부 거절당했다. 그 뒤 사절단은 어떤 목적도 이루지 못한 채 영국으로 돌아갔다. 1816년 영국 사절 윌리엄 앰허스트(Wiliam Amherst)가 다시 중국을 방문했지만 교역 확대의 바람을 실현시킬 수 없었다.

청 조정이 계속해서 교역 확대 문제에 대한 협상을 거부했기 때문에, 중국의 문호를 개방하는 데는 세 가지 선택 사항뿐이라는 여론이 영국 내에서 발생했다. 하나는 무력에 의존하여 중국이 "합리적인 조건"으로 무역을 다시 짜도록 강제하는 것이었고, 두 번째는 중국의 온갖 규칙과 법제들을 따르는 것이었다. 세 번째 마지막은 교역을 완전히 포기하는 것이었다. 1840년 제1차 아편전쟁이 발발했고, 그리하여 결국 영국인들은 첫 번째를 선택하여 청의 꽉 닫힌 문을 비집어 열고자 하였다.

스웨덴 동인도회사 선박 예테보리 호의 동방 항해

북유럽의 나라인 스웨덴을 청대 중국인들은 "서국(瑞國)"이라 불렀고, 광동 사람들은 "남기국(藍旗國)"이라 하였다. 1731년 6월 스웨덴 동인도회사가 설립되었다. 다음해 3월 7일 최초의 상선인 프레드리쿠스 렉스 스웨키아(Fredricus Rex Swecia) 호가 예테보리(Göteborg)에서 광주로 항해에 나섰다. 스웨덴 국왕은 스코틀랜드 출신의 콜린 캠벨(Colin Campbell)을 중국에 파견하는 전권대사로 임명하였다. 그 이유는 캠벨이 인도에서 영국 동인도회사를 위해 일한 경험이 있고 아시아 바다의 항로를 잘 알았으며 광주에서 무역을 행한 경험을 갖고 있었기 때문이다. 배는 스페인의 카디스에 기항하고 희망봉을 돌아 나아갔다. 9월 6일 배는 영정양(零丁洋)에 진입했고 이틀 뒤 광주에 도착했다. 스웨덴 동인도회사를 대표해 캠벨은 스웨덴 상관을 세우고 다량의 차와 실크, 면직물 등을 구입했다. 1733년 1월 6일 배는 광주를 떠나 귀항 길에 올랐고 9월 7일 예테보리에 도착했다.

그때부터 1806년까지 스웨덴 동인도회사의 배들은 아시아로 132회 항해했다. 이중 단 3번만이 인도로 향했고, 나머지는 모두 광주로 향했다. 그래서 스웨덴 동인도회사를 "스웨덴 중국회사"로 이름을 바꾸는 것이 더 나을 것이라고 생각될 정도였다. 1732년부터 1745년까지 9

척의 배들이 11번의 항해를 수행했고, 그 중 2척의 배가 침몰하였다 (아래 표를 보라).[10]

항해횟수	선명	출항날짜	귀항날짜
1	Fredricus Rex Swecia	1732년 2월 9일	1733년 8월 27일
2	Ulrika Eleonora	1733년 3월 9일	1735년 2월 13일
3	Fredricus Rex Swecia	1735년 2월 25일	1736년 7월 31일
4	TreCronor	1736년 3월	1737년 7월 4일
5	Sueica	1737년 2월 1일	1738년 8월 28일
6	Fredricus Rex Swecia	1737년 12월 1일	1739년 7월 13일
	Stockholm	1738년 1월	1739년 7월 13일
7	Sueica	1739년 1월	1740년 침몰
	Gotheborg	1739년 1월	1740년 6월 15일
8	Riddarhuset	1740년 3월 22일	1742년 10월 18일
	Stockholm	1740년 4월 5일	1742년 10월 18일
	Fredricus Rex Swecia	1740년 4월 5일	1742년 10월 18일
9	Gotheborg	1741년 2월 16일	1742년 7월 28일
10	Drottningen af Sweden	1742년 1월 10일	1744년 7월 25일
11	Gotheborg	1743년 3월 14일	1745년 9월 12일 침몰
	Riddarhuset	1743년 4월 22일	1745년 9월 12일

그림 4-20
수리 중인
예테보리 3호

통계에 따르면, 스웨덴 동인도회사는 매년 광주에서 5,000담에서 4만 6,593담 사이의 차를 수입했는데, 그 수입량은 프랑스 및 덴마크와 비슷했다. 압도적인 무역품이 차였고, 그 뒤를 도자기와 실크가 이었다.[11]

1739년 1월 스웨덴 동인도회사는 자체 소유 선박 중 두 번째로 큰 예테보리 호를 광주로 보냈다. 그 배는 1740년 6월에 돌아왔다. 예테보리 호는 1741년 2월과 1742년 6월 사이에 두 번째로 광주에 갔다 왔고, 1743년 3월 14일 다시 출항하여 1744년 9월 8일 광주의 황포항에 도착했다. 1745년 1월 11일 그 배는 약 700톤의 중국 상품을 싣고서 귀항 길에 올랐다. 화물 중 370톤은 찻잎이었고, 50만 내지 70만 점의 도자기와 다량의 실크 및 칠기 등도 실었다. 이 상품들의 총 가치는 200만 내지 250만 스페인 은화에 해당했다. 불행히도 그 배는 9월 12일 귀항지를 겨우 1킬로미터 정도 남겨두고 암초에 부딪쳐 침몰하고 말았다.

차와 실크, 도자기는 얼마간 건졌지만, 화물의 3분의 2가 바다 밑으로 가라앉았다. 1980년대에 수중고고학자들이 난파선과 다량의 도자기를 발견하여 그 불운한 배에 대한 기억을 되살렸다.[12]

미국 배 중국의 여제 호의 광주행 처녀항해

미국독립전쟁 이후 신생 미국은 대외 무역의 발전을 근본적인 국가 전략 중 하나로 삼았다. 많은 정책결정자들이 경제 부흥의 희망을 대(對)중국 무역의 발전에 두었다. 1784년 2월 22일 대통령 조지 워싱턴의 52번째 생일에 뉴욕의 데니스 파커(Dennis Parker) 회사는 필라델피아의 사업가 로버트 모리스(Robert Morris)와 함께 자금을 모아 목조 범선을 건조했다. 그 배의 이름은 '중국의 여제(Empress of China)'였다. 이 배는 중국과 미국 간의 최초의 직접 항해로서 뉴욕에서 중국까지 처녀항해에 올랐다. 배의 적재용량은 860톤이며 길이는 104.2피트, 폭은 28.4피트였고 흘수선의 깊이는 16피트였다.

중국의 여제 호는 대서양에 진입하여 희망봉을 돌아 7월 17일 자바 섬에 도착했다. 거기서 그 배는 프랑스 선박 트리통(Triton) 호를 만나 나란히 항해했다. 중국의 여제 호는 8월 23일 마카오에 도착했고 청 당국으로부터 여행허가증을 받았다. 28일 그 배는 광주의 황포항에 도착했다. 이 역사적 항해는 총 6개월 6일이 걸렸다.

미국 상인들은 광주에 3개월을 머물렀다. 그들은 자신들이 가져온 미국산 인삼과 여타 상품을 팔았을 뿐 아니라 차를 비롯한 배 한 척 분량의 중국산 상품을 구입하는 데 성공했다. 12월 28일 중국의 여제 호는 아메리카로 돌아가는 귀환 항해에 올라 1785년 5월에 고향에 도착했다.

중국의 여제 호의 이 항해는 미국인들에게 3만 727달러의 순이익과 25퍼센트의 이윤을 가져다주었고, 이것은 필라델피아에서 상당한 소동을 일으켰다. 심지어 미국 대통령 조지 워싱턴도 302점의 중국산 도자기를 구입했다. 한 신문은 그것이 미국의 상업사에서 획기적인 사건이라고 보도했다. 높은 이윤에 이끌려 '실험(The Experiment)'이라는 이름의 또 다른 배가 그 해 말 뉴욕에서 광주로 출발했다. 당시 미국 재계는 중국·미국 간 무역에 풍부한 열정과 높은 기대를 쏟아 넣었다. 심지어 역사가 A.D. 휴스(Hewes)는 어느 정도 과장해서 "아주 작은 개울이라도 면해 있는 미국의 작은 마을 모두에서 겨우 5명밖에 탈 수 없는 작은 배들조차도 찻잎 운송을 위해 중국으로 갈 채비를 했다"고 하였다.

1786년 미국 정부는 보스턴 출신의 사무엘 쇼(Samuel Shaw)를 상업을 책임지는 광주 주재 초대영사로 파견하여 상업 관계 일을 맡겼다. 이 사람은 미국 최초의 극동주재 영사이기도 했다. 그 후 중국과 미국 간의 무역은 빠르게 발전했다. 1820년대와 1830년대 동안 광주의 미국 상인들은 6개의 상관을 세웠다. 19세기 말 무렵에는 미국의 대중국 무역량은 서구 나라들 중에서 영국에 이어 두 번째가 되었다.

3. 광중(廣中)사례와 월항(月港)체제: 명의 무역관리방식

16세기 중반 중국 남동부 해역에서는 밀무역이 걷잡을 수 없을 정도로 만연하였다. 지방 어부들과 상인들이 이익에 눈이 멀어 일본인 해적과 포르투갈 및 네덜란드인들과 결탁하였다. 그들의 활동은 명 조정의 해금과 조공무역 체제에 심각한 타격을 가했다. 정덕제(正德帝)(1506~1521년)와 가정제(嘉靖帝) (1522~1566년) 시기에는 상선을 통한 무역이 동남아시아로부터의 조공을 맡고 있던 광동에서 번성하였고, 조공무역은 이 시기부터 서서히 쇠퇴했다. 정부는 이전의 무역 체제를 수정하였고, 그리하여 새로운 작동 메커니즘이 자리 잡았다. 이 새로운 메커니즘을 당시 "광중사례(廣中事例)"라고 불렀다.

광중사례의 중심 개념은 조공을 가져오는 외국 민간 선박과 상선들로부터 조세를 거두는 것이었다. 1509년에는 외국 상선에 30퍼센트의 관세가 부과되었다. 이 수치는 1517년에 20퍼센트로 하락했다. 이때부터 징세제도가 공식적으로 확립된 것이다. 하지만 모든 상품에 20퍼센트로 과세한 것은 아니었다. 토메 피레스(Tome Pirés)의 『동방지(Suma Oriental)』에는 후추에 대한 관세가 20퍼센트였지만 소방목(蘇方木)과 싱가포르산 목재의 경우 50퍼센트나 되었고 다른 상품의 경우 10퍼센트였다고 적혀 있다.

1557년에 포르투갈인들은 마카오에 체류할 권리를 얻었고 중국 상인과 거래할 수 있게 되었다. 선박의 용적톤수에 따라 "선세(船稅)"가 부과되었고, 그래서 이를 "용적톤세(船鈔, 吨位稅)"라고도 하였다. 광동 관아는 중국 상인들에게는 마카오에서 교역할 수 있는 특허장, 즉 "오표(澳票)"를 발행했다. 이런 체제를 통해 광주와 마카오는 "이중 중심적" 무역 협력관계를 이루었다. 중국·포르투갈 관계사 전문가인 장천택(張天澤)이 말했듯이, 그런 식으로 해서 정부는 외국인들이 광주에 발을 들이거나 중국인들이 해외로 나가는 것을 허용치 않았지만 계속해서 대외무역에서 이익을 올릴 수 있었다.

그런 무역에서 정부는 중요한 역할을 했다. 스페인 선교사의 관련 기록을 검토해서, 양가빈(梁嘉彬)은 다음과 같은 사실을 밝혀내었다. 당시 존재한 13개 상행(商行) 중에서 5개를 광주인이 운영했고, 또 다른 5개는 천주에서 온 사람들이 운영했으며, 나머지 3개는 휘주(徽州) 출신 사람들이 운영했다. 당시 중국의 대외무역은 수출 및 수입 허브로서 광주에 집중되었던 것이다.

1578년 이후 광주에서는 봄과 여름 두 차례 "무역 정기시(交易會)"가 열렸고 정기시는 한 번 열리면 2달 내지 4달 동안 지속되었다. 봄 정기시는 1월에 열렸고 인도와 여타 지역으로 가는 상품을 내다 팔았다. 여름 정기시는 6월에 열렸고 일본으로 가는 상품을 팔았다. 이 무역은 유럽과 아메리카대륙까지도 아우르는 상품 수출입의 복잡한 구조를 갖추고 있었다.

"광중사례"는 무역의 이행기에 적합한 경영체제를 확립하는 데 도움을 주었다. 광주는 명 중기에서 말기에 걸쳐(1368~1644년) "중국에서 가장 큰 항"이 되었고, 마카오는 교역 목적으로 외국인들의 거주가 허용된 유일한 항구여서 많은 중국인과 외국 상인들이 유입되었다. 1534년 크리스토방 비에이라(Christovao Vieira)라는 이름의 포르투갈인은 광주의 감옥에서 편지를 썼는데, 그 내용은 이러하다.

이 성(省)의 상인들은 중국의 다른 어떤 성의 상인들보다 부유하다. 왜냐하면 다른 성과 지역들에는 교역할 만한 상품이 전혀 없다고 한다. 광동을 제외하면 중국의 다른 성들은 외국과 상거래를 전혀 하지 않는다. 외국인들이 중국의 내지로 들어가도록 허용되지 않고 그곳 사람들이 외국으로 나가는 것도 허용되지 않기 때문에 그런 곳들은 외부세계에 관해 거의 아는 것이 없다. 외부세계와 상품 교역은 바다를 통해서만 행할 수 있다. 따라서 광동성은 외국에 아주 잘 알려져 있고 중국 대외 무역의 환적 중심지가 되어 왔다. 그러는 사이에 복건의 무역은 외국인들이 그곳에 가지 못하기에 번성할 수 없었다. 중국은 광동이 외국인과 거래하기에 더 나은 조건과 더 강력한 역량을 갖고 있기 때문에 대외 무역이 광동에서만 이루어져야 한다고 규정하고 있다.

광동은 대외무역을 통해 큰 이익을 올렸다. 정부가 현물 조세로 거둔 도금양(桃金娘), 동고(銅鼓), 고리(戒指), 보석 같은 수입품들이 다량으로 시장에 유입되었고, 일반 민들은 그들대로 이런 상품들을 거래하여 재산을 모을 수 있었다.[13] 가정제 시기 동안 마카오의 연간 조세 수입은 은 3만 냥을 넘었다. 1529년 광동순무(廣東巡撫)인 임부(林富)는 대외무역에서 얻는 네 가지 이점을 이렇게 지적했다. 조정이 자체 용도로 사용 가능하고, 압수하여 군사 봉급 및 보급품을 보충하는 데 쓸 수 있으며, 국가 재정 수입을 증가시키는 이점이 있고, 민간사업을 장려하는 이점이 있다는 것이다.

명대 동안 절강과 복건에는 왜구와 여타 해적들이 아주 빈번하게 출몰했다. 이 때문에 높은 수준의 연안 통제가 이루어졌고, 그래서 연안 주민들이 해양교역에 종사하는 것을 오랫동안 금지했다. 1567년 명 목종(穆宗)이 제위에 오르고 연호를 융경(隆慶; 1567~1572년)으로 바꾼 후, 목종은 고공(高拱)과 장거정(張居正)의 책략을 채택하여 국내 문제와 대외무역에 관한 대개혁을 행하였다. 첫 번째 조치는 복건순무(福建巡撫) 도택민(涂澤民)의 요청을 받아들여 외국인과의 교역을 금하는 법을 폐지한 것이다. 이로써 장주(漳州)와 천주의 상인들이 월항(月港)에서 바다로 나가 해상교역을 할 수 있게 되었다. 복건 관아는 정덕제가 사망한 1521년 이후 월항을 경유하는 상품과 상선에 대해 조세를 부과하는 남감(南贛) 세제에 따라 장주의 월항에 적용되는 상업세 규정(商稅則例)을 정하였다. 이를 월항세(月港稅餉)라 하는데 다음 네 가지 항목으로 이루어졌다.[14]

> 인세(引稅): 공해상에서 교역할 수 있게 상인들에게 정부가 발행한 허가증, 즉 '선인(船引)'의 발부요금이다. 그것은 1536년에 시행된 '선부제(船符制)'로 시작되었다.
> 수향(水餉): 배의 크기에 따라 부여된 수수료로 상인들이 지급하였다. 그것은 광주에서 선박 크기에 따라 부과되던 선세(船稅), 즉 '선초(船鈔)'와 같은 것이었다.
> 육향(陸餉): 상품의 양과 가치에 따라 가게 상인들(舖商)에게 부과되었다.
> 가증향(加增餉): 은 수입과 연관되었던 대(對)마닐라 무역에 종사하는 상선들에게만 부과된 특별세였다.

명말 월항은 복건과 중국 남동부의 대외 무역에 중요한 상업항으로 등장했다. 그것은 지역 군사 지출과 재정 수입에 상당히 기여한 소득원이기도 했다. 1575년 인세가 처음 부과되었을 때 연간 부과액은 6,000냥이었다. 1576년에서 1583년까지 이 수치는 2만 냥 이상으로 증가하였다. 1594년에 그것은 2만 9,000냥이나 되었다.[15] 월항의 번영은 또한 장주와 천주의 상인들에게 바다로 나가 교역할 수 있는 합법적 통로를 제공했다. 명말 복건 상인들은 바로 이 정책을 이용해 대규모로 바다로 나가 교역을 행했던 것이다. 이런 상인 중 일부는 말레이시아, 인도네시아, 일본 같은 다른 나라로 영구 이주하였다. 복건 상인들은 화교들 사이에서 독특하고 두드러졌을 뿐 아니라 남중국해에서 중요한 교역 세력을 이루기도 했다.

4. 청대 해관(海關)과 '일구통상(一口通商)', 광동 13행

청 초기에는 외국 여러 나라들이 황제에게 조공을 바친다는 명목으로 오는 한 중국에서 교역을 벌이도록 허용되었다. 1647년 초에 반포된 법령에서는, 지방 관리들은 류큐와 안남, 시암, 일본 등의 나라가 조공을 바치기 위해 도착하면 즉시 조정에 보고해야 했고 조선과 같은 다른 나라의 사절들에게는 똑같이 특별대우를 제공하여 외국인을 회유하려는 태도를 보여주었다. 같은 해 청의 군대가 광주를 점령했고 청 정부는 그와 유사한 법령을 반포하여 광동 당국에 조공을 바치러 오는 시암과 안남 등의 나라 사절들을 후대할 것을 지시했다.

하지만 남동 연안 지역의 반청세력들은 극히 강하였다. 정성공이 대만을 탈환한 뒤, 그곳에 반청친명 세력의 근거지가 세워졌고, 그것은 남동부 연안지역에서 청조의 주권을 위협했다. 남중국해에 접해 있는 여러 나라들은 대부분 청에 대해 "비협력·비접촉" 태도를 취하면서 명의 유민과 반청세력에 협조하거나 지원을 제공했다. 따라서 청 정부는 1647년에 연안지역의 상인들이 대외무역에 참여하는 것을 금지하고 보갑·연좌(保甲·連坐)법을 엄격하게 시행한다는 법령을 반포했다.

1655년 청 조정은 광동, 복건, 절강, 강소, 산동에서 '천계(遷界)'를 실행했다. 그것은 기본적으로 모든 연안지역 주민들에게 내지로 약 30~50리(15~25킬로미터)를 물러날 것과 모든 민간 소형 배와 선박의 소각을 요구했다. 뗏목조차도 허용되지 않았고 해상 무역은 금지되었다. 소위 '삼번(三藩)의 난'이 평정된 후 청 조정은 부분적으로 대외무역을 다시 열고, 광동 시박사를 회복시켰다. 이이격도(伊爾格圖)가 시박사(市舶使)로 임명되었고, 뒤에 초대 광동해관감독(粵海關監督)이 되었다.

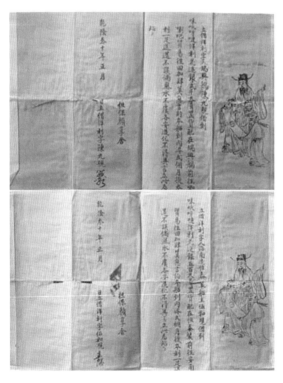

그림 4-21
화물운송을 행상에게
맡긴다는 외국
상인들이 발행한 증서
Paul van A. Dyke 교수
제공.

1683년 청군이 대만을 평정한 후, 청 조정에서는 교역을 재개하고 관세를 징수할 관리를 임명하자는 제안이 있었다. 다음해 구경회의(九卿會議)를 거쳐 강희제(재위 1662~1722년)는 만주족과 한족 및 여타 민족이 해상 교역에 참가하는 것을 허용하는 법령을 반포했다. 이이격도와 오세파(吳世把)가 광동과 복건으로 가서 해관의 설립을 준비하였다.

1685년 강소성과 절강성에도 광동과 복건의 예를 따라 해관이 설치되었다. 또한 이이격도가 기초한 '개해정세칙례(開海徵稅則例)'를 반포하여 각 해관 감독이 자기 관할 지역의 현지 상황에 따라 징세율을 조정하고 집행하도록 하였다. 청초의 관세에는 세 가지 주요 범주가 있었다. 수입품 및 수출품에 대한 화물세(貨稅), 모든 상선에 부과되는 선박세(船料), 그 외에 부가세(附加稅)가 그것이다.

광동13행

19세기 중반의 아편전쟁 이전에는 외국인들이 중국에 장사를 하러 오면, 그들은 정부가 대외 교역에 종사하도록 인정한 상인, 즉 행상(行商)을 통해 거래할 수밖에 없었다. 행상들은 개별적으로 정부에 신청서를 제출해서 검증과정을 거쳐 승인을 받아야 했다. 광동순무 이사정(李士楨)은 양광총독 및 해관감독과 상의하여, 연안지역을 따라 국내 교역을 행하던 "금사행(金絲行)"과 대외무역을 담당하던 "양화행(洋貨行)"을 분리하기로 결정하고 조세를 따로 부과하기로 했다. "양화행"은 대외무역만을 다룰 수 있는 것으로 정했고 이것을 줄여서 "양행(洋行)"이라 불렀다. 이런 양행들을 관례적으로 "13행(十三行)"이라 하였다. 하지만 사실 행의 수는 13개로 정해진 것은 아니었고 시간에 따라 바뀌었다. 13행이 처음 설립된 것은 1686년이었다.

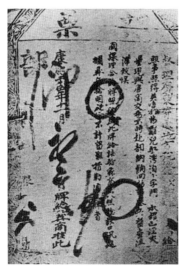

그림 4-22 광동해관이 발행한	그림 4-23 광동해관이 발행한
부표(部票)	선패(船牌)

1757년 이후 청 정부는 외국인 상인들이 강소와 절강에서 거래하는 것을 금지했다. 광주는 대외 무역의 유일한 항구가 되었다. 광동 지방 당국은 모든 행상 조직을 세 범주로 나누었다. 첫째는 대외 무역에 종사하는 회사들, 즉 13행이다. 이들은 외국 상품의 운송과 판매를 전문적으로 관리했다. 둘째는 본항행(本港行)으로, 이들은 시암에서 오는 사절을 맞이하고 시암과의 교역을 책임졌다. 셋째는 복조행(福潮行)으로, 이들은 조주(潮州)와 복건 상인들의 세금 납부 및 대금 납부를 맡았다.

행상(行商)은 청 조정을 대표하여 외교 관계와 무역 문제를 책임졌다. 행상이 가진 반관(半官)적 성격 때문에 서양인들은 그들을 "황상(皇商)"이라 부르기도 했다. 행상은 어떤 배든 봉쇄하고 시장을 폐쇄하며 외국인들에게 구속을 가할 수 있는 권한을 가졌다. 외국인 상인들은 다른 중국인 상인과 직접 거래하도록 허용되지 않았기 때문에,

모든 요청과 제안들을 행상을 통해서만 해야 했다.

1837년의 광동13행 상인들

행 이름	상인관명	상인 이름	출신지
怡和(Ewo)	伍浩官(Howqua)	伍紹榮	복건
廣利(Kwonglei)	盧茂官(Mowoqua)	盧繼光	광동
同孚(Tungfoo)	潘正煒(Puankhequa)	潘紹光	복건
東興(Tunghing)	謝鼇官(Goqua)	謝有仁	복건
天寶(Tienpow)	梁經官(Kinqua)	梁承禧	광동
中和(Chungwo)	潘明官(Mingqua)	潘文濤	복건
順泰(Shuntai)	馬秀官(Saoqua)	馬佐良	복건
仁和(Yanwo)	潘海官(Panhoyqua)	潘文海	복건
同順(Tungshun)	吳爽官(Samqua)	吳天垣	복건
孚泰(Futai)	易昆官(Kwanshing)	易元昌	광동
東昌(Tungchang)	羅隆官(Lamqua)	羅福泰	복건
安昌(Anchang)	容達官(Takqua)	容有光	복건
興泰(Hingtae)	Sunshing	嚴啟昌	복건

1720년에 광동 13행의 행상 15명이 논의를 통해 "공행(公行)"을 세우기로 결정하였다. 이것은 상품의 구입 및 판매 가격을 협상하고 아울러 행상들 사이에서 사업의 배분을 조절할 터였다. 예컨대 누군가 공행 영향 밖의 개별 상인에게 상품을 수출할 경우, 경영자는 상품 가격의 일정 비율을 공행에 납부해야 했다. 당시 공행은 느슨하게 조직되었고 청조의 승인 없이 설립되었다. 게다가 외국 상인들의 반발이 심해지면서 공행은 정상적으로 운영되지 못했다.

1745년 청 조정은 모든 행상에 대해 "보상(保商)" 제도를 시행했다. 이 제도 하에서는 공행에 참여한 행상이 폐업할 경우 공행이 그 행상이 진 부채의 일정 부분을 책임졌다. 외국인 상인에게 문제가 발생하면, 역시 보상이 연대책임을 졌다.

1760년 반진성(潘振成)을 비롯한 아홉 행상들이 공행 설립을 당국에 신청했다. 이 공행은 외국 선박하고만 거래하고 대외무역을 독점할 터였다. 신청은 승인되었다. 동시에 총상(總商)이라 불리는 지위가 설치되었다. 그 지위는 풍부한 자본을 가진 1명 내지 3명의 부상(富商)들이 맡았다. 외국인들은 그들을 "고급행상(Senior Merchant; 高級行商)"이라 불렀고, 그 외 다른 중국인 상인들은 "저급행상(Junior Merchant; 低級行商)"이라 불렀다.

서구에 대한 '일구통상' 정책

청의 대외 정책은 명의 조공체제를 따르고 있었고, 그에 따라 외국인과의 교역활동이 왕조의 통치를 침해해선 안 된다는 원칙을 견지했다. 강희제는 무역을 위해 바다를 열었지만 전면적으로 열지는 않았고 여러 제약을 가했다. 예컨대, 상인들이 해외에서 보낼 수 있는 시간에 대한 제한, 외양 선박의 크기에 대한 제한, 동남아시아에서의 해양 교통을 금지하는 법령, 루손과 바타비아 등 일부 지역들과의 교역 금지 같은 여러 제한들을 두고 있었다. 이런 조치들은 주로 중국인들이 외국 나라들과 "음모를 꾸미는" 것을 막는 데 목적이 있었다. 그런 음모들이 청조에 반대하고 명조를 회복하기 위해 외국과 동맹을 맺어 청의 통치를 심각하게 위협했기 때문이다.

청초에 네덜란드와 영국 등 여러 나라들이 중국에 여러 번 사절들을 파견하여 직접적인 무역관계를 세우고 쌍무 교역을 증가시킬 것을 요청하였다. 이런 요청들을 청 조정은 모두 거절하였다. 옹정제(雍正帝; 재위 1723~1735년) 초기 동안에는 서구 상선들은 모두 광주의 황포항(黃埔港)에 정박하도록 정하였다. 외국인 상인들은 해안에 상륙할 수 있었지만, 선원을 비롯한 여타 사람들은 하선이 허용되지 않았다. 옹정제 말년 이후에는 영국 동인도회사가 절강 연안으로 빈번하게 배를 보내어, 강남의 실크 시장에 진입하고자 했다.

서구 상선들이 북쪽 절강으로 가는 것을 방지하고 영파(寧波)가 "또

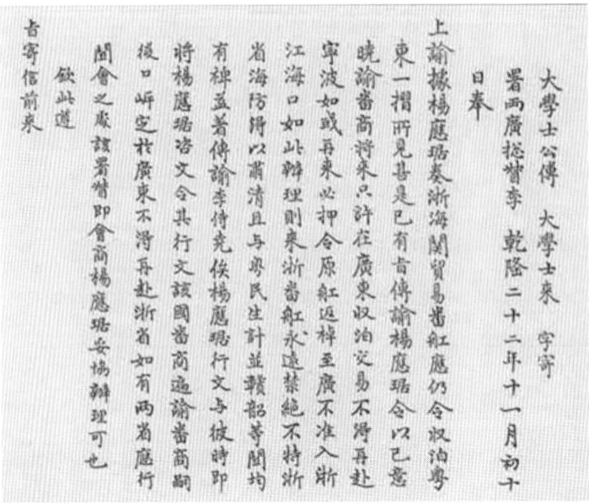
大學士公傅 大學士來 字寄
署兩廣總督李 乾隆二十二年十一月初十
日奉
上諭據楊應琚奏浙海關貿易番舡應仍令收泊粵
東一摺所見甚是已有旨傳諭楊應琚令以己意
曉諭番商將來只許在廣東收泊交易不得再赴
寧波如或再來必押令原舡返棹至廣不准入浙
江海口如此辦理則來浙番舡永遠禁絕不特浙
省海防得以肅清且與粵民生計並贛韶等關均
有裨益著傳諭李侍堯俟楊應琚行文與彼時即
將楊應琚咨文令其行文該國番商遍諭番商嗣
後口岸定於廣東不得再赴浙省如有兩省應行
聞會之處該署督即會商楊應琚妥協辦理可也
欽此遵
旨寄信前來

그림 4-24
1757년 12월 20일
외국 선박은
광동에만 정박하도록
정하는 법령

「軍機處上論檔」 소장.
출처: 中國第一歷史檔案館 · 廣州市荔灣區人民政府, 『清宮廣州十三行檔案精選』, 廣州: 廣東經濟出版社, 2002.

다른 마카오"가 되는 것을 막기 위해, 청 조정은 절강 해관에게 세금을 터무니없을 정도로 올리라고 지시 했고 이를 통해 서구인들이 광동으로 돌아가게끔 강제하고자 했다. 하지만 그 조치의 실제 효과는 미미했다. 1757년 말 무렵 청 조정은 광동 바다의 "일구통상" 정책을 발표하였다. 외국 선박들은 광동에서만 정박하도록 허용되었고 절강에서의 무역은 허용되지 않았다. 실크, 차, 여타 주요 상품의 수출도 역시 엄격하게 통제되었다.

다음해에는 '홍임휘 사건(洪任輝事件)'이 발생했다. 양광총독 이시요(李侍堯)는 '방범외이규조(防範外夷規條)'를 제안했고, 건륭제가 이를 비준했다. 그것은 외국 상인들에 대한 정식 관리규정이 되었다. 주요 조항들은 이러했다.

(1) 병선(兵船)들은 반드시 주강 밖에 정박해야 하고 호문(虎門)으로 들어오면 안 된다.

(2) 상관(商館)에 여자를 들여선 안 되며, 총과 창 혹은 기타 무기도 휴대하고 들어와서는 안 된다.

(3) 행상들은 외국인에게 빚을 져선 안 된다.

(4) 외국 상인들은 중국인 일꾼을 고용할 수 없다.

(5) 외국인들은 가마(轎)를 탈 수 없다.

(6) 외국인들은 여흥을 위해 강에 배를 띄워선 안 된다.

(7) 외국인들은 청원을 직접 제출할 수 없고, 진술할 것이 있으면 반드시 행상을 통해서 제출해야 한다.

(8) 행상의 상관에 거주하는 외국인들은 행상의 규제와 관리에 복종해야 한다.

(9) 정해진 무역 시즌 이후 외국인들은 광주에 남아선 안 되며, 화물을 다 팔거나 다 적재한 후에 자기 나라로 돌아가거나 마카오로 가야 한다.[16)]

13개의 외국 상관

중국과 외국 간의 무역이 발전하면서, 서구 나라들은 광주에 상관을 세우기 시작했는데 최종적으로 모두 13개가 되었다. 이런 상관들은 주거 및 사무 공간으로 행상들이 외국인들에게 빌려주었는데, 이것들은 외국인들의 중국 내 교역 및 외교를 위한 대표사무소 역할도 했다. 1715년 영국 동인도회사가 광주에 첫 번째 상관을 세웠다. 옹정제 시기 동안 프랑스와 네덜란드, 덴마크, 스웨덴 등 여러 나라들이 잇따라 자기 상관들을 세웠다.

외국 상관들은 대외상업 활동 수행에 전념하였고, 각각 자기 나라의 국기를 내걸어 국적을 명확히 드러내었다. 18세기와 19세기에 많은 화가들이 광주의 외국 상관들의 모습과 외국 상인들이 살아가는 장면을 담은 그림들을 남겼다. 이들 중 많은 작품이 유럽 및 아메리카의 박물관에 보존되었거나 개인 소장품 속에 남아있다.

1825년에 미국인 윌리엄 헌터(William C. Hunter)는 광주로 왔다가 바로 말라카로 가서 그곳의 영화서원(英華書院)에서 중국어를 배웠다. 다음해 그는 광주로 돌아왔다. 헌터는 1829년에 미국 러셀회사(Russel

1820년대 광주의 13개 외국인 상관

외국인상관명	영어명	원래 명칭	외국인상관명	영어명	원래 명칭
덴마크상관	Danish Factory	黃旗行	스웨덴상관	Swedish Factory	瑞行
스페인상관	Spanish Factory	大呂宋行	구영국상관	Old English Factory	隆順行
프랑스상관	French Factory	高公行	초초관 (炒炒館)	Chow-chow Factory	豊泰行
장관관 (章官館)	Chunqua's Hong	東生行	신영국상관	New English Factory	寶和行
미국상관	American Factory	廣源行	네덜란드상관	Dutch Factory	集義行
보순관 (寶順館)	Paou-shun Factory	寶順行	소계관 (小溪館)	Creek Facotry	義和行
제국관 (帝國館)	Imperial Factory	孖鷹行			

그림 4-25 초기 광주 상관 구역의 모습
1805년 Daniel 그림. 香港藝術館 소장.

& Co.)에 참여했고 1837년에는 그 회사의 동업자가 되었다. 그는 1842년에 은퇴하여 1844년 미국으로 귀환했다. 그 뒤 그는 20년 동안 홍콩에서 지냈고, 1891년 프랑스 니스(Nice)에서 사망했다. 그는 2권의 책, 『광주의 '번귀(番鬼)'(The "Fankwae" at Canton)』와 『구 중국의 잡다한 이야기들(The Bits of old China)』을 남겼는데, 그 책들은 광주의 행상과 외국인 및 외국 상관들의 상황을 상세히 기록하고 있다.

그림 4-26 1830년대 강변에서 본 광주 13행의 모습

그림 4-27 1822년 광주 상관 대화재
출처: 香港市政局藝術博物館, 『歷史繪畵 -香港藝術博物館藏品選粹』, 1999.

5. 마카오 무역의 황금시대

광동무역체제('광중사례')의 구성인자이자 포르투갈의 대(對)중국 무역 발전의 근거지로서, 마카오는 중국을 세계와 연결하는 창구이면서 동아시아 해양교역의 중심이 되었다. 마카오는 특히 1550년에서 1650년까지의 시기 동안 세계 해양교역 체제의 일부로서 황금기를 누렸다.

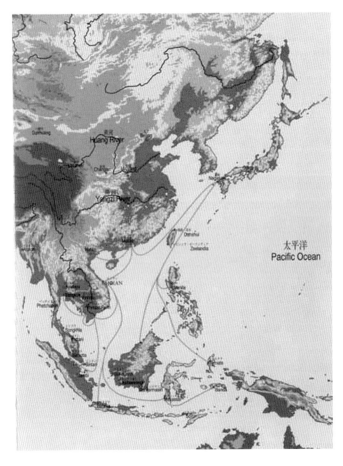

그림 4-28
동아시아
해로상에서
마카오의 위치

마카오-고아-리스본 노선의 무역

16세기 초 포르투갈인들이 점령한 후 고아는 포르투갈령 동인도의 총 본부 역할을 하도록 건설되었다. 고아는 또한 아시아의 가톨릭 포교활동의 기지로서, "동방의 로마(Oriental Rome)" 또는 "적도 위의 로마(Rome on the equator)"로 알려졌다. 고아에는 등대와 방파제, 선창을 완벽히 갖춘 훌륭한 항구가 있었다. 그곳은 포르투갈의 수도 리스본(Lisbon)에서 동인도에 이르는 항로의 종착지였고, 아울러 인도에서 말라카, 마카오, 나가사키에 이르는 항로의 출발지이기도 했다. 두 항로를 따라 항해하는 모든 선박이 이곳에 머물렀다. 선원들의 휴식, 물품 공급, 선박 보수, 상품의 하역 및 선적 등이 여기서 이루어졌다. 그래서 고아는 포르투갈령 동인도의 가장 중요한 무역 허브이며 또한 인도양 무역의 화물 집산지이자 환적 기지이기도 했다.[17]

포르투갈 대형 범선은 매년 겨울과 봄 사이에 마카오를 출발하여 북동 계절풍을 타고 고아로 향하면서 말라카 해협, 시암 서부 연안, 버마, 실론 등을 지나갔다. 고아에 도착한 후 리스본으로 귀항하는 데는 두 가지 항로가 있었다. 하나는 서쪽으로 가서 오늘날 인도양 몰디브의 말레(Male) 섬과 소말리아의 모가디슈를 지나 모잠비크 해협을 건너 희망봉을 돌고 마지막으로 아프리카 서해안을 따라 올라가 리스본에 이르는 것이었다. 두 번째 해로는 아라비아 반도를 따라 서쪽으로 항해해 동아프리카 연안 소말리아의 과르두피아(Guardufia)와 하푼(Hafun)에 이르고 그 뒤 남쪽으로 브라바(Brava)를 향해가며 이어서 말린디(Malindi)(케냐 동부 연안)와 몸바사(Mombasa)를 지났다. 그 뒤에 이 항로는 첫 번째 항로와 합쳐져 희망봉을 돌아 포르투갈로 갔다. 아시아와 아프리카, 유럽을 가로지르는 이 대양 항로의 총 길이는 1만 1,890해리(海里)나 되었다.

포르투갈인들은 광주의 '정기시(交易會)'에서 중국산 상품을 구입하여 마카오에서 배에 싣고 인도 및 유럽으로 운반하였다. 주된 상품에는 생사, 온갖 색깔의 세사(細絲), 실크직물(綢緞), 황금, 황동제품, 사향(麝香), 수은, 주사(朱砂), 설탕, 복령(茯苓), 황동 팔찌, 금목걸이, 장뇌, 도자기, 도금침대(塗金床), 탁자(桌), 묵연합(墨硯盒), 수공 침대시트(手工制被單), 침대커튼(帷帳) 등이 있었다. 포르투갈인들은 중국산 상품을 운송하여 되팖으로써 엄청난 이윤을 얻었다. 1600년에 마카오에서 고아로 중국산 화물을 가득 싣고 간 포르투갈 선박 한 척은 70퍼센트에서 200퍼센트에 이르는 이윤을 올릴 것이라고 예상할 수 있었다.

1641년 네덜란드인들이 남중국해의 포르투갈의 무역 기지인 말라카를 공격해 빼앗았다. 이것은 마카오에서 고아에 이르는 해상 교통로를 단절시켰다. 네덜란드 학자 물레르(Muller)는 이렇게 말했다. "말라야와 극동으로 이어지는 중요한 허브를 상실했기에, 동남아시아에서 포르투갈인들의 영향력은 즉시 파국적인 쇠퇴를 겪었다."[18]

마카오-나가사키 노선의 무역

1542년 오랫동안 중국 연안 지역에서 활동해 오던 포르투갈인들이 일본을 "발견"했고 직접 교역을 시작했다. 일본의 처음 교역 항은 히라도(平戶)에 있었지만, 뒤에는 요코세(橫瀨)와 후쿠다(福田)로 옮겼다. 16세기 중반 교역 항은 나가사키(長崎)의 수심이 깊은 천연항으로 이동했다. 1570년 이후 나가사키는 일본 대외무역의 고정 상업항이 되면서 마카오와 정기적인 무역 관계를 형성했다. 기독교가 널리 퍼지면서 나가사키는 거의 "포르투갈인들의 반식민지(semi-colony)"가 되었다.[19]

1592년 도요토미 히데요시(豊臣秀吉)는 테라자와 히로타카(寺澤廣高)를 나가사키 부교(長崎奉行)에 해당하는 직책에 임명하여 나가사키의 관리를 맡겼다. '나가사키 부교'라는 명칭은, 도쿠가와 이에야스

(德川家康)가 오가사와라 이치안(小笠原一庵)을 이 직책에 임명했을 때인 1603년에 공식적으로 사용되었다. 나가사키 부교는 현지 대외 무역을 관리하고 외국의 침략을 경계하여 외국의 동태를 감시할 책임을 졌다. 그 외에 나가사키에는 메쓰케(目付)나 간죠(勘定) 같은 막부 관리들도 있어 나가사키 시정과 대외 무역을 관리했다.[20]

포르투갈 상선들은 보통 광주의 봄철 "정기시" 동안 일본 시장에 필요한 중국산 상품을 구입하였다. 초여름에 그들은 남서풍을 타고 북쪽으로 나가사키를 향해 항해하였다. 교역을 한 후 포르투갈인들은 가을에 북동 계절풍을 타고 귀항했다. 일본으로 선적한 상품에는 실크, 도자기, 약재, 납, 초석(硝石) 등이 있었다.

명 조정은 일본인들이 중국에 와서 거래하는 것을 금지시켰지만, 일본 상인들은 그럼에도 마카오를 중개지로 이용하여 중국과의 무역을 발전시켰다. 1592년 도요토미 히데요시는 교토(京都), 사카이(界), 나가사키의 상인들에게 "주인장(朱印狀)"을 발부하여 일본 상인들이 마카오를 비롯한 동남아시아와의 무역에 참여하도록 고무했다.[21]

일본에서 중국산 상품은 대개 아주 좋은 가격에 팔렸다. 1600년경 포르투갈 상선에 선적한 상품을 나가사키에서 팔면 거의 모두가 100퍼센트 이상의 이윤을 올렸다. 예컨대 광주에서 갖가지 색 생사가 140냥에 팔렸다면, 나가사키에서는 그것을 370 내지 400냥에 팔 수 있었다. 온갖 종류의 실크 직물들은 광주에서 그 값이 한 필당 1 내지 1.4냥이었지만, 나가사키에서는 2.5 내지 3냥이었다. 약재는 이윤이 가장 컸는데, 광주에서 복령(茯苓)의 가격은 1담(擔)당 1 내지 1.1냥이었지만 나가사키에서는 1담당 4 내지 5냥에 팔 수 있었다. 감초(甘草)는 광주에서 1담당 3냥이었지만 나가사키에서는 1담당 9 내지 10냥이나 되었다.

16세기 말이 되자 포르투갈인들은 일본에서 점차 신망을 잃게 되었다. 1637년 포르투갈인 예수회 수사들이 정부에 맞서 반란을 일으키도록 일본인 가톨릭교도들을 지원한다는 의심을 받았다. 그래서 막부는 1639년 모든 포르투갈인들을 일본으로부터 축출하였다. 다음 해 나가사키에서 포르투갈인의 교역활동이 금지되었다. 1640년에 마카오의 포르투갈인 참의원(senate)은 일본에 무역관계 회복을 요구하기 위해 4명의 대표를 칼라레스(Calares) 호에 태워 파견했다. 하지만 그들은 나가사키에 상륙한 직후 체포되었다. 12명의 선원을 제외하고, 4명의 사절과 50명의 수행원들(일부 자료는 60명이라고도 한다)이 참수당했다. 포르투갈의 노력이 실패로 끝난 것이다. 그 사건 이후에도 마카오-나가사키 노선 무역은 완전히 중단되지 않고, 중국 상인들의 중개에 의존해 수행되었다. 하지만 이제는 이전처럼 번성하지는 않았다.

마카오-마닐라-아카풀코 노선 무역

마카오-마닐라 항로의 출발점은 마카오이며, 만산군도(萬山群島)로 가서 그 뒤 남동쪽으로 돌면서 동사군도(東沙群島)를 지나 계속 남동쪽으로 가면 루손섬에 이른다. 그리고 거기서 남쪽으로 연안을 따라가면 마닐라에 이르렀다. 1590년 전임 마카오 총독 주앙 데 가마(João de Gama)는 600톤급 갤리언선을 지휘하여 마닐라에서 멕시코의 아카풀코 항까지 항해했다. 이리하여 그는 마카오-마닐라 노선을 아메리카 대륙과 연결시켰고 아시아와 아메리카 간 직접 교통이 처음으로 실현되었다.

마닐라에서 아카풀코로 항해하기 위해선, 배는 대개 카비테(Cavite) 항에서 출발하여 산 베르나르디노(San Bernardino) 해협을 지나 태평양에 진입했다. 6월 중순의 남서풍을 타서 북쪽으로 가면 북위 37도와 39도 사이의 지점에 도착한다. 거기서 북서풍을 이용해 태평양을 건너면 괌(Guam)에 도착한다. 괌에서 북서풍을 타고 가면 북위 40도와

42도 사이의 지점에 도착하고, 거기서 남쪽으로 방향을 튼다. 일본과 아메리카 대륙 사이에서 서쪽에서 동쪽으로 흐르는 "쿠로시오(黑潮)" 해류가 배를 아메리카 서부 연안, 특히 멕시코의 아카풀코 항으로 데려갔다. 거기서 훨씬 더 남쪽으로 항해해 가면 페루의 리마(Lima)에 이르게 되었다. 이 대양 해로를 건너려면 약 반년이 걸렸지만, 항해 중에 모든 것이 순조롭다면 서너 달만에 끝낼 수도 있었다.[22] 마카오-마닐라-아카풀코 노선을 통해 광동의 무역은 아시아와 아메리카 대륙 사이의 대륙 간 대양교역체계의 일부가 되었다.

17세기 초 네덜란드인과 영국인들이 '동방'에 불쑥 끼어들었다. 이두 새로운 식민주의 국가들의 공격적인 위협에 직면하여, 스페인과 포르투갈은 공동의 경쟁자들에게 대항하기 위해 협력을 강화할 수밖에 없었다. 마카오와 마닐라 간의 관계가 크게 개선되었다. 마카오에서 마닐라로 운송된 상품의 대부분은 중국산 상품이었는데, 생사, 명주실(絲綫), 베일(面紗), 레이스(花邊), 꽃무늬 비단(花緞), 세견(綫絹), 여러 색깔의 면포(棉布), 백지(白紙), 색지(色紙), 묵(墨), 도자기, 도자항아리(陶缸), 철제 냄비, 바닥타일(瓦筒), 구슬 꿰는 줄(珠子串), 보석 꿰는 줄(寶石串), 보석, 남옥(藍玉) 등과 같은 생활용품이 있었다. 아울러 곡물, 설탕, 설탕 조림 과일(蜜餞), 햄(火腿), 베이컨(咸猪肉)과 콩 같은 각종 식품류와, 무화과(無花果), 밤(栗子), 대추(枣子), 석류(石榴), 배(梨), 오렌지(橙) 등의 과실도 있었다. 암소와 암말 같은 가축도 있었으며, 탄약, 화약, 철, 동, 구리, 주석, 납, 수은 등과 같은 군수품도 있었다. 이 중 생사와 실크 직물(絲織)이 주된 교역품이었다.

스페인인들은 필리핀에 대한 지배권을 획득한 후 그곳에서 식민지 경제를 발전시키기 위한 어떤 조치도 취하지 않았다. 필리핀 제도 전역에서 농업은 여전히 후진적이었고, 따라서 대외무역에 제공할 상품이 거의 없었다. 중국산 상품을 얻기 위해선 아메리카로부터 은을 운송해서 구입할 수밖에 없었다. 장기적인 무역적자가 중국 시장으로의 대규모 은 유출로 이어졌다.

스페인인과 포르투갈인들은 동방에서 오랫동안 무역 경쟁 상대였다. 포르투갈인들은 마카오와 광주에서 스페인인들의 무역 활동을 종종 방해했다. 그래서 두 나라 사람들 사이에 쌓인 앙금이 두 나라의 동맹으로 완전히 사라지진 않았다. 포르투갈인들은 마닐라 시장을 통제 하에 두고서 스페인인의 부를 상당 부분 가져갔고 이에 스페인인들의 강한 불만을 야기했다. 1640년 12월 유럽에서 스페인의 통치에 맞선 전쟁이 발발했고 곧 포르투갈은 독립을 다시 얻었다. 마카오의 포르투갈인들은 새로운 왕 주앙(João) 4세에게 충성을 서약하고 스페인 대사를 감금했다. 1644년 포르투갈인들은 마카오에서 선교사를 비롯한 모든 스페인인들을 축출했다. 분노한 스페인인들은 그에 대한 보복으로 마닐라에서 모든 포르투갈인들을 몰아내었고 마카오와 마닐라 간의 모든 교역활동이 중단되었다.

명말 중국 정부는 포르투갈인과의 모든 교역을 금지시켰다. 그 후 포르투갈과 인도 및 일본과의 무역관계도 끝났다. 마닐라 항로의 단절에 이어 마카오 상업의 마지막 생명선이 중단된 것이다. 이때부터 세계 해운 및 무역사에서 마카오의 지위는 오랜 동안의 쇠퇴기에 접어들었다.

마카오-동남아시아 노선 무역

포르투갈인들이 마카오를 점유한 이후, 그들의 배는 시암 만과 말레이 반도, 인도네시아 군도의 항구들에 종종 모습을 나타냈다. 16세기 후반 포르투갈인들은 시암과 상업 조약을 체결했고, 이 조약으로 포르투갈인들은 수도 아유타야(Ayutthaya)[8]와 벵골 만의 메르귀(Mergui), 말레이 반도 동부 연안의 테나세림(Tenasserim)과 파타니(Pattani),

나콘시타마라트(Nakhon si Thammarat)를 비롯한 도시들에서 무역을 행할 수 있게 되었다. 아유타야와 파타니의 포르투갈 상관은 특히 번성했다. 마카오에서 동남아시아로 가는 상선은 무역을 하러 종종 이들 지역으로 왔다. 북동 계절풍이 부는 시기에는 중국 해양 공간의 항해가 아주 어려울 수 있었다. 그래서 마카오로 가는 포르투갈 배들은 강풍을 피하기 위해 종종 시암의 항구들에 정박하곤 했다. 1630년경 네덜란드인들에게 쫓겨날 때까지 포르투갈인들은 시암에서 아주 안정된 무역 활동을 전개했다.

포르투갈인들은 1511년 말라카를 장악했다. 마카오-고아 항로는 전적으로 말라카를 통한 연결망에 의존했고, 마카오와 말라카 간의 교역이 아주 빈번하게 이루어졌다. 1545년 이후 포르투갈인들은 (오늘날 인도네시아의) 빈탄(Bintan)과 상업 관계를 확립했다. 중국 및 인도로 가는 후추는 대부분 이곳에서 적재되었다. 통계에 따르면, 이 항구에서 선적된 후추의 총 가치는 매년 350만 영국 파운드(sterling pound)에 달했다.[23]

서구 세력의 침입 이전 인도네시아 동쪽의 자바, 마카사르(Makassar), 몰루카 제도는 긴밀한 "삼각무역" 관계를 이루었다. 포르투갈인들은 마카사르를 제2의 말라카로 여겼다. 그들은 11월이나 12월에 그곳에 도착해서 다음 해 5월에 떠났다. 그들에게 마카사르는 중국산 실크 제품과 인도산 면직물을 판매하기 위한 환적항으로서의 입지를 갖고 있었다. 포르투갈인들은 이런 상품들을 티모르의 백단유, 몰루카 제도의 정향, 보르네오(오늘날 칼리만탄)산 다이아몬드와 교환하였다. 절정기에 여기서 거래된 가치의 양은 스페인 은화로 매년 50만 페소에 해당했다. 마카오에서 온 단지 몇 척의 갤리엇 선들(galliots)이 운

---

8 오늘날 타이 수도 방콕의 북쪽.

송한 상품의 가치가 스페인 은화로 6만 페소나 되었다.

1625년 마카사르와 바타비아에 체류한 한 영국인은 마카사르 및 몰루카 제도와 마카오의 무역에 대해, 마카오와 다른 곳에서 매년 10척 내지 22척의 포르투갈 갤리엇 선들이 마카사르에 정박하러 오며, 때로는 상륙한 포르투갈인의 수가 500명에 이르렀다고 하였다. 1641년 네덜란드인들이 말라카를 점령했고, 이는 동남아시아 도서부에서 포르투갈 영향력의 완전한 철수를 의미했다.

6. 호이안: 동아시아의 신흥 무역중심지

베트남 중부 광남(廣南)−다낭(Da Nang)성−의 투봉(Thu Bon) 강 하구에 위치한 호이안(HoiAn; 會安)은 역사적으로 참파인들의 본거지였다.

16세기 중반 호이안이 자리한 안남(An Nam; 安南)은 여러 정체가 분열되고 친(Tinh; 鄭) 왕조와 응우옌(Nguyen; 阮) 왕조 간의 대치를 특징으로 하는 "남북조(南北朝) 시대(1527~1592년)"로 진입하고 있었다. 그런 왕조 간 대치는 1533년에서 1788년까지 지속되었다. 남쪽의 응우옌 가문은 명목상 레(Lê; 黎) 왕조에 충성하는 영주세력이었지만, 실제로는 이미 그 나라의 남쪽 반을 통치하는 독립 왕국이었고 중국과 일본, 유럽의 문헌에서는 "광남국(廣南國; Quinam)"이라고 따로 표기했다. 일부 문헌은 그 나라를 "교지(交趾; Cochin)"나 "교지지나(交趾支那; Cochin China)"라고 부르기도 했다.[24]

광남의 응우옌 영주들이 소유한 영토, 인구, 자원은 북부의 친 가문에 비해 부족했다. 북부와 패권을 다투기 위해 응우옌 가문은 "남으로의 확장(南向)" 정책을 시행하여 남쪽의 참파를 향해 계속해서 확장해갔다. 1693년 응우옌 왕조는 참파를 완전히 집어삼키고, 거기서 멈추지 않고 계속해서 캄보디아를 잠식해 들어갔다. 그러면서도 응우옌 왕조는 나라의 문호를 적극적으로 열어 대외무역을 크게 발전시키고 외국 상선들이 후에(Hue; 順化), 호이안, 퀴논(Qui Nhon; 新州), 제이(提夷)[9]에 들어와 교역하는 것을 허용했다. 이것은 나라에 필요한 물자를 공급받고 재정 자금을 충당하려는 목적에서였다. 그리하여 중국과 일본, 시암, 말레이만이 아니라 뒤에는 포르투갈, 네덜란드, 스페인, 영국 등에서 온 상인들이 줄지어 그곳으로 몰려들어 무역을 하였다.

서구 상인들이 들어오면서, 호이안은 곧 광남에서 가장 중요한 무역 중심지로 성장하였다. 1620년대에 광남을 자주 드나들었던 크리스토포로 보리(Christoforo Borri)는 이렇게 말했다. "호이안의 외국 상인 중 대부분은 중국인들이었고, 그 뒤를 일본인이 이었다. 두 집단은 각각 따로 관리자를 두고서 따로 살았다. 중국인들의 삶은 중국 법에 따라 이루어졌고, 일본인은 일본법을 따랐다." 일본 나고야(名古屋)의 정묘사(情妙寺)에는 "교지국항해도(交趾國航海圖)"가 보존되어 있는데, 그 지도는 1602년에 따로 존재한 중국인 거리와 일본인 거리를 비롯해 호이안 광남(會安廣南)지역의 거리 배치를 보여주고 있다.

매년 9월에서 12월까지 호이안의 해양 공간에는 북서 계절풍이 불었다. 1월부터 3월까지는 북동 계절풍으로 바뀌었고 4월에서 6월까지는 습기가 많은 남동(여름) 계절풍이 불었다. 교역 시즌은 북동 계절풍과 남동 계절풍이 부는 시기에 두 차례 있었다. 일본과 중국의 상인들은 매년 신년 기간(북동 계절풍 시기)에 은과 도자기, 종이, 차, 봉은(銀條), 무기, 초석, 유황(sulphur), 납 등을 싣고 왔다. 현지 주민들은 6개월 동안 지속될 교역 시즌을 위해 실, 흑단(烏木), 침향, 설탕, 사향(麝香), 계피, 쌀 등 여러 토산품을 준비했다. 여귀돈(黎貴惇)의

---

9 오늘날 응이야빈(Nghia Binh)성 동남쪽 푸미(Phu My)군 동쪽의 연해지역.

그림 4-29 1902년 광남의 거류지 모습
일본 나고야 정묘사 소장.

『무변잡록(撫邊雜錄)』에 따르면, 호이안의 시장에는 탄호아(Thanh Hoa)

와 디엔반(Dien Ban), 퀴논, 쾅응아이(Quang Ngai), 빈쿠옹(Binh Khuong),

냐창(Nha Trang) 등 베트남의 여러 지역에서 토산품들이 대량으로 모여들었다. 그런 상품들은 육로와 수로를 거쳐 호이안으로 운반된 뒤해외로 수출되었다.

호이안의 국제 통화 유통과 귀금속 거래는 사람들의 주목을 받을만했다. 중국 당대의 동전인 "개원통보(開元通寶)"와 송전(宋錢), 청의강희전(康熙錢)을 사람들이 크게 환영했고, 안남의 "타이빈(Thai Binh; 太平)" 동전과 "티엔민(Thien Minh; 天明)통보"와 함께 유통되었다.

16세기 이후 서구 상인들은 아메리카 광산에서 나온 금과 은을 세계 도처로 운송했고 시간이 가면서 그 양은 더욱 더 늘어났다. 포르투갈과 네덜란드, 영국의 순은 통화만이 아니라 프랑스의 화폐도 호이안에서 유통되었다.

호이안에서 장사한 상인들은 동양과 서양의 여러 나라들에서 온 사람들로, 다양한 사업 운영 방식을 갖고 있었고 중개상들이 거래에서 중요한 역할을 했다. 중국 상인과 일본 상인들이 호이안의 무역을 좌지우지할 정도로 가장 강력했다. 그들은 다양한 규모의 회사들을 차리고 현지 베트남인들을 중개인으로 종종 고용하여 손쉽게 경영했다. 또 많은 이들이 베트남 여성과 결혼하여 집안 단속과 사업 모두에서 도움을 받았다. 네덜란드인들은 허락을 얻어 호이안에 무역대리상을 열었다. 반면 포르투갈인들은 호이안의 시장 사정에 밝았던 중국인이나 일본인을 고용했고 중국이나 일본 시장과 넓게 접촉하면서 현지 사업을 경영했다.

광남의 무역관리기구는 "조사(艚司)" 혹은 "조부(艚部)"라고 했다. 그기구에는 책임자가 2명(該艚와 知艚), 주요 무역 업무를 담당하는 관리 8명, 내근자(該房) 6명, 문서업무를 담당하는 관리(슈吏) 30명, 정예병사 50명, 4개의 분대로 편성된 해군(艚兵) 70명, 통역관(通事) 7명이 있었다.

조사의 주된 업무는 외국 상인들에게 상업세를 부과하여 징수하는 것이었다. 수입세(到稅)와 수출세(回稅)가 있었는데, 수입세가 수출세보다 약 10퍼센트 정도 더 높았다. 서양 선박에 대한 세금이 가장 높았고, 마카오와 일본에서 온 선박에 대한 세금이 그 다음으로 높았으며, 중국의 상해(上海)와 광동에서 온 선박에 대해 세 번째로 높은 세금을 매겼다. 복건에서 온 배와 시암과 루손에서 온 배들에 대한 세금은 같았고, 하티엔(Ha Tien) 같은 베트남의 여타 항구에서 온 배들에 대한 세금이 가장 낮았다. 응우옌 왕조의 초기 동안 대외무역 세수는 매년 작게는 1만 베트남민(min; 緡)에서 많게는 3만 베트남민이나 되었고, 그 중 60퍼센트는 국고로 들어갔고, 나머지 40퍼센트는 관리와 군대의 급여로 지불되었다.

호이안시는 거의 200년 동안 번성했다. 하지만 18세기 말 무렵 강 하구의 퇴적으로 인해 서구 대형 선박들의 입항이 얼마간 힘들게 되었고 이런 배들은 점차 다낭(Da Nang)으로 기항지를 옮기게 되었다. 그 결과 호이안의 대외무역이 서서히 쇠퇴했다. 그에 더해 1778년에서 1802년에 걸친 전쟁으로 후에와 광남 지역이 큰 피해를 입었고, 호이안의 무역도 영향을 받았다. 또 터이선(Tay Son; 西山) 왕조는 서구 상선들에게 호이안 북쪽의 트라손(Tra Son) 만에 정박할 것을 강요했고, 이것이 대외무역 중심지로서의 호이안의 지위에 최종적인 타격을 가했다.

7. 항시(港市)국가 하티엔: 동남아시아의 '소(小) 광주'

시암 만은 베트남 중남부와 말레이 반도 사이에 위치하며, 고대에는 라자부리(Rajaburi)로 알려졌다. 참파인과 캄보디아인, 말레이인, 시암인이 살았던 이 지역에는 해양교역의 전통이 있었다. 여러 시대에 걸쳐 오케오, 락자(Rach Gia) 등 여러 중요 항구들이 번성했다. 10세기 이후 어느 정도의 규모를 가진 중국인 공동체들이 이 지역에 등장했다.

1671년 광동의 뇌주(雷州) 사람 막구(鄭玖)가 청의 통치에 불만을 품고 일족 전체를 이끌고 해남(海南)을 넘어 그 지역으로 이주했다. 그는 하티엔 지역에 독자적인 중국인 정권을 세우고[25] 메콩 강 하구와 시암 만에 해운업으로 번성하는 국제 무역 거점을 건설했다. 이곳은 곧 "소 광주"라고 불리었다.

막구의 하티엔 정권은 언제나 광남에 신하의 예를 취했고 응우옌 왕조는 그에게 면세나 감세와 같은 여러 가지 특혜 정책을 폈다. 1736년 응우옌 왕조는 그에게 "용패선(龍牌船) 3척"을 하사하고 그 배들에 대해 화물세(貨稅)를 면제해 주었다.[26] "용패선"은 응우옌 정권이 광남으로 오는 외국 상선들에게 발행한 특별한 징표로 면세혜택을 받았다.

막구의 하티엔 정권은 시암 만에 의거하는 사실상 별개의 나라였고, 통상을 장려하여 국내외의 상인들을 끌어 모았다. 말레이 반도와 수마

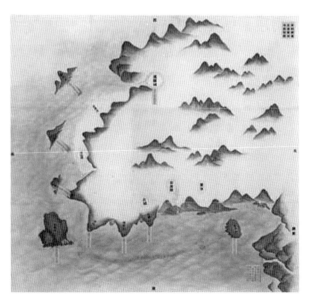

그림 4-30
『查詢廣東至暹羅
水陸道里圖』
1769년 8월 15일
양광총독 이시요
(李侍堯) 제출.
臺北, 故宮博物院
소장.

트라, 자바, 시암, 인도, 복건, 광동, 해남에서 온 배들이 무역을 하려고 이곳으로 모여들었다. 거래된 상품에는 금, 은, 소금, 쌀, 동전, 기남(奇 楠; Aquilaria crassna), 침향, 상아, 서각(犀角), 두구(豆蔻; cardamom), 사 인(砂仁; fructus amomi), 계피, 후추, 소목, 오목(烏木), 홍목(紅木) 등 정부가 거래를 통제하는 값비싼 상품이 포함되었고, 사견(絲繭), 견포 (絹布), 알갱이 설탕, 거품 설탕, 각설탕 등 수요가 아주 높은 상품과 아울러 국가가 구입을 규제했던 금속제품도 있었다.27)

하티엔은 자체 상업 역량을 갖추고 있었는데, 그곳의 상인들은 세 가지 범주로 구분되었다. 대상(大商)은 장거리 무역에 참여했고, 중소 상인들은 현지 거래에 참여했다. 그리고 국가의 전매 상품 판매와 대 외무역을 전문적으로 다루는 관상(官商)이 있었다. 1728년과 1729년 막구는 류위관(劉衛官)과 황집관(黃集官)을 일본에 파견하여 막부와 접촉했고 일본과 무역을 할 수 있는 인가증인 '신패(信牌)'(朱印狀)를 얻었다.28)

하티엔에는 광동 사람들이 많았고 대(對)중국 무역은 주로 광동에 집중되었다. 18세기 중반 매년 광주와 동남아시아를 오가는 범선 30 척 중 85 내지 90퍼센트가 하티엔과 코친차이나(광남의 호이안)를 향 해 항해했다. 이 배들은 대부분 광동 행상(行商)들인 안(顔)씨, 엽(葉) 씨, 채(蔡)씨, 구(邱)씨, 반(潘)씨, 진(陳)씨의 소유였다.29)

하티엔과 광동 간의 무역에서 수출품은 쌀, 주석, 등나무(藤條), 사 고(sago; 西米), 각종 도료(塗料) 등이었다. 하티엔과 주변 지역의 주요 농산물로서 쌀은 곡물이 부족한 광동으로 대량으로 수출되었다. 등나 무는 향이 없고 가늘고 신축성이 있어 차를 포장하는 재료로 알맞았 다. 등나무는 주로 찻잎을 포장하는 데 이용되었고, 또한 내용물을 꺼 낸 뒤에는 등 공예품의 원료로도 팔렸다. 사고는 훌륭한 파손 방지용 자재로서 도자기와 같은 파손되기 쉬운 상품의 장거리 운송에 이용되

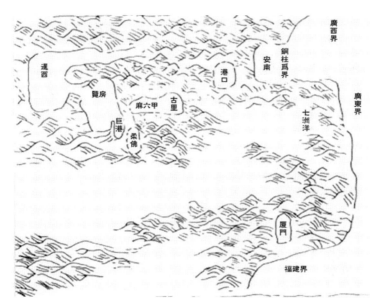

그림 4-31 복건에서 바타비아에 이르는 항로상에서 하티엔의 위치
출처: 王大海, 『海島逸志』, 姚楠·吳琅璇校注, 香港: 學津書店, 1992.

었다. 게다가 상품을 부린 후에는 사고를 식자재로 팔 수도 있었고, 광동 사람들이 사고를 아주 좋아했다.

하티엔과 광주 간의 무역에서 대량으로 거래된 상품은 금속이었다. 하티엔의 주석은 해외 시장(인도네시아의 팔렘방과 봉가[Bongal] 같은)에서 들어왔다. 봉가의 주석 광석은 대부분 하티엔으로 운반되었고 그 뒤 광주로 갔다. 네덜란드와 스웨덴, 덴마크 등의 동인도회사 기록들에 따르면, 광주로 대량으로 들어온 주석 수입품이 하티엔을 거쳤던 것이었다. 1758년과 1774년 사이에 광주는 동남아시아의 항구들로부터 7만 9,935담의 주석을 수입했는데, 그 중 2만 4,688담이 하티엔에서 들여온 것이었다. 이것은 전체의 30퍼센트를 차지하는 양으로 팔렘방에서 들여온 4만 7,468담에 이어 두 번째로 많은 양이었다. 1769년에 하티엔에서 광주로 수입된 주석의 양은 6,000담이었다. 1774년에는 하티엔에서 출항한 범선 한 척이 1,400담의 주석을 광주로 싣고 왔고, 그 외에 주석을 싣고 온 배가 2척 더 있었다. 그 해에 약 5,000담의 주석이 광주로 운반된 것으로 추정되었다. 1770년대에도 엄청난 양의 주석이 계속해서 하티엔에서 광주로 운반되었다. 그 결과 하티엔에서 배가 도착했다는 소식만으로 광주의 주석 가격이 하락하곤 했다.[30] 하티엔이 중국 주석 교역의 주요 원천이었다고 할 수 있는 것이다.

17세기 말부터 1780년대까지 하티엔은 인도차이나 반도의 "항시국가"로서 그 지역의 해상교역에서 핵심적인 역할을 하였다. 막구와 그의 아들 막천사(鄚天賜)는 하티엔을 시암 만에 위치한 번성하는 국제항구로 건설했다. 북쪽 강을 통해 메콩 강 하류로 이어지고 남쪽 해로를 통해 시암 만과 말레이 반도 남쪽 지역으로 이어진 하티엔은 실로 그 지역의 교통 허브였다. 하티엔을 매개로 이루어진 상업 교통망은 메콩 강 델타 지역의 바삭(Bassac) 강과 캄보디아 내륙지역, 말레이 반도 동부 연안 지역, 인도네시아의 링가제도(Lingga Islands)와 팔렘방-봉가 권역을 아우르고 있었다. 이 상업망은 동아시아의 해양 운송 및 교역 체계에서 중요한 위치를 차지하고 있었다.

8. 실크와 도자기, 차, 그리고 은

16세기 중반 이후 중국의 외교 및 무역의 주요 상대국이 동남아시아 여러 나라에서 유럽 및 아메리카로 바뀌었다. 수입 및 수출품의 구성 역시 크게 바뀌었다. 수출품은 주로 실크, 차, 도자기였고 아울러 수직 옷감(土布), 설탕, 빙당(冰糖), 사향, 대황(pieplants; 大黄), 강황(薑黄), 주사(朱砂), 장뇌, 명반(明矾), 구리, 수은, 아연(鋅), 솥(鐵鍋) 등도 있었다. 수입품에는 일본산 은과 황동(黃銅), 해산물, 동남아시아산 상아, 대모(玳瑁), 향신료, 쌀, 해산물, 직물, 납, 주석 등이 있었다. 유럽과 아메리카에서 들어오는 수입품 중 가장 많은 것은 은화, 모직물, 면화였다. 그 외에 피혁제품, 향신료, 약재, 아편, 유리제품, 유리거울, 자명종 등도 들여왔다.

실크 상품

명대에 중국산 실크는 동남아시아와 일본 그리고 다른 전통적인 무역 상대국에 수출되는 것은 물론이고, 또한 포르투갈인과 스페인인 그리고 네덜란드인을 통해 유럽 및 아메리카로도 운반되었다. 아주 다양한 상품들이 마카오에서 마닐라로 운반되었는데, 생사, 실크 실(絲綫), 베일(面紗), 레이스(花邊), 꽃무늬 비단(花緞), 세견(綫絹) 등이 대량으로 거래되었다. 1608년경 마카오에서 마닐라로 선적된 상품의 총 가치는 20만 페소였고, 그 중 19만 페소가 실크 직물이었다. 이는 전체의 95퍼센트에 해당한다. 1619년에서 1631년까지 포르투갈이 운송과 판매를 통해 마카오에서 필리핀으로 옮긴 생사와 실크 직물의 가치는 연간 150만 페소에 달했다.[31]

중국산 실크는 놀랍도록 아름다웠고 합당한 가격을 가졌다. 필리핀과 멕시코, 그리고 여타 지역들에서 그에 대한 수요가 아주 컸다. 스페인인들의 의복과 가톨릭 성직자들의 제의(祭衣)를 중국산 실크로 제작했다. 중국산 실크의 수입량이 늘어나면서 가격이 하락했고, 더욱 더 많은 사람들이 실크를 마련할 수 있었다. 스페인인들은 실크 교역에서 막대한 이윤을 올렸다. 투자회수율이 보통 100 내지 300퍼센트였다. 때로는 그것이 1,000퍼센트까지 올라가기도 했다.[32]

청대의 동·서 간 교역에서도 실크 제품은 여전히 큰 비중을 차지했다. 건륭제 치세의 '일구통상' 시기 동안 유럽 상인들은 주로 실크 제품을 구입하기 위해 광동으로 왔다. 매년 그들이 판매를 위해 운반

그림 4-32 스웨덴 동인도회사에서 지불한 차 대금 영수증(1805년)과 실크 직물 선적 명단(1802년)

한 호주(湖州)산 실크(湖絲)와 여타 실크 직물의 양은 약 10만 내지 16만 5,000킬로그램에 이르렀고, 은 가치로 70만 내지 80만 냥에 달했다. 가장 거래가 덜한 시기에도 거래된 실크의 가치는 약 30만 냥 아래로 내려가지 않았다. 1698년에서 1722년까지 약 1,833담의 생사가 광동에서 유럽 및 아메리카로 운송되었다. 이 수는 1740년과 1779년 사이에 1만 9,200담으로 늘어났고, 1780년에서 1790년까지 2만 7,128담으로 늘어났으며, 1820년에서 1829년까지는 5만 1,622담이나 되었다.[33]

도자기

17·18세기는 중국 도자기 생산의 황금기였다. 이때 관요(官窯)와 민요(民窯)가 모두 번성하였다. 청의 강희제, 옹정제, 건륭제가 모두 도자기를 애호했고 도자기의 생산과 개발을 장려했다. 특히 이 시기 도자기의 장식이 크게 개선되었다. 강희제는 서구의 과학과 기술, 의학, 예술에 관심이 많았는데, 이때 도자기 몸체를 법랑(琺瑯)으로 칠하여 상감칠보 자기를 만들었으며, 이것이 핑크색에 바탕을 둔 연채(軟

彩)자기를 개발하는 데 직접적인 영향을 주었다. 중국에서 처음 채택된 연지홍(胭脂紅; carmine)(洋紅)은 일종의 붉은 수입 색소였다. 법랑자기 제품은 황제의 궁정에 비치한 자기 중 최고 걸작이었고, 특히 궁정의 종교 및 제사용으로 사용되었다.

강서(江西)의 경덕진, 복건의 덕화(德化)와 장주(漳州), 광동의 석만(石灣)과 광주, 호주 등이 청대 수출용 도자기 생산의 주요 기지들이었다. 지금까지 많은 해외 박물관들과 수집기관들이 중국산 도자기를 대량으로 수집해 왔다. 아시아와 유럽, 아메리카의 난파선에 대한 고고학적 연구에 따르면, 중국산 도자기는 난파선에서 인양한 화물의 중요한 일부를 이루었다.

청대의 수출용 자기 중 "문장자기(紋章瓷)"는 아주 세련된 고가품이었다. 16세기 초 포르투갈인들이 중국에 이런 종류의 자기를 주문했지만, 그 양은 적었다. 17세기 말 이후 강서 경덕진의 자기 제작소들이 유럽 문양을 사용하여 자기를 주문제작하기 시작했다. 이런 주문제작 제품은 마카오의 포르투갈인을 통해 유럽으로 팔렸다. 18세기 말과 19세기 초에 유럽에서는 개인이 제공한 문양에 따라 제작하는 문장자기의 주문이 일반적인 관행이 되었다. 광주는 문장자기의 주요 산지 중 하나였다. 스웨덴에는 익히 알려진 문장자기 세트가 200여 종류가 있었다. 문장자기에는 몇 가지 두드러진 특징이 있다. 첫째, 문장자기는 왕가나 귀족, 여타 중요 명사들을 위해 주문 제작되었다. 둘째, 문양은 유럽인들이 만들어 제공했다. 셋째, 문장자기를 본떠 유럽의 초기 유리그릇이나 금속제품, 유약을 바른 도기 같은 유럽 제품들이 제작되었다. 문장자기 외에도 길드와 상조 모임을 위해 주문제작된 것도 있었고 아울러 종교적 목적이나 개인적인 목적으로 만든 것도 있었다.[34]

청의 강희제가 해상무역을 다시 연 후 광주의 도요(陶窯)들은 외국 상인들의 수요에 맞추기 위해 경덕진에 무늬가 들어 있지 않은 도자기 제품을 특별하게 주문하여 뒤에 그것을 견본 도안과 그림에 따라 장식하곤 했다. 일부 도자기들은 특별히 서구인의 취향에 맞는 자재를 쓰고 처리되어 3색이나 5색의 유약을 발라 구웠다. "광채(廣彩)" 혹은 "광동채(廣東彩)"라고 불렀던 이런 고급 도자기는 아주 값비싼 가정용품일 뿐만 아니라 당대 유행한 예술진품이기도 했다. 유자분(劉子芬)의 『죽원도설(竹園陶說)』은 이렇게 전하고 있다.

바다를 개방한 직후, 중국에 온 서구 상인들은 먼저 마카오에 도착했고, 뒤에 광주로 갔다. 청 중엽 광주에는 수많은 외국 배가 모여들고 상업이 번성하였다. 유럽은 중국산 도자기를 중요시했고, 우리 상인들은 그들의 요구에 맞추어 주었다. 상인들은 경덕진에서 백자 소태(素胎)[10]를 구워 만들고 그것을 광동으로 운반했다. 그리고는 따로 장인들을 고용하여 그 소태에 서구의 화법을 모방하여 문양을 그려 넣고 채색한 후, 주강 남쪽의 하남(河南)에 있는 가마에서 구워 채색도자기를 만들어 서구 상인들에게 팔았다. 그 도자기들은 경덕진에서 구입하고 광동 하남의 제작소에서 채색을 했기 때문에 하남채(河南彩)나 광채(廣彩)라고 불렀다. 이런 종류의 자기는 건륭 치세에 시작되었고 가경제와 도광제 시기에 성행했다. 오늘날 광동에서 팔리는 요자(饒瓷)는 대체로 광동에서 채색된 것들이다.[35]

1769년 윌리엄 힉키(William Hickey)라는 이름의 미국인이 광주로 여행하였다. 그는 하남의 자기 제작소를 방문한 후 이렇게 말했다. "긴 회랑에 약 200명의 일꾼들이 앉아 자기에 바쁘게 문양을 새기고

---

10 잿물을 입히기 전 흰 몸체 상태의 도자기.

다양한 색채를 그려 넣고 있었다. 그들은 나이가 많았지만 6세나 7세 정도 되는 어린 일꾼들도 있었다." 당시 그곳에는 그런 제작소들이 100군데 이상 있었다.[36)

소위 '광채'의 생산은 가경제(1796~1821년)와 도광제(1821~1850년) 시기 동안 정점에 이르렀다. 가경제 시기에 남포(藍浦)는 이렇게 말했다. "수출용 자기는 특히 외국인들에게 파는 것이었다. 그 몸체는 진흙으로 만들었다. 보통 광동 동쪽 사람들이 그것들을 사서 외국인들에게 되팔았다. 그런 자기들의 형태는 기묘했고 여러 해가 지나며 다양해졌다."[37) 광서제(光緖帝) 시기(1875~1908년)에 진류(陳瀏)는 이렇게 보고했다. "광동의 일부 도요들은 경덕진의 도요와 유사했다. 가경제와 도광제 시기에 그것들은 13행이 운영했다. 아부용관(阿芙蓉館)이 처음으로 도요를 세웠다. 거기서 생산된 차완들에는 모두 하얀 바탕

그림 4-33 18세기 중반과 말에 중국에 주문 제작된 자기 식탁용 식기류 프랑스 스트라스부르역사박물관 소장.

에 채색 문양을 그려 넣었고 그 정교함이 비할 데가 없다. 문양은 대부분 아주 정교한 자를 이용해 그렸다."[38]

광동에서 생산된 광채는 외국 시장의 수요에 맞추어 새로이 다양한 형태로 제작되었다. 광채는 생산기술과 질 면에서 일반적인 민요의 흔한 생산물보다 훨씬 더 나았다. 그래서 빠르게 주목 받았고 주요한 수출용 자기가 되었다.

차

17세기 이후 스페인과 프랑스, 독일, 스칸디나비아에서 차 마시는 풍습이 널리 퍼지게 되었다. 포르투갈에서는 왕실 사람들과 귀족들도 차를 마시는 습관을 발전시켰다. 18세기 영국의 상층계급 가정들과 카페에서는 대개 차를 선택 음료로 삼았다. 17세기 말 앤(Ann) 여왕 시기 계관시인(桂冠詩人) 나훔 테이트(Nahum Tate)는 차에 대한 찬사를 담은 다음과 같은 시를 남겼다.

차는 나의 근심을 녹여버리고
차는 즐거움으로 나의 근엄함을 조정하니,
이 음료는 우리에게 얼마나 큰 행복을 가져다주는지!
차는 우리의 지혜와 유쾌한 환호를 더해준다네.[39]

해외의 엄청난 차 수요가 중국의 찻잎 생산과 수출을 추동했다. 중국산 차 수출은 홍차(紅茶)와 녹차(綠茶)로 이루어졌는데, 그 중 홍차가 대중을 이루었다. 홍차는 주로 복건과 광동에서 생산되었다. 녹차는 안휘, 절강, 강소에서 나왔다. 차 수출양이 급속하게 늘어나고 차가 서구 세계에 큰 영향을 끼치면서, 해양실크로드는 "차의 길(Tea Road; 茶葉之路)"이라고도 알려졌다.

1760년대 이전에는 네덜란드인들이 가장 큰 차 상인이었다. 18세기의 첫 10년 동안 네덜란드 동인도회사는 바타비아로 들어온 중국 범선을 통해 중국산 차를 거래했고 연간 10만 내지 50만 길더(guilders)의 이익을 얻었다. 1728년에서 1734년까지 네덜란드는 11척의 상선을 광주로 파견했고 그 중 9척이 135담의 차를 구입했는데, 이는 가치로 환산하면 174만 3,945길더나 되었고 그 배들이 운반한 상품 전체의 73.9퍼센트에 달했다. 1734년 이후 네덜란드 동인도회사는 차 무역에서 부침을 겪었지만, 그럼에도 차는 여전히 가장 중요한 대(對)중국 교역 상품이었다. 1720년대에서 1790년대까지 차는 네덜란드 동인도회사가 중국에서 수입한 상품의 70 내지 80퍼센트에 해당했고, 때로는 85퍼센트 이상을 차지한 적도 있었다.

18세기 중반 이후 영국 동인도회사가 유럽의 중국산 차 시장을 거의 독점하였다. 1765년에서 1774년까지 영국 동인도회사가 구입한 차의 양은 그 시기 대부분에 걸쳐 중국에서 수입한 상품의 50퍼센트 이상을 차지했다. 19세기 이래 이 수치는 90퍼센트를 넘어서게 된다. 차 무역은 영국 동인도회사에 막대한 이윤을 가져다주었다. 1815년부터 매년 영국 동인도회사는 대중국 차 무역에서 100만 파운드 이상의 이윤을 벌어들였다. 이것은 회사 전체 이윤의 90퍼센트를 차지했고, 영국 국고 총 수입의 10퍼센트에 해당했다.[40]

18세기 초에 네덜란드인들은 중국산 차 종자를 자바에 이식하고자 했지만 성공하지 못했다. 18세기 말 영국인들은 인도에서 차를 재배하는 데 성공했고, 그리하여 남아시아로 차 재배업이 확산되기 시작했다.

은

동·서무역에서 유럽 및 아메리카의 여러 나라로 운반된 중국 상품들은 일부는 중국산이지만 대부분은 다른 나라에서 생산된 것들이었다. 하지만 유럽인들이 가져온 상품의 중국 내 시장 점유율은 미미했다. 건륭제 시기 말까지 중국은 언제나 대(對)서구 무역에서 수출초과 상태에 있었다. 따라서 유럽 여러 나라와 아메리카는 자신들의 무역적자를 메우기 위해 다량의 은을 싣고 올 수밖에 없었다.

실제로 서구의 장기적인 무역적자 상태는 다량의 은이 중국 시장으로 들어오게 만들었다. 1602년 남아메리카의 한 주교는 "매년 200만 스페인 달러(Spanish dollars)에 상당하는 은이 필리핀으로 들어가지만, 이 모두는 중국인의 수중으로 가지 스페인으로 가지 않는다"고 하였다. 1638년에 한 스페인 장교는 이렇게 말했다. "중국 황제는 페루에서 온 은괴를 이용해 궁전을 지을 수 있을 것이다." 1586년에서 1640년까지 마닐라에서 마카오로만 2,025만 페소에 상당하는 은이 운반되었고, 이는 중국으로 유입된 전체 은 가치 2,742만 페소의 73.9퍼센트를 차지했다.[41]

당시 일본은 풍부한 은 산지였다. 16세기 말에 이쿠노(生野) 은광은 매년 도요토미 히데요시에게 10톤의 은을 조세로 납부했다. 17세기 초에는 이와미(岩美) 은광이 도쿠가와 이에야스(德川家康)에게 매년 12톤의 은을 납부했다. 1618년에서 1627년까지 일본의 사도(佐渡) 은광은 매년 60 내지 90톤의 은을 생산했다. 1560년과 1600년 사이에 일본은 다량의 은을 이용하여 중국산 상품을 구입했는데, 그 결과 3만 3,750킬로그램 내지 4만 8,750킬로그램의 은이 중국으로 유입되었다. 영국인 역사가 C.R. 박서는, 1585년에서 1640년까지 나가사키에서 마카오로 선적된 은의 총양이 거의 1,500만 냥이나 되었고 그 대부분이 중국으로 갔다고 믿는다.

중국 학자 양방중(梁方仲)은 1573년에서 1644년까지 1억 개가 넘는 은화가 포르투갈, 스페인, 일본 등의 여러 나라에서 중국으로 운송되었다고 추산했다.[42] 18세기 전체 동안 영국인들은 2억 8,900만 개나 되는 많은 은화를 사용하여 중국산 상품을 구입했다. 서구 세계로부터 중국으로의 이런 연속적인 은 유입은 19세기 초까지 지속되었다.

대량의 은 유입은 중국 동남부 경제에 엄청난 영향을 주었다. 은은 합법적 교환 및 지불수단으로서 동전을 점차 대체했다. 동남부 연안 지역의 부동산 임차(地租形態)가 화폐화하기 시작했다. 은은 또한 징세용으로 이용되었고, 그리하여 전반적인 예산 및 지불 수단으로 되었다. 프랑스의 중국학자 자크 제르네(Jacques Gernet)는 지불수단으로서 은의 광범위한 사용을 16세기 이래 중국사에서 "가장 중요한 변화 중 하나"라고 여겼다.

대(對)중국 무역에서 무역역조 상황을 역전시키기 위해, 서구 여러 나라들은 중국과의 교역에 개입하려는 여러 조치들을 취했다. 이런 조치들에는 중국으로의 은 유입을 차단하고자 하면서 상품 수출을 증대하고 중국 상인의 거래를 제한하는 조치가 포함되었다. 하지만 이런 조치들의 효과는 크지 않았다. 1770년대 이래 영국 동인도회사는 대량의 인도산 아편을 중국으로 선적하여 팔았다. 이것은 무역적자를 역전시켰을 뿐 아니라 중국으로부터 은의 대량 유출을 야기하기까지 하였다. 그리고 청조의 사회경제적 안정에 큰 손상을 입혔다. 이것은 결국 19세기 중반에 두 차례 아편전쟁의 발발로 이어졌다.

9. 동남아시아와 일본의 중국인들

서구인들이 몰려와 동양에 상관과 식민지를 세울 때, 중국 동남 연안 지역의 많은 중국인들도 정부의 엄중한 해금정책을 무시하면서 바다 멀리 나가서 무역, 장사, 토지경작, 광업, 등 여러 형태의 생활을 이어갔다. 이런 이주민들이 동남아시아와 일본의 여러 곳에 중국인 공동체와 마을을 세웠다. 중국의 명청교체기 동안에는 새로운 만주족의 통치를 받아들이지 않으려는 수많은 사람들이 동남아시아 여러 나라들로 몰려들었다. 그런 이주는 청대 전체에 걸쳐 끊이지 않았다. 그이후 빈곤에 내몰린 많은 평민들이 생계를 찾아서, 그리고 많은 상인들은 더 많은 부를 찾아서 해외로 이주했다. 그들의 해외 이주는 청대 시기 전체에 걸쳐 있었다. 일부 서구인들은 자신들 보다 앞서 "중국인들이 동남아시아 도처에 자리를 잡았다"고 탄식하였다.

안남(安南)

안남(오늘날의 베트남)은 중국의 광동 및 광서와 연결되어 있다. 안남과 두 곳과의 국경을 넘어서는 교류는 언제나 빈번하고 긴밀했다. 명대 중반 안남은 외국 상인들을 상대하는 교역 중심지로서 운둔주(雲屯州)를 특별히 두었다. 광동과 복건 출신의 상인들은 "대안계(大眼雞)"라고 불린 거대한 범선을 타고 계절풍을 이용해 중국과 베트남 사이를 오갔다. "가을에 부는 바람 때문에 때로는 배가 겨울이 오기를 기다리며 그곳에 머물러야 했다."[43]

16세기 말 안남의 북쪽 친(Trinh) 왕조가 교주(交州) 동남쪽의 포히엔(Pho Hien; 庸憲)[11]을 대외무역을 위한 상업 중심지로 삼았다. 1688년 해로로 이곳에 들린 반정규(潘鼎珪)는 포히엔을 이렇게 묘사했다.

포히엔은 그 수도로부터 겨우 110리(50킬로미터) 정도밖에 떨어져 있지 않다. 무릇 사방의 서양 선박들이 그 나라에 물건을 팔기 위해서 모두 그곳에 정박했다. 포히엔에 관리를 두어 그 지역

---

11 오늘날 베트남 하이흥의 흥옌(Hung Yen).

을 나누어 지키게 했다. 그곳에는 시가지 10여 곳이 있는데, 천조가(天朝街)라 하였다. 현지인들은 중화(中華)를 존중하여 천조(天朝)라고 했고, 중국인을 천조인(天朝人)이라고 불렀는데, 이전의 제도를 따른 것이다.[44]

17세기 말 포히엔에는 중국인 거류지(Bac Hoa)가 형성되었으며, 거기에는 상가(上街), 중가(中街), 하가(下街)의 세 거리가 있었다. 중국인들의 유입이 계속되자 후 레(後黎) 왕조의 손남(Son Nam; 山南) 도독 레딘키엔(Le Dinh Kien; 黎定建)은 1696년 안부(An Vu) 촌과 난둑(Nhan Duc) 촌 사이에 또 다른 구역을 설정하고 건물을 지어 새로 들어오는 중국인 상인들이 자리 잡게 하였다. 곧 중가와 하가 사이에 반라이트리어(Van Lai Trieu)라는 이름의 새로운 부두가 등장했다.

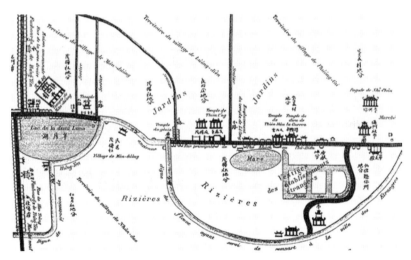

그림 4-34 1895년 뒤무티에(G. Dumoutier)가 그린 포히엔 지도
출처: Claudine Salmon, 「碑銘所見南海諸國之明代遺民」『海洋史研究』 第4輯, 北京: 社會科學文獻出版社, 2012.

　광주 상인, 조주(潮州) 상인, 객가(客家) 상인, 해남(海南) 상인, 복건
상인들은 다른 무엇보다 중국산 약재, 직물, 향신료, 벌꿀, 실크 및 실
크 직물의 교역에 참여하였다. 중국인들은 포히엔이 쇠퇴하게 되는
1730년대까지 현지 교역을 지배하는 위치에 있었다.

　남쪽의 응우옌 왕조는 자신의 수도를 후에(Hue)[12]에 두었고, 외국
상인들이 호이안에서 교역을 수행하는 것을 허락하였다. 중국 각지에
서 온 상인들이 이곳에 회관(會館)을 세웠는데, 복건회관, 광조회관(廣
肇會館), 해남회관, 조주회관, 중화회관(中華會館) 등이 있었다.

　17세기 중반 명을 지지한 많은 사람들은 만주족의 지배에 굴복할
의향이 없었다. 그들 중 많은 이들이 베트남으로 이주했다. 여진(余
緝)의 『속국효순소(屬國效順疏)』에 따르면, 명말 이래 광남으로 "건너
간 사민(士民)과 평민의 수가 수백만을 헤아렸다."[45] 명의 많은 고위
급 군지휘관들이 중국을 떠나 베트남으로 갔다. 광동에서 용문 지역
의 육군 및 해군을 책임졌던 총병관(鎭守龍門水陸等處地方總兵官) 양
언적(楊彦迪)과 그의 부장(副將) 황진(黃進), 그리고 고주(高州), 뇌주

---

12 오늘날 투아티엔후에성의 수도.

그림 4-36
호이안의
광조회관(廣肇會館)

그림 4-37
호이안의
복건회관(福建會館)

그림 4-38 호이안의 명향취선당(明鄕萃先堂)

(雷州), 염주(廉州) 등지의 방위를 책임졌던 총병관(鎭守高雷廉等處地方
總兵官) 진승재(陳勝才)와 부장 진안평(陳安平)이 군대를 이끌고 베트
남으로 가 각각 미토(My Tho)와 동나이(Dong Nai)에 정착했다. 뇌주

해강(海康) 출신인 막구도 하티엔에 정착했다. 이런 이들은 메콩 강 하구의 평야개발에 중요한 공헌을 하였다.

응우옌 왕조는 다른 나라의 유민들에게 거처와 사업 기회를 제공하는 "광초유민(廣招流民)" 정책을 폈다. 그리하여 명향사(明香社)라 불리는 중국인들의 마을 결사가 세워지고 그에 속한 사람들에게는 베트남인과 결혼하고 토지를 소유하며 부세(賦稅)를 면제받고 과거 시험에 참여하는 등의 특권이 주어졌다. 그들은 적절할 관직을 부여받아 정부 관리로 활동할 수도 있었다.

그림 4-39
하티엔의 막구묘

그림 4-40
하티엔의
막천사묘

1828년 명향사는 명향사(明鄕社)로 이름을 바꾸었다.[46] 그 후 명향사에 속한 사람들의 이름이 정식으로 호적에 편입되었고, 명향사는 베트남의 기층 조직 중 하나로 되었다.

청나라가 해양무역을 다시 연 후에는, 응우엔 왕조는 중국인 이민자들을 "탐논(Tam Nhon; 唐人)"이라 불렀다. 중국인 이주민의 수가 계속 늘어났기에, 당국은 그들이 "청인방적(淸人幇籍)"에 들어가야 하며 18세 이

그림 4-41 하티엔의 막구상

상의 중국인 거류민의 후예들(제2세대 이후)은 명향사적(明鄕社籍)에 들어있어야 한다고 정하였다. 점점 더 많은 중국인들이 베트남으로 들어오면서, 명향인의 수가 더 늘어났고 그들 모두 명향사에 속하는 것으로 인정받았다. 중국인과의 결혼 사례도 늘어나, 명향인은 보통 중국인과 베트남인의 혼혈아와 그 자손들을 가리키는 말이 되었다.

시암

14세기 말에 이미 시암으로 향하는 중국인의 이주 물결이 있었다. 16세기 중반 이래 시암의 수도 아유타야(Ayutthaya)에는 중국인들이 빽빽하게 거주하는 "내가(奶街; Freeman Street)"가 등장하고 있었다. 이 지역에 살고 있는 소상인들은 거의 모두 중국인이었고, 조선업, 대장장이, 제당업, 수공예 일로 생계를 잇고 있었다. 17세기에는 주요 중국인 거류지들이 북람파(北覽波), 촌부리(Chonburi), 차층사오(Chachoengsao), 시진(柴眞), 만잠(萬岑), 푸켓(Phuket)에도 들어섰고, 아울러 지금은 말레이시아에 속한 파타니(Pattani)에도 중국인 거류지가 있었다.

시암의 중국인들은 대외무역 사업에서 중개상으로 활동했다. 일부 기록에 따르면, 1639년 시암 국왕이 대외무역 사절로 파견한 관리와 창고관리인, 회계원 등이 모두 중국인이었다. "만덕사나(曼德斯羅)"라고 기록된 한 서양인은 시암 왕실이 "가장 선호하는 교역 대리인"이 중국 상인이라고 하였다.

1760년대에 시암은 끊임없이 버마의 침략을 당했다. 1767년 4월 7일 수도인 아유타야가 점령당했다. 광동성 조주(潮州) 증해(澄海) 출신의 조상을 가진 탁신(Tacsin; 披耶達信)(鄭信)이라는 이름의 중국인이 백성을 이끌고 버마와 맞서 싸우고 스스로 왕이 되었다. 11월에 탁신은 톤부리(Thonburi)를 탈환했고 이어서 아유타야도 되찾았다. 이리하여 시암은 다시 독립을 회복했고, 탁신은 톤부리를 수도로 삼으면서 톤부리 왕조를 세웠다. 톤부리 왕조는 자유롭고 개방적인 대외정책을 채택하여 해외 상인들을 유인하였다. 많은 중국인 상인들이 실크 제품과 도자기 등의 상품을 싣고서 시암으로 왔다. 이런 상품들을 판매한 후 상인들은 쌀과 온갖 종류의 시암산 현지 산물을 싣고 되돌아갔다. 많은 중국인 빈민들이 상선에 탑승해 선원, 짐마차꾼(車夫), 짐꾼(carcadors; 搬連工) 등으로 일하였고, 이들 중 많은 사람들이 결국 시암에 정착하였다.

차크리(Chakri) 왕조(1782년~현재)의 성립 이후 시암은 청과 우호 관계를 유지하였다. 중국 남부 연안 지역의 수많은 농민들이 시암으로 이주했고, 특히 조주 출신의 농민이 많았다. 1820년에서 1850년까지 매년 약 1만 5,000명의 중국인들이 시암으로 이주하였다. 중국에서 시암으로 돌아가는 배마다 중국인 이주민들을 태우고 있었다. 타이 왕 라마(Rama) 2세(1809~1824년)의 시대가 끝날 무렵 시암에는 44만 명의 중국인들이 살고 있었다. 라마 3세(1823~1851년) 시대 말기에는 그 수가 110만 명으로 늘어났다. 1830년대에 방콕의 전체 인구는 40만 명이었는데, 그 중 반이 중국인이었다.

당시 시암의 사회적 위계는 왕, 승려, 귀족관료, 나이(乃; freemen), 파이(派; dependents), 노예 등으로 구분되었다. "나이"는 타이어로 "자유민"을 뜻했는데, 시암의 중국인들은 여기에 속했다. 이 사회 계층은 요역(徭役)의 부담을 지지 않았다. 대신에 그들은 생계를 위해 상업과 농업, 광업에 종사했고, 시암의 사회경제적 발전에 상당한 기여를 했다.

파타니

타니(Tani)라고도 하는 파타니(Patani; 北大年)는 말레이 반도 동부 연안에 위치하며, 오늘날에는 케다(Kedah)로 알려져 있다. 1511년 포르투갈인들이 말라카를 점령했고 말라카 해협을 지나는 무역을 지배하면서 전제적 통치를 행하여 현지 중국 상인들이 그 지역에서 밀려날 수밖에 없게 되었다. 그래서 중국 상인들은 파타니에서 교역 기회를 구하였다. 원래 장주 출신인 장(張)씨 성을 가진 사람이 다토(Dato; 拿督)라는 지위를 가지고 파타니의 지역 경제에 아주 큰 영향력을 행사했다.

16세기 중반 파타니는 "도주한 중국 해적들의 천국(中國海盜連逃偸安之所)"이라 불렸다. 헤야바(He Yaba; 何亞八), 정종흥(鄭宗興), 임도건(林道乾) 같은 광동 해적들이 모두 한때 파타니에서 피난처를 구했다. 임도건은 광동과 복건 유민 2,000명을 모아 도건항(道乾港)이라 불린 넓은 영역을 차지했다. 파타니의 여왕은 임도건을 자신의 사위로 삼았고 중국인의 이주를 장려하였다. 그래서 파타니의 중국인 거류지는 중국인의 해외 거류지 중 가장 큰 것 중 하나가 되었다.[47]

명청교체 이후 동남 연안의 많은 중국인 상인들이 파타니로 이주했다. 말레이시아의 클란탄(Kelantan) 주에 있는 풀라이(Pulai) 촌의 경우 그 주민 모두가 300년도 더 전에 장백재(張伯才)라는 중국인을 따라 그곳에 온 중국인들의 후손이라고 한다. 이 사람들은 여전히 중국어의 객가(Hakka; 客家) 방언을 쓰고 있다.

말라카

말라카 왕국은 15세기 초에 마자파히트(Majapahit)의 왕자 파라메스와라(Parameswara)가 오늘날 말라카를 수도로 삼아 세운 나라였다. 1414년 이슬람을 믿었던 파라메스와라는 부유한 이슬람 상인 집단을 수마트라에서 말라카로 이주시켰으며 지아투이(Gia Thuy)와 칼링가스(Kalingas), 벵골 사람들과 도서 지역의 상인들, 그리고 중국인들의 지지를 얻었다. 제4대 왕인 무자파르 샤(Muzaffar Shah)는 왕국을 술탄국가로 바꾸었고 이슬람을 국교로 지정했다.

말라카 왕국은 절정기에 말레이 반도의 대부분과 수마트라를 정복하고 말라카 해협을 통제하면서 동남아시아에서 가장 중요한 교역 중심지가 되었다. 중국의 문헌에 따르면, 다양한 지역 출신의 상인들이 왕국에 모여들었고, 중국인들은 장거리로 상품을 운송했기 때문에 높은 가격을 요구하면서 다른 곳에서 얻는 것보다 몇 배나 더 많은 수익을 올렸다. 그곳은 보석, 마노(瑪瑙), 수정, 석청, 회회청(回回靑), 종마(種馬), 코뿔소 뿔, 용연향(龍涎香), 침향, 속향(速香), 목향(木香), 정향, 강진향(降眞香), 칼, 활, 주석, 후추, 소목(蘇木), 유황류 같은 산물들이 풍부하게 거래되는 곳으로 유명했다. 이런 물건들을 교역하기 위해 수많은 선박들이 그곳으로 왔다.[48] 유럽인들은 "부와 중요성에 있어 말라카에 필적할 만한 곳이 없다. 말라카의 위세는 베네치아보다 더 크다"고 하였다.[49]

1511년 포르투갈인들이 말라카를 점령하고 주권을 선언했다. 그들은 여러 나라 출신의 주민들을 관리하기 위해 2명의 "카피탄(Captains; 甲必丹)"을 두었는데, 한 명은 무어인, 힌두인, 자바인들을 관리했고 다

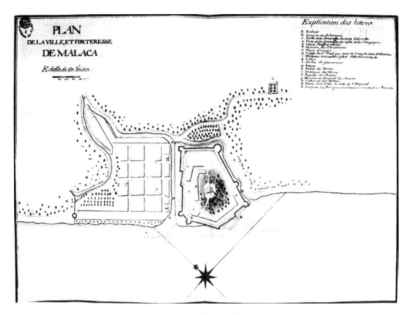

그림 4-42 말라카 시 및 요새 지도
1698~1700년 시기 프로제(F. Forger) 그림.

른 한 명은 중국인과 여타 민족 집단을 관리했다. 16세기 초에는 말라
카에 4명의 "샤반다르(Shahbandars)", 즉 항만관리관이 있었다. 그 직
책은 중국인, 자바인, 수바야(束吧亞)인, 벵골인이 각각 맡고 있었다.
샤반다르는 선주를 맞이하고 그들의 화물을 창고에 할당하여 분배하
고 숙소를 조정하며 수송 수단을 마련해 주고 항구세를 징수하는 것
을 책임졌다. 중국인 샤반다르는 중국과 인도차이나에서 온 상선을
전문적으로 책임졌다.

  16세기 초 말라카의 도시 인구는 4만 내지 5만 명이었다.[50] 중국인
이주민들은 현지의 관습을 준수했고 일부는 이슬람교도가 되기도 했
다. 명의 가정제 시기(1521~1566년)에 남중국해 출신의 황충(黃衷)은
이렇게 말했다. "말라카에서는 돼지고기를 먹는 것이 금기이다. 일부
중국 이주민들이 돼지고기를 먹었다가 혐오의 대상이 되었고 더럽다

그림 4-43 말라카의 중국인 묘지

는 말을 들었다."[51] 1641년에 그 도시에 사는 중국인의 수는 약 300 내지 400명이었다. 아백규(阿伯奎)라고 이름이 기록된 한 포르투갈인이 남긴 글에 따르면, 말라카의 2대 왕이 중국인 카피탄의 딸과 결혼했다고 하는데, 이는 말라카에서 중국인이 차지한 높은 사회적 지위를 보여주는 것이다.

인도네시아

9세기 이후 중국인들은 인도네시아 제도로 꾸준히 이주하였다. 14세기 말 무렵에는 광동과 복건 출신의 많은 중국인들이 마자파히트(Majapahit) 왕조 하의 구 스리비자야(Srivijaya; 三佛齊) 항으로 이주하여 정착하였다. 광동인 진조의(陳祖義)와 양도명(梁道明)이 가족을 거느리고 그곳으로 이주해 현지에서 큰 영향력을 발휘하는 사람이 되었다. 그들의 뒤를 따라 수천 명의 광동과 복건 출신 군인과 민간인들이 그곳으로 갔다. 일부 서양학자들은 광동 출신의 많은 부유한 상인들

그림 4-44 17세기 빈탄의 시장

이 그곳에 살았고, 그들 중 일부는 이슬람으로 개종하기도 했다고 한다. 네덜란드인들이 자바에 왔을 때, 빈탄, 베카롱안(Bekalongan), 투반(Tuban), 그레식(Gresik) 같은 항구들은 모두 중국인의 거류지가 있는 것으로 잘 알려져 있었다. 16세기 말 무렵 빈탄에는 3,000명이 넘는 중국인들이 있었고, 그들의 거류지는 "당인가(China Town; 唐人街)"라고 불렀다.

1619년 바타비아시가 들어선 이후 복건 출신의 많은 중국인들이 그곳으로 이주했다. 네덜란드인들은 중국인들이 자치를 하도록 중국인 지도자, 소위 "카피탄들(Captains; 甲必丹)"과 "리테난트들(Luitenants; 雷珍蘭)"을 임명했다. 1640년 바타비아 당국은 "뵈델메테르(boedelmeeters; 武直迷)"라 불리는 사회적 자선 조직을 세웠는데, 그것은 중국인 가문의 유산 운영을 책임졌고, 그 수익금으로 중국인 병원과 고아원을 지원하였다. 중국인들의 개인 자산은 보호받았고 자본의 비축이 장려되었다. 그 결과 재정적으로 건전한 중국인 중간계층이 등장했다.

바타비아의 중국인들은 온갖 종류의 사업을 운영했다. 일부는 심지어 시골에 사탕수수를 심고 설탕 정제소를 세우기까지 하였다. 1690년 무렵 중국 인구의 증가가 네덜란드 식민 정부의 관심사가 되었다.

그림 4-45
16~17세기
빈탄의 중국인

여러 가지 엄격한 형태의 이민 제한 정책이 시행되었다. 1720년대에는
바타비아의 사탕수수 사업이 꾸준히 불황에 빠졌고 그 결과로 많은
중국인 노동자들이 일자리를 잃었다. 1740년 10월 바타비아 교외의
중국인 노동자들이 봉기를 일으켰고, 네덜란드 식민 당국이 이를 진
압했다. 진압과정에서 많은 중국인 노동자들이 사망했다.[52]

 1770년대에는 광동의 가응주(嘉應州)[13] 출신의 대규모 객가인 집단
이 보르네오(현재의 칼리만탄 섬)로 들어와 "공사(公司)" 형식으로 광업
과 임업을 벌였다. 1777년 나방백(羅芳伯)을 비롯한 여러 사람들이 금
광 사업들을 통합해 난방공사(蘭芳公司)를 세웠고, 이는 "난방대총제
(蘭芳大總制; Lanfang General System)"로 알려졌다. 그 사업 내에서 나
방백은 "대가(大哥)"라 불리며 존경받았고, 밖에서는 "대당총장(大唐總
長; Great Tang Governor)"이라 불렸다. 1777년에서 1884년까지 한 세기
이상에 걸쳐 나방백에서 유아생(劉阿生)까지 13명의 총장(governors)이
있었다. 1795년에 나방백이 폰티아나크(Pontianak)에서 사망했다. 그를

---

13 오늘날 매주(梅州).

그림 4-46
1800년경 바타비아
라이덴(Leiden) KILV 소장
출처: 費莫·西蒙·加土
特拉, 『荷蘭東印度
公司』, 上海: 東方
出版中心, 2011.

그림 4-47
바타비아에 정박한
중국 정크선
영국국립해양박물관 소장
출처: 費莫·西蒙·加土
特拉, 『荷蘭東印度
公司』, 上海: 東方
出版中心, 2011.

그림 4-48 바타비아
최초의 카피탄
소명강(蘇鳴岡)의 묘
출처: Leonard Blussé,
『中荷交往史』, 修訂
版, 北京, 1999.

기념하여 폰티아나크에는 "대백공(大伯公)" 묘가 세워졌다.

난방공사는 술탄이 제공한 영지를 소유했고 군대와 독자적 사법체계를 갖고 있었다. 스스로 자치를 행한 것이다. 난방공사는 또한 약 10만 명의 사람을 아우르면서 독자적인 학교와 여러 사회 제도들을 운영하였다. 이 때문에 그것을 "난방공화국(蘭芳共和國; Lanfang Republic)"이라 불렀다. 1855년 네덜란드 동인도회사가 그 관할권을 접수하려고 군대를 파견해 분쟁이 발생했고 이 분쟁은 4년간 지속되었다. 1888년 난방공사는 와해되었다.

19세기 후반에는 많은 중국인 계약노동자들이 네덜란드령 동인도회사가 지배하는 영역으로 유입되어 교역 활동과 광업, 농업에 참여했는데, 이는 동남아시아 경제의 발전에 상당한 기여를 하였다.

그림 4-49 서보르네오의 중국인 광부

필리핀 제도

중국과 필리핀 간의 해양 교통의 시작은 당·송대로 거슬러 올라갈 수 있다. 마단림(馬端臨)의 『문헌통고(文獻通考)』에 따르면, "태평흥국 (太平興國) 7년(983년)에 마티(Mati; 摩逸國)의 배들이 광주 연안으로 상품을 싣고 왔다." 마티는 오늘날의 민도로(Mindoro)섬을 가리킨다. 당시 중국과 필리핀 제도 간의 왕래는 주로 남중국해 항로를 경유했다. 즉 광주-인도차이나 반도-참파-보르네오의 노선을 거친 것이다. 이 노선을 따라 항해한 외국 상인들은 주로 아랍인들이었다. 북송 중기 복건의 천주에서 필리핀의 루손, 민도로, 팔라완(Palawan)으로 가는 새로운 항로가 열렸다. 중국 상인들은 보통 겨울과 봄에 북동 계절풍을 이용해 남쪽으로 항해했고, 여름에 태풍이 불기 전(5월-6월)이나 가을에 태풍이 지나간 후에 남서 계절풍을 타고 돌아왔다. 이 항해가 쉽지 않았음에도 매년 왕복 항해가 이루어졌다.

명초에는 루손과 판가시난(Pangasinan)(루손 북부), 고마납랑(古麻拉朗), 술루(Sulu) 등 필리핀의 여러 지역이 명에 조공을 바쳤고, 그들 간의 민간 교류가 새로이 진전되었다. 중국 상인들은 필리핀의 거의 모든 지역에 이르렀고, 마닐라, 세부(Cebu), 홀로(Jolo) 등 여러 무역 중심지들의 현지인들과 직접 교역했다.

16세기 후반 스페인인들은 필리핀 제도를 점령하면서 그 지역이 식량과 일용품이 부족한 경제적으로 후진적인 곳임을 알게 되었다. 그래서 스페인 당국은 필요한 물자를 얻기 위해 중국 상인들이 무역을 위해 마닐라로 오도록 장려했다. 중국 상인들은 온갖 종류의 상품을 마닐라로 선적하여 현지 상인들에게 되팔고, 금, 은 여타 외국 상품과 교환하여 중국으로 다시 운송하였다. 필리핀 제도와 중국 남부 복건 간의 해상 교통이 가장 편리했기에 필리핀 거류 중국인의 대다수는 복건 남부(閩南) 사람들이었다.

1570년 마닐라에는 겨우 40명의 중국인이 있었다. 그러나 1572년경에는 그 수가 150명으로 늘었고, 1588년에는 중국인 수가 1만 명 이상으로 치솟았다. 당시 필리핀에 있는 스페인인의 수가 중국인보다 훨씬 적었다. 1574년 임봉(林鳳)이 마닐라를 공격했고 1593년 반화오(潘和五)가 마닐라 총독 다스마리냐스(Dasmariñas)를 살해했다. 그 뒤 스페인 당국은 중국인 거류민들에 대해 엄격한 격리 정책을 서서히 채택했고, 마닐라의 중국인 수가 1,500명을 넘을 수 없도록 정했다. 그리고 중국인들은 "파리안(Parian; 澗內)"이라 불리는 특별 거주구역 안에서만 살아야 했다.

1603년 명의 신종(神宗)이 루손의 광산에서 금을 채굴하기 위해 고재(高才)와 다른 이들을 파견했다. 이런 조치는 스페인인들 사이에 공황상태를 야기했고 명이 군대를 파견해 필리핀을 점령하려 한다는 소문이 들불처럼 퍼졌다. 마닐라에서 중국인들에 대한 경계와 박해가 점점 더 극단적으로 되었고, 이는 현지 중국인들의 큰 저항을 촉발했다. 그리고 결국 2만 명 이상의 중국인이 희생당하는 유혈학살로 결과하였다.

사건은 결국 진정되었지만, 중국인들이 오지 않았기에 번성하던 마닐라는 불황에 빠져들었다. 상품과 기본 생필품이 부족했고, 상업과 교역이 전면 중단되었다. 기록에 따르면, 당시 마닐라에는 식량도 재단사도 제화공도 농민도 목동도 전혀 없었다고 한다. 스페인 식민당국으로서는 명과의 관계를 재개하는 것 외에 방법이 없었고, 중국 상인들을 다시 필리핀으로 오도록 유인하였다. 그리하여 마닐라의 중국인 상인 수가 다시 서서히 증가했다. 1604년에는 마닐라에 사는 중국인 수가 다시 4,000명을 넘었다. 1621년에 마닐라에는 1만 6,000명이 넘는 중국인들이 거주 허가를 받아 살고 있었다. 1635년에는 필리핀제도에 사는 중국인 거류민의 수가 3만 명을 넘었고, 마닐라에 2만

2,000명이 살고 있었다.[53)

1639년 스페인 식민당국은 두 번째 중국인 학살을 자행했다. 이 사건 동안 약 2만 2,000명 내지 2만 4,000명의 중국인들이 사망했다. 스페인인들은 1662년과 1686년에도 다시 마닐라에서 중국인 거류민들을 학살했고, 중국인들은 다른 항구들로 이동할 수밖에 없었다. 1749년 필리핀에 사는 중국인 거류민의 수는 다시 4만 명에 이르렀다. 하지만 스페인인들은 중국인들을 가혹하게 다루었고 직업을 제한했으며 무거운 세금을 매겼다. 1761년 스페인이 영국과 프랑스의 전쟁에 휘말렸다. 영국군이 마닐라를 공격하자, 중국인 거류민들이 반스페인 봉기를 일으켰다. 하지만 그들은 수천 명의 희생을 남기고 진압 당했다. 그 사건 이후 스페인 식민당국은 모든 중국인 거류민들을 추방하기로 결정했다. 대부분의 중국인들은 중국으로 돌아갈 수밖에 없었지만, 일부는 산악 지역으로 도피했다. 19세기 후반에야 필리핀의 중국인 사회는 크게 회복되었다. 1886년 필리핀의 중국인 거류민 수는 약 9만 명에 이르러 가장 많은 수를 기록했다.[54)

일본

명초 일본 왜구들은 중국의 동부 연안을 빈번하게 괴롭혔다. 이는 뒤에 소위 "호유용 사건(胡惟庸案)"[14]과 연관된 것으로 알려졌다. 그래서 명은 일본인이 무역을 위해 중국으로 오는 것을 막았다. 가정(嘉靖)시기(1522~1566년) 동안에는 왜구가 바다에 만연했다. 명 정부는 보다 엄격한 해금으로 대응하여, 외국과의 어떤 교류도 금지했다. 하지만 일본과의 교역 활동이 가진 매력적인 이점으로 인해 밀무역이 여전히 지속되었다.

---

14 명초 재상인 호유용이 체제 전복 음모에 연루되어 처벌받은 사건.

16세기 중반 이후 마카오-나가사키 무역에는 수많은 중국인 상인들이 참여하여, 목숨을 내놓고 생사와 도자기, 약재, 납, 초석 등의 화물을 막대한 이익을 올릴 수 있었던 일본으로 운송했다. 가정제 시기의 유명한 해적 왕직(王直)은 일본의 히라도(平戶)에 살았다. 하카다(博多)에는 대당가(大唐街)라고 불리는 거리가 있었다. 복건 출신인 사조제(謝肇淛)는 이렇게 썼다.

> 오늘날 오(吳)의 소주(蘇州)와 송강(松江), 절강의 영파, 소흥(紹興), 온주(溫州), 대주(臺州), 민(閩)의 복주, 천주, 장주, 광동의 혜주(惠州), 조주, 경주(瓊州), 애주(崖州) 출신의 밀무역자들이 위험을 감수하면서 이익을 쫓고 있다. 그들은 바다를 육지로 여기고, 일본을 이웃집처럼 여긴다. 서로 특별히 구별하지 않고 왕래하며 무역하고 있다. 우리는 이미 공개적으로 가고, 저들은 아직도 몰래 온다.[55]

만력제(萬曆帝) 시기(1563~1620년) 동안 나가사키의 섬(외국인들의 주요 교역 거점)에는 2,000명 이상의 중국 상인들이 있었고, 일본 전역에는 그 수가 2만 명이 넘었다.[56] 명의 공식 조사 자료는 일본의 66개 주(州) 모두에서 중국 상인들을 찾을 수 있음을 보여준다.

1620년대에는 남경(南京), 장주(漳州), 복주(福州) 상인들이 각각 일본으로 가서 나가사키에 3개의 불교 사원들을 세우고, 중국인 승려를 주지로 모셔왔다. 이들은 다 같이 당산시(唐三寺)라고 불렸는데, 고후쿠지(興福寺)(남경의 절), 후쿠사이지(福濟寺)(장주의 절), 소후쿠지(崇福寺)(복주의 절)를 말했다. 1678년에는 광주방(廣州幇)도 쇼후쿠지(聖福寺)를 세웠다. 일본의 중국인들은 지역별로 네 개의 파벌을 형성했는데, 그것은 삼강방(三江幇), 장천방(漳泉幇), 복주방(福州幇), 광주방

이었다.57)

　명 말에 중국 상인들은 막부로부터 나가사키에 토지를 구입하여 장기적으로 거주할 가옥을 건설할 수 있는 허락을 얻었다. 명청 교체 때는 명의 일부 유민들이 일본으로 도망쳐 나가사키에서 살기도 했다. 이들 중 일부는 청으로부터 명을 회복하고자 일본에 군대 파견을 요청하기까지 했다. 1659년 주순수(朱舜水)라는 이름의 유명한 학자가 동쪽으로 항해해 일본으로 가서 생애의 후반을 나가사키와 에도(江戸)에서 보내었다. 그는 미토번(水戸藩) 번주 도쿠가와 미쓰쿠니(德川光国)를 도와 교육을 진흥하고 학문을 장려했다. 주순수는『대일본사(大日本史)』편찬에 참여했고, "존왕(尊王)"론을 제창했으며, 아주 영향력 있던 "미토학파(水戸學派)"를 이루었다.

　17세기 중반 이후 중국과 일본 간의 무역은 여전히 빈번했으며 대만의 정(鄭)씨 일가가 지배했다. 나가사키에는 여전히 중국 상인들이 살고 있었다. 1666년 막부는 중국인 해상(海商)들이 묵을 숙소를 지정하기도 했다. 그에 더해 '당통사회관(唐通事會館)'이 설치되어 통역 업무를 제공하고 일본의 중국인을 관리하였다.

　청이 해금을 풀고 해상 무역을 재개하면서 중국과 일본의 사무역(私貿易)이 번성하였다. 중국의 남경, 영파, 보타산(普陀山), 온주, 복주, 대만, 하문(廈門), 장주, 광동에서 왔든, 아니면 안남, 캄보디아, 광남(廣南), 시암, 자카르타에서 왔든 상관없이 청에 충성하는 사람들에게 속한 모든 상선은 전체적으로 중국 배(唐船)라고 불렀다. 일본은 이 배들을 두 종류로 구분해 구선(口船)과 오선(奥船)이라 불렀다. 구선은 중국 남부 항구들에서 온 배를 말하고 오선은 인도차이나 반도의 항구와 자카르타에서 온 배들을 말한다. 뒤에 광동과 광서에서 온 배들은 "중오선(中奥船)"이라 하였다. 전반적으로 말해서 구선은 작았고 오선은 컸다.

1688년 막부는 일본의 항구로 들어오는 중국 선박의 수를 한 해에 70척을 넘지 못하도록 정하였다. 나가사키의 십선사촌(十善寺村) 어약원(御藥園) 자리에는 "도진야시키(唐人屋敷)"가 세워졌다. 중국 상인과 선원들은 엄격한 통제 하에 이곳에서만 살 수 있었다. 1689년에 나가사키의 중국인 거류민은 약 1만 명에 이르렀고 도시 인구의 20퍼센트를 차지했다. 1715년 막부는 '쇼토쿠 신상법(正德新商法)'을 반포하고 '신패(信牌)'제를 시행했다. '신패'를 가진 상인만이 무역에 참여할 수 있는 허가를 얻었고 일본 항구로 들어오는 중국 선박의 수는 연간 30척으로 제한되었다. 나가사키의 중국인 거류지는 점차 줄어들게 되었고 많은 사람들이 일본인 사회로 섞여들기 시작했다.

19세기 중반 일본의 쇄국(鎖國) 체제가 무너졌다. 수많은 중국인들이 요코하마, 나가사키, 고베, 오사카 등, 여러 항구들로 몰려들었다. 그들은 가게를 열거나 수공업자나 노동자로 일했다. 청말 다수의 반청지사(反淸志士)와 혁명가들, 왕당파들도 일본을 택하여 망명했다.[58]

10. '광동포르투갈어'와 '피진잉글리쉬'

서구 언어학자 에드워드 사피어(Edward Sapir)는 "문화와 마찬가지로 언어도 좀처럼 자급자족적이지 않다. 소통할 필요 때문에 사람은 그들 자신의 언어와 유사한 언어를 말하는 사람이나 문화적으로 지배적인 언어를 말하는 사람과 직·간접적으로 접촉을 가진다"고 하였다.[59] 16세기 중반 포르투갈인들이 아시아 바다로 들어와 마카오를 기반으로 동·서 해양교역을 발전시키자, 중국인과 포르투갈인들 사이에는 빈번한 교류가 이루어졌다.

아시아의 바다로 새로 들어온 포르투갈인에게는 무엇보다 상업과 행정 문제, 통역의 해결을 책임질 중국인 역관과 매판(買辦; compradors), 수로안내인이 다수 필요했고, 이들은 포르투갈어에 능해야 했다. 또한 하인, 요리사, 재봉사, 세탁 노동자, 이발사, 목수, 석공, 미장이 등 일상생활에 필요한 서비스를 제공할 중국인 노동자들도 필요했다. 나아가 중국인 무역상과 노동자들에게는 포르투갈어를 얼마간 이해하는 것이 더 많은 사업 기회나 일자리를 얻는 데 도움이 되었다. 그 결과 마카오와 주강 델타 지역에서는 광동 방언과 포르투갈어의 활발한 교환이 이루어졌고, 이는 언어학자들이 "광동포르투갈어(Canton Portuguese; 廣東葡語)"라고 부르는 상업 용어를 발생시켰다. 18세기 이전 포르투갈어는 아시아의 여러 교역 항에서 통용어(lingua franca)로 사용되었다. 나중에 영국과 네덜란드인들이 들어왔지만, 그들도 아시아인들과 거래를 하려면 자신들의 상업 경쟁자의 언어(포르투갈어)를 사용할 수밖에 없었다. 그래서 기존 포르투갈어의 우월함 때문에 광동포르투갈어는 아주 오랫동안 중국과 외국 간의 무역에서 통용어 지위를 유지했다.

광동포르투갈어는 마카오와 광주에서 대외 관련 사업이나 일거리에 종사한 일반민들 사이에서 등장했다. 그것의 단어 구조는 포르투갈어와 광동의 광주 및 여타 현지 방언의 혼합에서 비롯되었고, 문법 구조는 중국어에 기반했지만 단순하고 실용적이어서 세련되지 않았다. 18세기에 나온 인광임(印光任)과 장여림(張汝霖)의 『오문기략(澳門紀略)』에 첨부된 「오역(澳譯)」과 청말에 나온 사청고(謝淸高)의 『해록(海錄)』에 실린 광동포르투갈어의 기록에 따르면, 이 통용어의 단어는 440개가 넘었다. 포르투갈어 단어는 광주 방언의 발음에 따라 철자를 적었고, 천지, 인물, 의식(衣食), 기물(器物) 등 외에 일상적으로 사용하는 여타의 것을 아우르고 있었다. 예컨대 산채(山寨)는 포르투갈어로 카사브랑카(Caza Branca)라고 썼고, 마카오는 포르투갈어로 마카우(Macau)라고 썼으며,

왕은 포르투갈어로 레이(rei)라고 쓰고, 최고 관리는 챈셀러(Chanceller)라고 했다. 또 이등관리는 미니스트루(ministro), 대령은 쿠루넬(coronel)이라고 했다.[60)]

마카오의 포르투갈인들은 중국인, 일본인, 인도인, 말레이인들과 뒤섞여 살았고, 그들과 뒤섞여 결혼했다. 그 결과 마카오의 "토박이 포르투갈인(indigenous Portuguese; 土生葡萄亞人)"이라는 독특한 종족 집단이 나타났다. 그들은 "파투아(Patuá)"어라는 독특한 언어를 사용했는데, 이것은 포르투갈어와 광동어, 영어, 리틀 스페인어(little spanish), 이탈리아어가 뒤섞여 있는 형태였다. 파투아어는 20세기 말에도 마카오의 토박이 포르투갈인들 사이에 여전히 사용되고 있었다. 파투아어든 광동포르투갈어든 모두 명·청대 중국과 서구 여러 나라들 간의 문화교섭의 산물이었다.

포르투갈이 쇠퇴하고 영국이 흥기하면서, 영어가 광주에서 널리 퍼지기 시작했고 결국 포르투갈어를 대체했다. 광주에서 교역과 사업에 종사하는 사람들 사이에 새로운 통용어가 서서히 나타나게 되었는데, 그것이 "피진잉글리쉬(Pigeon English; 廣東英語)"이다. 1820년대에 광주를 방문한 미국인 윌리엄 헌터(William C. Hunter)는 이렇게 밝혔다.

머리가 좋은 중국인들은 익숙한 외국어 톤에 따라 외국어를 이해하는 데 성공했고, 자신들의 의미를 표현하기 위해 자신의 단음절 표현수단에 따라 가장 간단한 한자 단어를 사용했다. 이런 식으로 그들은 문장 구조나 논리적 연결 없이 가장 간단한 구성요소를 사용하는 언어를 만들어내었다. 하지만 그 언어는 확고하게 뿌리를 내렸고 큰 사업이나 극히 중요한 사안들을 전달하는 편리한 소통수단이 되었다. 지금도 그 언어는 활력과 독특한 성격 때문에 대중적으로 사용되고 있다.[61)]

헌터는 이렇게 생각했다.

　　이 말은 의심할 바 없이 중국인들이 발명한 것이다. 영국인들이 광주에 나타나기 오래 전 시기에 그 뿌리를 두고 있기 때문이다. 이것은 그 안에 포르투갈어와 인도어가 뒤섞인 단어들이 일부 있는 것에서 증명될 수 있다. 인도 단어는 이전에 인도에 거주했던 서구인들이 가지고 들어온 것 같다. 그런 사람들은 포르투갈인들보다 100년도 더 늦게 광주에 이르렀고, 그 후 일부 영어 단어들이 서서히 일상 대화 속에 스며들게 되었다. 그 결과 포르투갈어는 마카오에서만 사용되었다. 결국 영국이 주된 교역 상대국이 되었고, 유명한 "피진잉글리쉬"가 등장하게 되었다.[62]

　　미국인 학자 모스(H.B. Morse)는 "중국 상인들이 1775년부터 스스로 이상한 방언, 즉 피진잉글리쉬를 익혔다. 그것은 뒤에 대(對)중국 무역을 위한 통용어가 되었다"고 하였다.[63] "피진(Pidgin)"은 실제로 비지니스(business)라는 말이 잘못 음역된 것이었다. 이런 표현은 곧 상업영어(business English)를 가리키게 되었다.

　　광동포르투갈어를 피진잉글리쉬가 대체하는 일이 하루 밤 사이에 일어나지는 않았다. 침투와 통합, 침식의 시기 이후 그것은 포르투갈어의 쇠퇴를 확고히 하면서 지배적인 지위를 얻을 정도로 널리 확산되었다. 그럼에도 피진잉글리쉬에는 포르투갈어와 인도어 단어들이 여전히 숨겨져 있었다. 가장 확실한 증거는 만다린(Mandarin)(관리), 콤프라도레(Compradore)(매판), 조스(joss)(관세음보살!), 푸테레(Pu-te-le)(신부), 마스케에(maskee)(꼭 필요치 않다), 라레룸(la-le-loom)(도둑), 그란드(grand)(수령) 같은 말이다. 이 말들은 각각 포르투갈어 Mandar(명령), Compra(매입), Deos, padre, masque, ladrao, grande에서 나왔다. 인도어에서 나온 말에는, 바자르(bazaar)(시장), 쉬로프(shroff)(은감별사), 츄남(Chunam)(석회), 티핀(tiffin)(오찬), 락(lac)(10만), 쿨리(cooly), 치트(chit)(믿음), 쿤가로우(kungalow)(작은 집) 등이 있다.[64] 피진잉글리쉬는 실제로 포르투갈어, 영어, 프랑스어, 네덜란드어, 덴마크어, 스웨덴어, 광동어를 비롯한 여러 언어들을 조합한 것이었다.[65]

19세기 초 영어를 배우고자 하는 중국인들을 위해 특별히 제작된 소책자가 광주에 퍼졌다. 1827년 강유과(江有科)라는 이름의 안휘 출신 차 상인이 오랫동안 광주에서 찻잎을 거래했다. 대외무역을 잘 알았던 그는 『휘주지광주노정(徽州至廣州路程)』이라는 제목의 책을 쓰면서, 문답 형식으로 차 이름과 옷감 이름, 연월일시, 주말, 항구, 점원, 의류를 가리키는 흔히 사용되는 영어 단어와 문장을 기록했다. 그는 이런 단어들의 발음을 한자로 표기했다. 이런 식의 영어 단어가 몇백 개나 되었다.[66] 주진학(周振鶴) 선생은 이런 단어의 발음이 광동어 말씨를 반영했다고 주장했다. 그러나 강유과는 안휘 출신으로 "Yes"를 의미하는 단어에 광동어 발음 "시(Xi)"를 결코 사용하지 않았을 것이다. "스타(土打; star)"와 같은 일부 단어들은 장사와 무관했지만 그는 그것들도 기록했다. 이것은 그가 기록한 영어 단어 발음 표기가 자신이 만들어 낸 것이 아니라 대중들의 피진잉글리쉬 발음 표기를 그대로 가져온 것임을 입증한다.[67] 게다가 헌터는 광주의 외국 상관들 근처 책방들에서 『귀화(鬼話)』라는 제목의 소책자가 팔리고 있다고 했다. 광동인들이 보통 외국인들을 "번귀(番鬼)"나 "외국귀(外國鬼)"라고 하고 있었기 때문이다. 이 소책자의 저자는 중국인이었고, "Barbarian"을 의미하기 위해 "이(夷)"(yun)와 "만(蠻)"(man)을 사용하거나 "Today"를 가리키기 위해 "토지(土地)"(Tu Di)를 사용했다.[68] 이것이 사실 진짜 피진잉글리쉬이다.

광동포르투갈어처럼, 피진잉글리쉬도 영어 단어의 발음을 단순하고 실용적인 한자로 표기했다. 하지만 그런 방법은 원래 정확하지도 과학적이지도 않았다. 헌터는 중국인이 외국인에게 영어로 좋다(good)고 하고 있을 때도 외국인은 그 말을 전혀 못 알아들을 수도 있다고 지적했다. 외국인이 중국인에게 말할 때도 종종 사정은 마찬가지였다.

헌터는 "이상한 단어와 독특한 문법 구조"를 가진 피진잉글리쉬가 외국인에게는 "페니키아어나 에트루리아어만큼이나 낯설게" 들릴 수도 있다고 하였다.[69] 이런 평가는 약간 과장된 것이기는 하다. 중국인이 "My chin chin you"(당신께 작별을 고합니다)라고 했을 때, 외국인이 어떻게 그것을 우호적이고 정중한 표현이라고 여길 수 있었을까? 비슷하게 당혹스런 예는 이것이다. "Look see, Joss Pigou!(어이구, 관세음보살!) Hae yah, how can sick man yam gun?(아니 어떻게 아픈 놈이 무모한 일을 할 수 있겠냐?)

아편전쟁 이후 강소와 절강, 복건의 모든 교역 항들에서는 피진잉글리쉬를 능란하게 구사하고 대외적 사안들을 다루는 데 능숙한 역관이 필요했다. 상해(上海)의 영국 조계와 프랑스 조계에도 엉터리 영어(broken English)를 구사하는 수많은 사람들이 모여들었고 중국 상인과 외국인 상인 사이의 거래를 돕는 일에 종사했다. 그 결과 피진잉글리쉬가 나타났고, 이런 류의 상업영어가 널리 알려지면서 빠르게 광동식 피진잉글리쉬를 대체하게 되었다.

11. 서구 선교사들과 선교활동

16세기 해양을 통한 포르투갈과 스페인의 팽창은 가톨릭의 전파와 떼려야 뗄 수 없는 것이었다. 그에 이은 네덜란드와 영국 및 여타 나라의 동양으로의 팽창은 마찬가지로 신교의 확산에 기여하면서, 동·서 간 역사 과정을 바꾸는 데 중요한 힘이 되었다. 아메리카 대륙이든 아프리카의 정글이든 동양의 열대다우림이든 선교사들의 발걸음은 결코 멈추지 않았다.

서양 종교를 중국에 가장 먼저 전파한 이들은 예수회(Jesuits)였다. 그들은 포르투갈 상인들을 따라서 쉼 없이 중국에 이르는 길을 찾아다녔다. 1552년 예수회 설립자 중 한 명인 프란치스코 하비에르(Francisco Xavier)는 일본에서 해로를 통해 상천도(上川島)로 와서 광동에서 선교활동을 할 준비를 했다. 하지만 그는 그 섬에서 곧 병이 들어 죽고 말았다.

1555년 광동의 랑백오(浪白澳) 지역에는 400명이 넘는 포르투갈인

이 있었는데, 그 중 5명이 예수회 신부들이었다. 거기에는 교회도 하나 있었다. 1557년에 포르투갈인들은 마카오에 거주할 권리를 얻은 데 성공했고, 이는 더욱 더 많은 예수회 성직자들이 중국으로 오게 만들었다. 1562년 마카오에는 이미 600명이 넘는 가톨릭 신도들과 3개의 작은 교회들이 있었다. 그 교회들의 이름은 성 라자루스(St. Lazarus) 교회(瘋王堂), 성 안토니우스(San Atonio) 교회(花王堂), 성 라

그림 4-50 광동 상천도의 교회당

우렌시오(St. Lawrence) 교회(風順堂)였다.

당시 예수회의 선교 활동은 마카오 권역으로 제한되었지만, 때로는 명 정부가 그들이 광주로 가서 잠시 체류하는 것을 허락하기도 했다. 1577년 5월 유명한 선교사인 미첼레 루지에리(Michele Ruggieri)와 마

테오 리치(Matteo Ricci), 그리고 다른 두 명이 선교 임무를 띠고 인도 고아로 파견되었다. 그들은 1578년에 마카오에 도착했고 중국어와 중국의 관습을 배우고 사람들을 만났다. 1580년 12월 미첼레 루지에리는 몇몇 포르투갈 상인들과 함께 광주로 갔다. 그가 중국 관헌을 만났을 때 중국어로 능숙하게 말하고 자신을 예의에 맞게 소개했기에, 현지 정부는 그를 아주 마음에 들어 했다. 양광총독 진서(陳瑞)도 중국 옷을 입고 중국 황제의 백성(子民)이 된다는 조건 하에 그가 조경(肇慶)의 천녕사(天寧寺)에 오랫동안 거주하는 것을 허락했다.

1583년 9월 새로운 양광총독 곽응빙(郭應聘)의 허락과 조경지부(肇慶知府) 왕반(王泮)의 지원을 받아, 미첼레 루지에리와 마테오 리치는 조경 시 외곽 강변에 중국 최초의 가톨릭 성당을 세웠다. 1588년 미첼레 루지에리는 공식 임무를 맡아 유럽으로 돌아갔고, 마테오 리치가 그를 이어 조경에서의 선교 사업을 계속했다.

수학과 천문학, 지리, 역법(曆法)에 능했고 자(字)를 서태(西泰)라고 했던 마테오 리치는 1552년 10월 6일 이탈리아 안코나(Ancona)의 마체라타(Macerata)에서 명망가의 자식으로 태어났다. 그의 아버지는 약사였고 한때 마체라타의 시장을 지냈고 안코나 주지사를 맡기도 했다. 어린 마테오는 예수회 학교에서 교육을 받았다. 16세에 그는 로마로 가서 법을 공부했고 '성모회'에 들어갔다. 1571년 예수회에 가입한 후 그는 동양에서 전도활동을 하기로 결심했다.

마테오 리치는 중국으로 온 후 겸손하게 중국 문화를 배웠고 전통적인 풍습을 익혔다. 그는 중국인들이

그림 4-51 마테오 리치

외국인에 대해 그들이 우월하다고 확신하고 있기에 간단히 그들을 개종시키는 것은 불가능하다고 생각했다. 그래서 중국인의 사고에 보다 적합하도록, 즉 하늘과 조상을 숭배하는 중국인의 전통에 부합하도록 기독교 신학을 유연하게 만드는 것이 필수적이었다. 공자의 철학이 가톨릭 교리와 비교되었고 유교의 권위를 이용해 가톨릭을 홍보하였다. 동시에 마테오 리치는 서양 과학의 업적들을 중국으로 도입했다. 그런 설교 방식은 교리와 결합하여 중국인들이 유럽에 대해 지니고 있던 경멸적 태도를 바꾸었다.

1589년 마테오 리치는 소주(韶州)[15]로 옮겼고, 거기서 그는 유복(儒服)을 입고 유관(儒冠)을 써 보라는 유학자 구태소(瞿太素)의 제안을 받아들였다. 그리하여 그는 학자로서의 모습을 한 채 과학 지식을 주창하고 종교를 설교할 수 있었다. 뒤에 마테오는 북쪽으로 남창(南昌)과 남경으로 갔다가 1601년 초에 북경에 이르렀다. 거기서 그는 명의 만력제(재위 1573~1619년)로부터 총애를 받았다. 마테오는 1610년 사망할 때까지 북경에서 살았다.

마테오 리치는 28년 동안 중국에서 선교 사업을 수행했고, 그 사이에 그는 가톨릭의 전파를 위한 확고한 기초를 세우면서 수많은 귀족과 부자들을 알게 되었다. 그는 천문학, 지리학, 수학, 언어학, 미술, 음악 등 여러 주제에 대한 총 19권의 저작을 쓰거나 번역했고, 이로써 그는 서구 과학과 문화의 동양 전파에 중요한 기여를 하였다.

이 시기 동안 가톨릭 신앙의 다른 종파들도 중국으로 선교사들을 파견했다. 1574년 성 아우구스티노 수도회(Augustinian order)의 사절단이 복건에 도착했지만, 선교 시도에 성공하지는 못했다. 1578년 프란체스코 수도회는 마카오에 성모 마리아 교회를 세웠다. 같은 해 또

---

15 오늘날 광동의 소관(韶关).

다른 사절이 광주 관아로부터 정중한 거절을 받아 선교 활동을 수행할 수 없었다. 1632년에야 프란체스코 수도회의 선교사들이 복건에서 설교를 하기 시작했다.70) 1587년 도미니크 수도회가 마카오에 선교기지를 세웠다. 1632년에 도미니크회 선교사들이 복건에서 선교 활동을 하기도 했다.

가톨릭은 중국에서의 선교 활동에서 지속적인 진보를 이루었다. 예수회 선교사들을 운남과 귀주 고원지대(雲貴高原)를 제외하면 중국의 모든 성들에서 볼 수 있었다. 신도의 수는 매년 증가하였다. 1642년에는 중국 내지의 신도 수가 15만 명이었다. 마카오는 극동 전도활동의 중심지가 되었다. 1614년 일본의 무라카미 천황(村上天皇)이 유럽 선교사들을 내쫓도록 지시했는데, 그들 중 대부분이 결국 마카오로 대피하였다. 안남의 로마 가톨릭 선교사들도 마카오로 와서 예수회가 세운 학교들에서 훈련을 받았다. 1626년에는 안남 북기선교단(安南北圻傳敎團)이 설립되었다. 1630년경 베트남에는 기독교로 개종한 사람이 총 7,000명이었다. 1640년 응우옌 왕조가 통치하는 지역의 기독교도 수는 모두 3만 9,000명이었던 반면, 친 왕조의 지배 하에 있던 지역에는 8만 2,000명의 신도가 있었다.

17세기 중반은 명청교체기였지만, 중국의 가톨릭 확산은 이에 영향받지 않았다. 유명한 독일인 선교사 요한 아담 샬 폰 벨(Johann Adam Shall von Bell)(1591~1666년)은 청의 순치제(順治帝)의 특별한 총애를 받았고 "흠천감(欽天監)"이란 지위를 부여받았다. 순치제는 그를 "마파(瑪法)"라는 존칭으로 불렀는데, 그것은 만주어로 "친애하는 신부님(親愛的神父)"이란 뜻이었다. 명청교체기 무렵 많은 선교사들이 남쪽으로 옮겨간 명 왕조를 따라갔다. 안드레아스 하비에르(Andreas Xavier)와 폴란드인 예수회 성직자 미샬 보임(Michał Boym) 같은 이들은 영력제(永曆帝)(1647~1661년)에게서 관직도 받았다. 1648년 남명태후(南明太

后), 황후, 태자, 후궁 등 50명과 조정관리 40명, 그리고 여러 환관들이 세례를 받고 개종하였다. 영력제는 예수회 교회에 사절을 보내 미사를 요청하고 사의를 표명하였다. 1650년 남명태후는 교황을 알현하기 위해 로마로 파견할 특사로 미샬 보임을 임명하였다.

청대에 들어서 요한 아담 샬 폰 벨과 그의 제자 페르디난트 페르비스트(Ferdinand Verbiest)는 흠천감 일을 수행했다. 그들은 역법을 수정하는 것과 같은 일을 맡았으며, 천문장치를 만들고 서양 대포의 제작을 감독하는 등의 일을 했다. 강희제는 그들의 업적을 높게 평가했다. 황제는 또한 서구 과학에 엄청난 관심을 보여, 페르디난트와 다른 선교사들에게 서양 수학, 측량법, 지리, 의학, 음악, 라틴어 등을 강의하고 가르칠 것을 요청하였다. 그래서 선교사들은 조정과 내밀한 관계를 발전시켰고 중국에서 가톨릭 파급력을 늘릴 수 있었다.

청대에 가톨릭의 다양한 종파들은 모두 선교 활동에서 꽤 상당한 진보를 이루었다. 절정기에 중국인 예수회 신자의 수는 24만 명을 넘었다. 18세기 초에는 프란체스코 수도회가 광동, 강서, 절강, 안휘 같은 성들에 선교 기지를 열었다. 산동 성에만 6,900명이 넘는 신도들이

그림 4-52 요한 아담 샬 폰 벨   그림 4-53 페르디난트 페르비스트

있었다. 1707년 도미니크 수도회가 복건 성에서 전도활동을 시작했다. 1683년 프랑스외방선교회(French Society of Foreign Missions)가 중국에서 선교 활동을 시작하고, 복건, 사천, 운남, 귀주 등의 여러 성들에 전도 기지를 세웠다. 17세기 말 로마교황청 인류복음화성(Congregation de Propaganda Fide)이 견사회(遣使會; Congregation of Mission, Lazarists)를 파견해 북경에 교구를 설립하고, 그 후 사천에서 선교 활동을 했다. 1773년 교황이 예수회를 해산시켰고, 그 대신에 견사회가 중국에서의 선교 활동을 이어받았다. 그리하여 이 교단이 중국 현지 가톨릭 신앙의 중요 종파가 되었다.

17세기 초 신교도 아시아에서 선교 활동을 시작했다. 네덜란드인들이 대만을 장악한 후 간간히 선교사들이 바타비아에서 대만으로 왔다. 1622년경 그 섬에는 모두 37명의 선교사들이 있었고 신도 수는 약 1,000명이었다. 하지만 영국과 네덜란드 같은 종교개혁을 겪은 나라들은 대(對)중국 교역이 크게 발전한 상태가 아니었고 신교 종파를 실질적으로 전혀 지원하지 않았다. 게다가 청조는 중국 내 외래 종교의 발전을 오랫동안 제한하였고 중국인이 외래 신앙을 갖는 것을 막았다. 거기에 가톨릭 종파들의 공동 저항이 더해져 중국 내 신교의 전파는 순탄하지 않았다.

1807년 영국 런던선교회(London Missionary Society)의 선교사인 로버트 모리슨(Robert Morrison)이 중국으로 선교 임무를 띠고 갔다. 그는 9월 7일에 광주에 도착했고, 현지 상관에서 머물렀다. 처음에 모리슨은 중국 옷을 입고 머리를 길게 땋았으며, 중국 음식을 먹고 중국어 및 문화를 몰래 익혔다. 1809년 그는 합법적으로 중국에서 살 목적으로 영국 동인도회사의 통역관으로 일하게 되었다. 1814년 7월 16일 광동 출신의 채고(蔡高)가 마카오에서 모리슨에 의해 세례를 받고 비밀리에 신자가 되었다. 이것은 로버트 모리슨이 수행한 선교 활동의 최초의 성과였다. 그 직후 모리슨은 『신약성서(*The New Testament*)』의 중국어판을 간행하고 사적으로 제자를 받았다는 이유로 영국 동인도회사에서 해고당했다. 이 무렵 런던선교회는 윌리엄 밀네(William Milne)라는 성직자를 광주로 파견했다. 밀네와 모리슨은 광주에서 복음을 전파할 수 없는 문제를 해결하기 위해 말라카로 전도 기지를 옮기기로 결정했다.

모리슨과 밀네는 말라카에 인쇄소를 세우고, 복음과 현세 문제를 다루는 많은 양의 책을 간행했다. 그들은 영화서원(英華書院)을 설립하고 중국어 월간지 『찰세속매월통계전(察世俗每月統計傳)』과 영문 월간지 『인도차이니즈 글리너(*Indo-Chinese Gleaner*)』를 간행하였다. 그들은 신약과 구약을 모두 번역하여 아시아에서 신교의 확산에 큰 기여를 하였다. 1834년 8월 모리슨은 광주에서 사망해 마카오의 기독교도 묘지에 묻혔다.

1816년 11월 3일 광동의 고명(高明) 출신인 양발(梁發)이 말라카에서 밀네라는 이름의 성직자에게서 세례를 받았다. 1821년 양발은 고향으로 돌아가 자기 아내에게 기독교인이 되도록 설득했다. 1827년 양발은 역사상 최초의 중국인 목사가 되었고 1855년 광주에서 사망했다. 그의 『권세양언(勸世良言)』은 아주 영향력이 있었다. 화현(花縣) 출신의 홍수전(洪秀全)은 그의 글에 자극받아 배상제회(拜上帝會)를 세웠고, 이는 1851년에 시작된 태평천국의 반란으로 이어졌다.

아편전쟁 이후 승리한 서구가 부과한 여러 불평등조약에 도움을 받아 신교는 빠르게 중국 전역으로 확산되었고, 불교 및 이슬람과 함께 중국의 3대종교 중 하나가 되었다.

12. "서학동점(西學東漸)"

새로운 항로의 개통과 글로벌화의 진전으로, 동·서 간의 거리가 점점 더 가까워졌다. 유럽인들은 신비스러운 동방과 직접 접촉할 수 있게 되었고, 풍요롭고 복잡한 중국 문명을 발견하게 되었다. 동·서 세계는 두 문명의 융합과 길항으로 인해 변화를 계속했다. 해양실크로드는 동·서 세계 간 교류의 매개로서 더욱 중요한 역할을 하게 되었다.

16세기 이후 가톨릭 선교사들은 선교 사업을 수행하는 한편으로 서구의 과학과 기술을 중국으로 도입했고 중국인들 사이에서 많은 기술 인재들을 양성했다. 그리고 또한 명·청대 중국의 과학과 기술 발전에도 기여했다. 유명한 선교사 마테오 리치는 문인이자 동시에 천문학, 역법, 지리, 수학, 공학 같은 지식과 연구 분야에도 능통했다. 그는 중국으로 온 후 계속해서 중국의 관리와 학자들에게 서구의 과학을 소개하였다. 특히 천문학과 지리학의 지식을 소개하였다. 조경(肇慶)에 있을 때 마테오 리치는 영서안찰부사(嶺西按察副使) 왕반(王泮)의 요청을 받아 한문 주석을 붙인 서구 세계의 지도를 다시 그렸다. 이것이 유명한 『산해여지전도(山海輿地全圖)』이다. 1584년 왕반은 이 지도를 인쇄하여 널리 확산시켰다.

1601년 북경으로 들어간 후 마테오 리치는 『곤여만국전도(坤輿萬國全圖)』를 그리는 데 주력하였는데, 그 지도에서 그는 지구를 "5대륙(五洲)", "5지대(五帶)"로 구분하였다. 5대륙은 아시아, 유럽, 아프리카, 아메리카, 남극대륙이며, 5지대는 북한대(北寒帶), 북온대(北溫帶), 열대, 남온대(南溫帶), 남한대(南寒帶)이다. 중국인들의 전통적 개념과 관습에 맞추기 위해 마테오 리치는 중국을 지도의 가운데에 두어 만력제를 매우 기쁘게 하였다.

마테오 리치는 지구가 둥글다는 것과 아울러 북극과 남극, 적도, 위도와 경도 등의 개념도 중국인에게 소개하였다. 새로운 지식은 "하늘은 둥글고 땅은 네모이다(天圓地方)"는 중국의 전통적인 이론을 완전히 무너뜨렸고 많은 중국인의 시야를 넓혔다.

마테오 리치 이후 디에고 데 판도하(Diego de Pantoja; 龐迪我)가 만력제의 명을 받아 유럽 지도를 번역하지만, 이 작업은 결국 미완으로 남았다. 1623년 쥴리오 알레니(Giulio Aleni; 艾儒略)가 5대륙의 여러 나라의 관습과 지리를 묘사한 책인『직방외기(職方外紀)』를 완성하였다. 청초에는 로도비코 뷔글리오(Lodovico Buglio; 利類思), 가브리엘 드 마갈랑스(Gabriel de Magalhães; 安文思), 페르디난트 페르비스트(南懷仁)를 비롯한 선교사들이 다 함께『서방요기(西方要紀)』를 편찬했는데, 이 책은 특히 서구 여러 나라와 사람들 그리고 항로들을 소개하는 데 할애되었다. 그 책은 마테오 리치와 쥴리오 알레니의 작업들을 훌륭하게 보완해 주는 것이었다.

이탈리아인 예수회 선교사 마르티노 마르티니(Martino Martini; 衛匡國)는 현지 조사와 중국인 및 외국인 학자들의 연구 결과에 기초하여 1654년 아우크스부르크(Augsburg)에서『새로운 세계지도(新世界圖)』와『중화제국도(中華帝國圖)』를 간행하였다. 다음 해에 그는 암스테르담에서『새로운 중국지도집(Novus Atlas Sinensis; 中國新地圖册)』을 간행했는데, 그 내용이 세부적이고 정확했다. 마르티노는 서구에서 "중국에 대한 지리학적 연구의 아버지"라고 여겨진다.

1601년 마테오 리치는 북경에서 서구의 달력을 만력제에게 소개하였다. 이지조(李之藻) 같은 사람들의 지원을 받아 마테오는 서구의 역법과 지리에 대한 다양한 저작을 완성했는데, 그 중에는『혼개통헌도설(渾蓋通憲圖說)』,『환용교의(圜容較義)』,『건곤체의(乾坤體義)』가 있다. 마테오 리치 이후 중국으로 온 많은 다른 예수회 선교사들도 천문학적 역법에 능통했는데, 디에고 데 판토하, 사바티노 데 우르시스 (Sabatino de Ursis; 熊三拔), 니콜로 롱고바르도(Nicolò Longobardo; 龍華民), 요한 슈렉(Johann Schreck; 鄧玉函), 자코모 로(Giacomo Rho; 羅雅谷), 요한 아담 샬 폰 벨(湯若望) 등이 그런 이들이었다. 그들은 서구의 학식을 번역하고 달력의 개정에 참여하며 천문 장비를 만들면서 중국 정부에 봉사하였고, 이런 것들은 명·청대 역법의 개혁에 크게 공헌할 수 있었다. 이에 따라 '대통력(大統曆)'이 폐지되고 새로운 '시헌력(時憲曆)'이 시행되었다.

1707년 강희제는 선교사 조아쌩 부베(Joachim Bouvet; 白晋), 장 밥티스트 레지스(Jean-Baptiste Régis; 雷孝思), 페트루스 자르투(Pierre Jartoux; 杜德美)에게 중국인 학자 하국동(何國棟)과 명안도(明安圖) 등과 함께 지도제작 조사팀을 꾸리도록 지시했다. 이 팀은 10년간에 걸쳐서 중국 전역을 여행하고 경도 및 위도 좌표와 여타 방법을 사용하

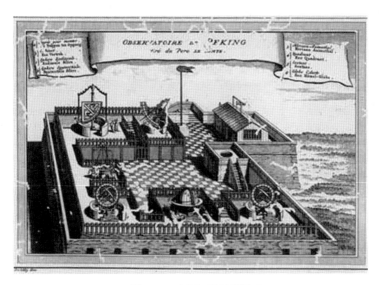

그림 4-54 북경 황실천문대
오늘날 북경 동성(東城) 건국문(建國門) 부근.
출처: 嚴嘉樂, 『中國來信(1716-1735)』(附圖), 鄭州大象出版社, 2002.

여 중국의 세부적인 지도를 제작했다. 그 최종 결과가 『강희황여전도
(康熙皇輿全圖)』였는데, 그것은 세계 지도제작술을 진일보시킨 것으로
평가되었다.

명·청대에 선교사들은 또한 물리학, 농학, 생물학, 의학, 건축학,
음악, 회화, 언어학, 철학 등을 비롯한 여러 다른 서구 학문들도 중국
에 소개하였다. 시계제작, 화기(槍炮), 원예 분야에서도 직접적인 실험
을 수행하여 지금까지도 전해 내려오는 많은 업적들을 남겼다.

13. 유럽과 아메리카의 "중국풍(中國時尚)"

16세기 이래 중국을 방문한 유럽인들은 주로 선교사들이었는데, 이
들은 서구에 중국 문화를 소개하는 데도 열심이었다. 그들은 중국 고
전 문헌을 연구했고 서구 중국학의 개척자가 되었다. 그들의 지식은
유럽의 근대 문화 발전에 깊은 영향을 주었다. 예수회 수사들은 정기
적으로 보낸 서한들에서 중국의 상황을 보고하였다. 이런 글들은 중
국의 사고와 문화에 대한 정보를 유럽에 알려준 가장 중요한 자료들
이었다. 많은 선교사들이 중국 고전문헌들을 번역하고 그것들을 서구
에 소개하여 유럽 및 아메리카에서 중국학 연구를 추동하였다. 예컨
대, 프로스페로 인토르세타(Prospero Intorcetta)는 『중용(*The Doctrne
of the Mean*; 中庸)』, 『대학(*The Great Learning*; 大學)』, 『논어(*The Analects
of Confucius*; 論語)』를 번역했고, 필립 쿠플레(Philippe Couplet)는 『서
문사서직해(*Confucius Sinarum Philosphus*; 西文四書直解)』를 썼으며,
프랑수아 노엘(François Noël)은 『사서(*The Four Books*; 四書)』, 『효경
(*Book of Filial Piety*; 孝經)』, 『유학(*Children's Reading*; 幼學)』을 번역
했다. 또 조아쌩 부베는 『역경대의(*General Ideas of the Book of Changes*;

易經大意)』를 썼고, 안토니오 고빌(Antonio Gaubil)은 『서경(*The Book of History*; 書經)』을 번역했다. 18세기에는 15권으로 된『중국인의 역사, 과학, 예술, 풍속, 습관에 관한 회고록(*Memories concerning the History, Science, Art, Customs and Habits of the Chinese People*)』을 예수회 수사들이 편찬하였다. 선교사들 외에도, 중국 내 유럽 나라들의 무역회사들, 상관들, 영사관들과 아울러 중국으로 간 항해가들, 모험가들, 상인들의 보고와 여행기들이 모두 당시 중국 문화를 전파하는 중요한 매체 역할을 했다.

19세기 이전 서구인들은 대단한 흥미와 존중, 선의 속에서 중국을 "발견"하였다. 이것은 19세기 후반 이후 서구의 중국관과 전혀 달랐다. 18세기 프랑스의 "백과전서"학파 사상가들인 드니 디드로(Denis Diderot)와 올바크 남작(Baron d'Holbach)만이 아니라 프랑스 계몽주의 운동을 주도한 몽테스키외(Montesquieu)와 볼테르(Voltaire)도 모두 중국의 전통 문화를 아주 높게 평가하였고 그 정수를 흡수하려고 애썼다. 볼테르는 특히 철학, 윤리학, 정치학, 과학을 비롯한 모든 측면에서 중국 문화의 주창자였고 가장 크게 예찬하였다. 그가 볼 때, 공자는 예수보다 더 위대했다. 볼테르는 "합리적 종교(rational religion)"를 세우기를 꿈꿨는데, 거기에서 유교를 모델로 삼았다.

전통적인 중국의 "중농양상(重農抑商)" 사상 역시 프랑스의 "중농주의" 경제학자들인 프랑수아 케네(François Quesnay)와 안 로베르 자크 튀르고(Anne Robert Jacques Turgot)의 이론들에 깊은 영향을 주었다. 독일 철학자 라이프니츠(Leibniz)는 『역경(易經)』과 64괘도(六十四卦圖)에 강한 관심을 보였다. 『역경』의 영향은 그의 자연법과 단자론(monadism)에 분명히 반영되었다. 위대한 러시아 사상가 레오 톨스토이(Leo Tolstoy)는 말년에 중국 사상과 문화에 대한 체계적인 연구를 수행했다. 그는 특히 노자(老子)를 찬양했는데, 그를 자신이 "가장 흠

모하는 철학자"라고 하였다.

1760년대에 영국의 고전경제학자 애덤 스미스(Adam Smith)는 프랑수아 케네를 알게 되었고, 그에게서 중국의 중농사상과 정책을 배웠다. 그 후 애덤 스미스는 이런 지식을 자신의 경제학 연구에 끌어들였고, 이 연구는 자신의 정치경제학의 고전『국부론(*An Inquiry into the Nature and Causes of the Wealth of Nations*)』에 담긴 주요 사상의 원천이 되었다. 그래서 스미스가 중농사상을 접하지 않았다면 국부론은 없었을 것이라고 말하는 사람들도 있다.

사상과 문화의 교류 외에, 17세기와 18세기에는 대량의 중국산 실크와 도자기, 차가 유럽으로 운송되었고, 이것들은 서구인들의 경제와 사회 생활을 풍족하게 했다. 부채, 가마, 벽지, 의복을 비롯한 중국산 생활용품들이 모두 서구로 수출되어 유럽인들에게 시적이고 신선한 새로운 감성을 가져다주었다. 새로운 중국 예술에 대한 유행이 유럽 상층계급을 휩쓸었다. 프랑스와 독일, 영국 등 여러 나라의 왕궁에는 "중국방(Chinese room)"을 두어 진기한 중국 컬렉션을 전시했다. 귀족들은 앞 다투어 중국산 자기를 수집하고 사용했다. 프랑스 궁정은 심지어 중국 복식을 갖춘 가장무도회를 열기도 했다. 국왕 루이(Louis) 14세 자신이 중국 옷을 입고 의식에 참석했다.

16세기 후반 중국산 자기의 모조품이 베네치아에서 처음으로 생산되었고 뒤에는 피렌체에서도 생산되었다. 피렌체에서 생산된 "메디치 자기(Medici porcelain)"는 중국 도자기와 비슷했다. 1625년에 좀 더 개량하여 생산된 유남(乳藍; milky blue) 도자는 중국산 도자기에 더 가까웠다. 17세기 초 네덜란드와 독일에 중국 자기의 모조품을 전문으로 생산하는 대량생산공장들이 나타나기 시작했다. 그 생산물은 색깔과 형태 면에서 중국 자기에 필적할 수 있었다. 1675년경 네덜란드 자기 제조업자들은 일본 이마리(伊万里) 자기의 장식 양식과 기법을 익했다. 그들은 자신의 가마에서 푸른색과 백색을 가진 자기들을 구울 수 있었고, 두 차례 저온처리 후에 표면에 붉은 색과 금색 유약 층을 만들어 낼 수 있었다. 그런 기술은 여러 모로 중국 자기를 능가하였다. 네덜란드의 왕립델프트자기공장(Royal Delft Factory)은 중국 자기의 모조품 생산에 성공한 뒤 곧 자체 디자인을 가진 자기 제품을 만들어 낼 수 있었다. 1620년대에 델프트도자기공장은 그 화려함과 성공의 절정에 이르렀다.[71] 1707년 독일의 연금술사 요한 프리드리히 보트거(Johann Friedrich Bottger)는 최초의 유럽 도자기를 생산하는 데 성공했다.

영국의 한 예술사가는 "중국풍(Chinese fashion)"을 깊이 연구한 후 "중국풍"이 중국의 예술적 표현 수단의 단순한 모방이 아니라 사실상 유럽의 예술 양식 중 하나였다고 지적했다. 다른 이들은 이런 종류의 예술적 표현이 중국의 예술 기법을 차용했을 뿐이며 주로 공예에 이용되었다고 생각했다. 어쨌든 유럽의 "중국풍"이 중국의 예술과 일정하게 관련되어 있었다는 것에는 틀림이 없다. 도자기 제조 외에도 회화, 건축, 원예, 가구제작 등 여러 분야 역시 중국 예술에 영향 받았고, 이런 예술양식을 "로코코(Rococo)"라고 불렀다. 이 양식은 주로 자연을 강조하는 경관 건축과 온갖 종류의 중국 풍 꽃문양을 벽에 그린 내부 장식, 중국 풍 화조(花鳥) 그림을 가진 가구, 중국 풍 판화 등으로 표현되었다.

17세기 무렵 영국인들은 이미 바위와 물을 테마로 사용하여 자연을 모방하는 중국식 정원의 특징을 높이 평가하고, 목초지의 모습을 테마로 가진 "풍경식 정원(Landscape Garden)"을 만들기 시작했다. 18세기 이후에는 "회화풍 정원(picturesque gardens)"이 등장하였다. 1757년에서 1763년 사이에 스웨덴 동인도회사에서 일하던 영국인 원예가 윌리엄 챔버스(William Chambers)는 광주로 가서 중국식 정원 기술을 보고 모방하며 관련 정보를 모았다. 그는 뒤에 『동방정원론(*A Dissertation on Oriental Garden*)』과 『중국 건축, 가구, 의복, 도구의 디자인(*Design of Chinese Architecture, Furniture, Clothes and Utensils*)』을 간행했는데, 그 책들은 중국 정원과 건축에서 자연의 모방과 변화무쌍한 효과에 찬사를 보냈다. 윌리엄 챔버스는 켄트 공(Duke of Kent)을 위해 유럽에서 최초로 중국풍 정원 별장을 설계했다. 그 땅은 "큐 가든(Kew Garden)"이라 불리었다. 이 별장은 정원 중앙의 암반을 쌓아올린 구조물과 온갖 종류의 꽃과 식물들, 연못에 놓인 아치형 다리, 바위와 물에 둘러싸인 정자, 구불구불한 길과 숲들을 비롯한 중국식 정원 내의 성공적인 요소들을 지니고 있었다. 이런 유형의 정원은 "영국식 중국 정원(English-Chinese garden)"이라 불리며, 빠르게 네덜란드와 프랑스, 독일에서 모방되었다.

최초의 "중국과 서구 결합 양식(Chinese and Western-style)" 정원은 1760년에 네덜란드에서 등장했다. 작은 다리와 동굴들, 중국식 사원, 정자, 현수교, 고딕 양식 건물의 폐허를 가진 그 정원의 모습은 사람들에게 완전히 새로운 감성을 제공했다. 1790년 네덜란드 동인도회사의 상무관원(commercial official)인 R. 쉐렌베르(Sherenberg)는 바른(Baarn)에 "중국 풍 정원"을 지었다. 이것은 네덜란드의 중국과 서구 결합 양식 정원 중 가장 매력적인 것이었다. 그 안에는 암반을 쌓아올린 구조물들과 한 개의 호수, "북경각(Peking Pavilion)"과 "광주각(Canton Pavilion)"이라는 이름의 정자 2채가 있었다. 정자들은 사전에 광주에 주문해서 만들었고 별개 부분으로 나누어 회사 선박으로 네덜란드로 운송해 나중에 조립한 것이었다.

18세기 말부터 19세기 전반까지 미국은 "중국을 상당히 존중하고 찬양했다." 상호존중 외에도 중국인과 미국인 사이에는 친밀한 관계가 있었다. 이 새로운 나라에도 중국풍 정원이 널리 유행했다. 1796년

그림 4-55
네덜란드 바른의
광주각

출처: 蔡鴻生等,『中
國廣州 － 中瑞
海上貿易的門
戶』, 廣州: 廣州
出版社, 2002.

그림 4-56
스웨덴 스톡홀름의
중국궁

출처: 蔡鴻生等,『中
國廣州 － 中瑞
海上貿易的門
戶』, 廣州: 廣州
出版社, 2002.

판 브람(Van Braam)은 펜실베이니아의 크로이든(Croydon)에 "중국 안
거(Chinese Retreat)"를 세웠다. 1806년 존 마케이(John Markae)는 필라
델피아에 중국풍 여름 별장을 세웠다. 필라델피아의 상인 로버트 월
2세(Robert Waln, Jr.)는 1819년과 1820년 사이에 광주에서 사업을 했는
데, 나중에 방향을 바꾸어 중국 문화를 연구했다. 그는 미국 최초의
중국학자로 알려졌다. 1832년에 그는 뉴저지의 마운트 홀리(Mt. Holly)
에 중국 학교(Chinese College)를 세웠고, 다량의 중국 자기와 칠기, 회
화, 가구 등 각종 공예품을 소장했다.[72]

14. 동아시아 해역의 난파선 고고학

1970년대 이래 동아시아 해역에서 대항해 시대에 침몰한 동양과 서양의 많은 상선들이 인양되었다. 1974년 이래 시암 만의 해저 바닥 25곳에서 고고학 유물이 발견되었고, 그 중에는 14세기에서 19세기에 걸치는 난파선 9척이 있었다.[73] 베트남은 1990년대부터 중남부 해역에서 여러 차례 난파선 조사와 발굴을 수행하였고, 그 결과 15세기에서 18세기에 걸치는 난파선 5척을 인양하였다.[74] 필리핀과 마닐라, 그리고 다른 나라들에서도 난파선 고고학 분야에서 주목할 만한 업적을 이루었다. 2007년 중국 수중고고학자들은 남오(南澳) 해역에서 오래된 선박 남오(南澳) 1호를 발견했다. 그러한 난파선 발견들은 동·서 간 해양 경제교류와 인구 이동, 종교 문화의 확산을 드러내며, 해양실크로드 연구에 여러 측면에서 소중한 정보를 제공해 준다.

판다난섬의 난파선

1993년 6월 9일 필리핀 국립박물관은 애그로에코시스템 앤 리즈스 (Agro-ecosystems and Resources) 회사로부터 팔라완섬 남단과 판다난섬 사이에 오래된 난파선이 있을 수 있다는 보고를 받았다. 이 박물관의 수중고고학 조사팀은 예비 조사를 수행했고 수면 약 36~40미터 아래 산호초 밑에서 목조선의 잔해와 아울러 수많은 도자기들도 발견했다. 난파선에서 건진 도자기 샘플들의 연대는 14세기와 15세기(원말과 명초) 것으로 추정되었다.

필리핀 국립박물관 수중고고학 조사팀의 팀장인 에우세비오 디잔 (Eusebio Z. Dizan)의 연구에 따르면, 판다난섬의 난파선 현장에서 얻은 가장 흥미로운 성과는 비교적 잘 보존된 목조선과 베트남, 타이, 중국산 도자기 및 여러 상품들이었다. 그 중에는 청화자기, 청자접시

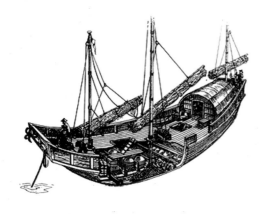

그림 4-57
판다난섬 난파선
복원도

(靑瓷盤), 청자받침(靑瓷小碟), 청자사발(靑瓷碗), 청자잔, 청자병, 청자
정병(靑瓷淨甁), 도기항아리(陶罐), 부엌화덕(爐灶), 많은 도기 독(陶甕)
이 있었다. 철솥(鐵鍋), 동징(銅鑼), 앉은 저울(磅秤) 같은 금속 제품과
중국 동전도 있었다. 동전 중 하나는 영락제 시기(1403~1424년) 동안
제작된 '영락통보(永樂通寶)'로 확인되었다. 고고학자들은 일부 도기
독에서 수천 개의 유리구슬도 발견했다. 이런 식의 화물 선적 방식은
옛날 배들이 유리구슬을 실은 이유를 이해하는 데 훌륭한 물리적 증
거를 제공한다. 고고학자들은 또한 21개의 연마석(硏磨石) 혹은 숫돌
(磨刀石)도 발견했다. 고고학적 표본 명단에는 모두해서 4,722점의 유
물이 들어있는데, 거기에는 도기와 금속, 유리 파편, 수공제품, 생태학
적 증거들이 포함되었다.

청화자기 175점의 추정 출처와 통계

추정 출처	건수
베트남 북부	80
중국	63
타이 사완카로크(Sawankhalok)	14
타이 수코타이(Sukhotai)	4
출처불명	14
총합	175

이 난파선은 처음에는 중국 정크선으로 알려졌지만, 더 연구를 진행해 그것이 필리핀에서 교역을 수행한 동남아시아 화물선임이 밝혀졌다. 배의 구조와 기술이 동남아시아 화물선과 같은 특징을 갖고 있었기 때문이다. 이 배는 베트남 중부의 한 항구에서 육역 동남아시아의 남부 반도로 항해해 거기서 타이 산물을 선적했을 수도 있다. 그후 배는 말라카로 갔다가 보르네오를 거쳐 필리핀으로 갔고 결국 팔라완 제도의 남쪽 끝에 이르렀을 것이다. 그 배는 판다난섬의 북동쪽 해역에서 침몰했는데, 아마도 팔라완 남쪽 끝의 산호초나 이웃한 산호섬에 부딪쳤기 때문인 것 같다. 따라서 그 배 자체가 동남아시아 선박을 이해할 수 있는 훌륭한 실물 표본이었고, 또한 동남아시아 여러 나라들 사이의 교역 활동을 조사하는 데 유용한 보기 드문 문화 유물을 제공해 주었다.[75]

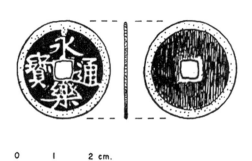

0   I   2 cm.
Scale

그림 4-58
판다난섬 난파선에서
나온 永樂通寶

난파선 남오(南澳) 1호

2007년 5월 중국 광동 남오섬의 어민이 운오(雲澳) 해역의 오래된 난파선에서 송·원·명대의 수많은 도자기들을 건졌다. 난파선은 길이 27미터에 가장 넓은 폭이 7.5미터였고 각각 0.7~1.1미터의 폭을 가진 25개의 선실을 갖추고 있었다. 상갑판이 모습을 드러냈는데, 두께가 10센티미터가 넘었다. 산호로 덮힌 갑판은 아주 단단했다. 이 배는 암초에 부딪쳐 가라앉은 것으로 추정된다.

중국 고고학자들이 2010년부터 유물을 인양하기 시작했다. 작업은 2014년에 끝났다. 2만 점이 넘는 도자기와 7,648개의 동전이 인양되었다. 도자기류에는 접시와 사발, 항아리, 쟁반, 병, 잔이 있었고 주로 청화자기였다. 그것들 중 일부에는 "대명연조(大明年造)"나 "만복유동(萬福攸同)", "부귀가기(富貴佳器)" 등 상서로운 글귀가 새겨져 있었다. 일부는 "고관후록(高官厚祿)", "평보청운(平步靑雲)", "용봉정상(龍鳳呈祥)"을 뜻하는 문양이 그려져 있었다. 그 외에 주석 병, 동전, 호두열매, 올리브 씨앗, 분갑, 반지, 철막대, 철총, 철솥, 응고물, 동판, 동 용수철, 저울대, 석제 롤러, 먹, 나무빗 등이 있었다. 깨끗이 치우고 치밀하게 연구한 후 이 난파선의 연대는 명말로 추정되었다.

발굴된 유물을 통해, 난파선 남오 1호는 명 중기와 말기에 복건과 광동의 수출용 도자기의 생산 및 대외 교역을 연구하는 데 아주 중요한 가치를 지녔음을 알 수 있었다.

난파선 산디에고(San Diego)호

1600년 12월 4일 스페인 상선 산디에고 호는 멕시코의 아카풀코(Acapulco)로 가기에 좋은 날씨를 기다리던 중에, 네덜란드 함대를 저지하라는 통보를 받았다. 배는 네덜란드 함선 모리셔스(Mauritius) 호와 교전 중 갑자기 침몰했고, 450명의 선원 중 350명이 사망했다.

1992년에서 1994년에 걸쳐 필리핀 국립박물관은 엘프 석유회사(Elf Oil Company)의 후원을 받고 유럽수중고고학협회(European Underwater Archaeology Association)와 협력하여 세 차례에 걸쳐 난파선 산디에고 호의 수중 발굴 작업을 수행했다. 1차 발굴은 1992년 2월에서 4월까지, 2차 발굴은 1993년 2월에서 4월까지, 3차 발굴은 1994년 3월에서 5월까지 이루어졌다. 배의 용골과 육분의, 금화 및 은화, 대포, 은제 기물, 일본도의 날밑, 총포, 도자기 등 모두해서 3만 4,407점의 유물이 인양되었다. 그 중 도자기는 5,671점이었는데, 대부분이 경덕진요와 장주요에서 생산된 것이었다.

일본학자 모리무라 켄이치(森村鍵一)는 난파선 산디에고 호에서 인양된 도자기의 수는 모두해서 621점이라고 하는데, 그 중에는 복건과 광동에서 생산된 흑갈색 유약을 바른 사이호(四耳壺), 남중국에서 제작된 모란과 포도 그림이 그려진 삼채사이호(三彩四耳壺), 백자 안평호(安平壺), 타이와 버마산 사이호가 있었다. 전체 도자기 중 48.5퍼센트가 중국산이었고, 33.8퍼센트는 타이산, 3.7퍼센트는 버마산, 10.8퍼센트는 스페인이나 멕시코산이었으며, 3.2퍼센트는 출처불명이었다.[76]

난파선 붕타우(Vung Tau)

1990년 베트남 정부는 스웨덴 잠수회사와 협력하여 베트남 남부 바리어붕타우(Baria-Vungtau)성의 콘다오(Con Dao)섬 해역에서 수중 탐사 작업을 수행하였다. 콘다오섬에서 15킬로미터 떨어지고 혼콘(Hon Con)섬에서 40미터 떨어진 해저에서 목조 선박이 발견되었다. 길이가 32.7미터이고 폭이 8~9미터인 이 선박은 아마도 화재로 침몰한 것 같았다. 다수의 도자기와 철솥, 말린 감, 건어물 등이 이 배에서 발견되었는데, 이 배는 분명 동남아시아 시장으로 항해하고 있었다. 또한 동접시와 동그릇, 사발, 금저울, 동경, 인장, 구유와 같은 선상 용품과 각종 도구들도 발견되었고, 아울러 스페인에서 제작된 해시계와 대포도 있었다. 3만 점이 넘는 유물이 인양되었고, 이 유물을 통해 이 배가 중국에서 바타비아로 항해하던 상선이었다고 추정되었다.[77]

"경오(庚午)"라고 새겨진 먹도 발견되었는데, 이것은 난파의 정확한 연대를 파악할 수 있는 기초가 되었다. 이 글귀는 배가 1690년에 붕타우를 지나다가 침몰했음을 가리켰다. 동전은 명의 "만력통보(萬曆通寶)"가 24개, 청의 "순치통보(順治通寶)"가 하나, "강희통보(康熙通寶)"가 4개였다.[78]

원숭이를 다루는 예인(藝人)과 고승, 나한의 모습을 가진 독특한 인물상들도 몇 점 나왔다. 임신한 나부(裸婦)상은 높이가 약 10.4센티미터였는데, 4각 받침 위에 놓여 있었다. 담갈색 유약을 바른 몸체는 희고 섬세하며 단단했다. 얼굴은 웃고 있는데 계란 모양이고, 위로 향한 쪽을 하고 있었으며, 머리핀으로 머리를 말아 올렸다. 아마도 서양 여자인 듯하다.

11.8센티미터 높이의 뇌신(雷神) 상도 발견되었는데, 2단으로 된 사각 받침 위에 놓여있었다. 한 쪽을 보고 웃고 있는 그것은 4각형 얼굴에 볼록한 이마, 튀어나온 눈, 큰 코와 긴 귀를 갖고 있었다. 입고 있는 옷은 소매가 긴 법복(robe)이었고, 숄을 걸치고 허리띠를 했으며 바지를 입고 부츠를 신었다. 두 손을 다 들었는데 왼쪽 손을 오른쪽 손보다 더 높이 들었다. 녹황색 유약을 바른 몸체는 희고 단단했다. 뇌신은 중국의 여러 민족들이 숭배하고 있었다. 이 뇌신상은 뇌신 숭배를 하는 곳으로 수출된 것이었다. 이것은 배의 출발지나 목적지를 추정하는 데 소중한 실마리를 제공할 수도 있을 것이다.[79]

난파선 완초(碗礁) 1호

2005년 6월 말 복건의 복주시 평담(平潭)현의 어민이 서두향(嶼頭鄉)의 오주군초(五州群礁) 사이에 있는 완초(碗礁) 해역 수심 약 13~15미터 아래에서 오래된 난파선을 발견했다. 이후 대규모 도굴이 행해졌다. 이 소식을 접한 중국 국가문물국(國家文物局)은 즉시 자체 수중고고학연구센터의 수중고고학자와 복건, 요녕(遼寧), 안휘 등 여러 성의 수중고고학자 30명 이상을 조직하여 발굴 작업을 진행했다. 7월에서 10월까지 고고학자들은 선박 내부 및 선체 주변의 발굴 정리 작업과 측량 작업을 완수했다. 인양된 선체는 어민들의 도굴로 인해 심하게 손상을 입었고, 뱃머리는 동쪽을 향해 있었다.

배에 실린 화물은 주로 도자기로 모두해서 1만 7,000점이 넘었고, 청 강희제 중기 경덕진 민요에서 생산된 것들이었다. 장군관(將軍罐), 큰 쟁반, 문양을 새긴 새, 포도주잔, 술단지, 향로, 단지, 사발, 배 부분이 얇은 그릇, 작은 쟁반, 작은 사발, 작은 잔, 분합, 필통, 작은 병, 붓 씻는 그릇 등이 있었고 벼루와 동전, 동자물쇠도 있었다.

일부 자기에는 개광문양(開光紋樣)이 있었고, 이 때문에 이런 자기는 "극랍극자(克拉克瓷)"라 불린다. 이런 종류의 자기는 명말의 수출용 자기에 속했다. 일부 기물이 갖고 있는 청화 도안은 분명 해외에서 유행하는 스타일(청화추국문능화반[靑花雛菊紋菱花盤] 같은 것)이다. 일부 기물의 형태와 도안은 베트남의 난파선 붕타우에서 건진 기물과 같았다.

난파선 카마우(Ca Mau)

1998년 여름 2명의 베트남 어민이 카마우(Ca Mau) 곶 남쪽 해역에서 오래된 난파선을 발견했다. 8월에 베트남 국립역사박물관과 호지명(胡志明)시 베트남역사박물관, 빈투안틴(Binh Thuan Tinh) 박물관, 카마우틴(Ca Mau Tinh) 박물관의 고고학자들로 구성된 연구팀이 조직되었고, 수심 약 36미터 아래에 있던 난파선을 조사하고 인양하였다. 배는 육탁죽백(肉托竹柏; Nageia Wallichiana-presl)으로 만들었고 길이 약 24미터에 폭은 8미터였다. 이 배는 광주에서 중국 상품을 실은 상선으로 중국 배이거나 유럽 배일 수도 있었다. 선체와 물건의 화재 흔

적과 적재물 중 나무상자와 동자물쇠가 부셔져 있는 것은 이 배가 해적의 공격으로 인해 침몰했을 수도 있음을 가리켰다.[80]

고고학자들이 발견한 유물의 수는 13만 점이었고, 그 대부분이 중국산 도자기였다. 각각 무게가 15~18킬로그램이 나가는 아연괴도 386개가 있었다. 이것들은 상품이지만 또한 바닥짐으로도 사용되었다. 다른 유물로는 "강희통보"와 옷감, 용골, 금속제품(머리핀, 동자물쇠, 동접시, 동함), 석제 인장, 벽사(辟邪), 벼루 등이 있었다.

수많은 도자기들의 밑 부분에는 "옹정연제(雍正年製)"나 "대청옹정연제(大淸雍正年製)"라고 적혀있는데, 이는 이 상선이 17세기 말과 18세기 초 사이의 어느 때인가 항해를 시작했지만 카마우 곶 남쪽 해역에 이르러 침몰했음을 보여준다. 도자기 밑바닥에서는 그 외에도 "배계약심진장(裴溪若深珍藏)", "약심진장(若深珍藏)" "조당거(祖唐居)", "양

그림 4-59 난파선 카마우에서 나온 도자기들

제호(梁齊號)” 같은 다른 글귀도 발견되었다.[81]

배의 도자기는 강서의 경덕진과 복건의 덕화, 광동의 광주에서 나온 것이었다. 스타일은 중국식과 서구식이 있었는데, 일반 용기와 음용수용 용기, 문방구류, 조각상 장난감, 장식용 도자기들이 포함되었다. 청화자기와 안에는 유약을 바르고 밖에는 갈색을 입힌 청화자기도 있었다. 청화홍채(靑花紅彩), 청화유하삼채(靑花釉下三彩), 소삼채(素三彩), 자홍(紫紅), 녹유각획전채(綠釉刻劃塡彩), 백유채회(白釉彩繪), 장유백화(醬釉百花), 소태백화(素胎白花), 단색 유약을 바른 자기 등이 나왔다. 장식 문양은 대개 새와 꽃, 풍경, 농사와 어로, 역사 인물과 경극 장면 등 전통적인 중국 소재들이었다.[82]

난파선 다이아나(Diana) 호

1817년 영국 상선 다이아나 호가 말라카에 들러 보급을 한 뒤 캘커타를 향해 출항했다. 그러나 그 배는 탄중비다라(Tanjung Bidara) 해안에서 약 3마일 떨어진 곳에서 침몰했다. 이 상선은 길이가 33미터였고 최대 선폭은 8미터였으며 배수량이 350톤이었다. 보고에 따르면, 배에는 백반(白礬) 4,830킬로그램, 녹차 4,830킬로그램, 천연섬유 2,290킬로그램, 실크 180킬로그램, 도자기 1만 8,130킬로그램, 장뇌 7,550킬로그램, 설탕 8,880킬로그램, 계피 2만 910킬로그램, 자기류 6,040킬로그램, 백납 900킬로그램, 당맥(糖麥) 11만 킬로그램, 납괴 2,110킬로그램이 실려 있었다.[83]

말레이시아 사적인양회사(Malaysia Historical Salvage Company)는 몇 년 간 탐색을 하고 정보를 조사한 후 1993년 말 각종 최신 인양장비를 이용하여 난파선 다이아나를 인양하기 시작했다. 그 결과로 얻은 성과는 훌륭했다. 모두해서 2만 3,821점에 이르는 도자기가 500개 이상의 상자에 실려 있었다. 청화자기와 유약 아래 붉은 채색을 한 자기,

백색 유약을 바르고 갈색을 칠한 자기, 청색 유약을 바른 자기, 황색 유약을 바른 자기 등과 함께 여타 유약을 바른 도기와 조잡하게 만든 평범한 도기들이 있었다. 그 외에 접시와 쟁반, 사발, 잔, 병, 항아리, 원통, 제단, 단지 같은 일상적인 취사용 도구들도 있었다. 또한 타구, 주전자, 촛대, 인물이나 새, 짐승을 표현한 조각상들도 있었다. 장식은 전통 중국풍이거나 중국식과 서구식을 결합한 양식, 주문제작한 서구 양식 등이었다. 연구 결과에 따르면, 도자기들은 광주에서 가공 제작된 것과 경덕진요, 덕화요, 광동의 요평(饒平) 구촌(九村)요에서 생산된 것들이었다. 대부분 중저급 도자기에 해당했으며, 청대 가경(嘉慶) 연간에 생산되었다.[84)

난파선 헬데르말센(Geldermalsen) 호

1747년 네덜란드 동인도회사의 상선 헬데르말센 호가 스헬더(Scheldt) 강 하구의 미델뷔르흐(Middelburg)에서 출항했다. 그 배는 1,000중량톤(dwt)이 나가는 당시로서는 큰 배였다.

1751년 헬데르말센 호는 광주로 가서 다량의 중국산 상품을 구입한 후 유럽으로 귀환했다. 1752년 1월 3일 황혼 무렵 그 배는 싱가포르 해협 맞은편의 헬더(Helder) 암초 지대를 지나면서 선원의 부주의로 인해 암초에 부딪쳐 침몰했다. 80명의 선원이 익사했고, 32명은 운 좋게 살아남아 귀환했다.

헤이그 국립문서보관소(Hague National Archive)에 보존된 선적 화물 명단을 보면, 해난손실액이 80만 길더에 해당했다. 총 23만 9,000점의 도자기가 실린 203개의 상자가 있었고 68만 7,000파운드의 찻잎과 147개의 지금이나 금괴가 실려 있었으며, 아울러 직물과 칠기, 소목, 침향목 등도 있었다.

1984년 영국 잠수부 미첼 헤쳐(Michel Hatcher)가 난파선 헬데르말센 호를 발견했고, 난파선에서 15만 점의 손상되지 않은 청화자기와 125개의 지금을 건져내었다. 찻잎 상자들이 제일 위에 있었고 이것이 다른 상품들을 덮고 있었다. 도자기들은 상자 속에 보관되어 화물 대부분이 손상을 입지 않을 수 있었다.

1986년 인양된 화물들이 암스테르담 경매시장에 나왔다. 화려하게 늘어선 도자기들에 구매자들이 정신을 못 차릴 지경이었다. 그 중 3,000점이 3,700만 길더에 팔렸다. 18세기에 제작된 중국 산 상품이 230년도 더 지나 유럽의 경매시장에 나올 수 있다는 사실에 국제 경매회사들과 고고학자들이 큰 관심을 보였다.[85]

그림 4-60 1984년 헬데르말센 호에서 인양한 중국 도자기와 차, 금

미 주

서문

1) [영] Bertrand Russell, *The Problem of China*, translated by Qin Yue, Shanghai: Xuelin Press, 1996, p. 146.

2) [프] Jean-Noël Roben, *From Roman Empire to China - the Silk Road in the Era of Julius Caesar*, Guilin: Publishing House of the Quangxi Normal University, 2005, p. 198.

3) *Travels between India and China*, translated by Mu Genlai and others, Beijing: Zhonghua Book Company, 1983, p. 95.

4) [아랍] Ibn Khordadbeh, *Book of Roads and Kingdoms*, translated by Song Xian, Beijing: Zhonghua Book Company, 1991, pp. 71~72.

5) (청) Yu Shao, *Farewell to Officer Liu,* in *The Collection of Essays of the Tang Dynasty* (Vol. 427).

6) (당) Han Yu, *Collected Works of Han Yu* (Vol. 4, *Seeing Zheng Quan off to the South China Sea*).

7) (청) Shen Yazhi, *Wall Records in Hangzhou Office*, in Dong Gao, et al., ed., *Collection of Essays of the Tang Dynasty* (Vol. 736).

8) (당) Yuan Zhen, *Anthology of Yuan Zhen* (Vol. 12, *Poem Recording Sight-seeing in Lingnan*).

9) (당) Gao Yanxiu, *Prime Minister Lanling after Retirement*, in *Collected Stories of Tang Dynasty* (Vol. Ⅱ).

10) (송) Zhou Qufei, *Ling Wai Dai Da (Notes for the Land beyond the Passes)*, checked and noted by Yang Wuquan, Beijing: Zhonghua Book Company, 1999, p. 218.

11) [일] Yasuhiko Kimiya, *History of Cultural Exchange between Japan and China*,

translated by Hu Xinian, Beijing: The Commercial Press, 1980, pp. 214~215.

12) Zhang Guangda, *Silk Roads Between China and the Arab World*, in *First Edition of Historical and Geographical Works*, Shanghai: Shanghai Ancient Books Publishing House, 1995, p. 438.

제1장 동·서 해양 항로의 연결

1) [프] Fernand Braudel, *Mediterranean Archaeology — Prehistory and Ancient History*, Beijing: Social Sciences Academic Press(China), 2005, p. 66.

2) *Ibid.*, p. 69.

3) Shi Hequn, *Western Wind-driven Ships*, Shanghai: Shanghai Pictorial Press, 2000, pp. 29~30.

4) [미] James W. Thompson, *A History of Economic Societies of the Middle Ages* (Vol. Ⅰ), translated by Geng Danru, Beijing: The Commercial Press, 1961, pp. 1~2.

5) [영] Andrew Dalby, *Dangerous Flavor – Spice History*, translated by Li Weihong, Zhao Fengjun, Jiang Zhuqing, Tianjin: Baihua Literature and Art Publishing House, 2004, p. 60.

6) [프] Jean-Noël Robert, *From Rome to China: The Silk Road in the Era of Julius Caesar*, translated by Ma Jun and Song Minsheng, Guilin: Guangxi Normal University Press, 2005, p. 165.

7) [미] James W. Thompson, *A History of Economic Societies of the Middle Ages* (Vol. Ⅰ), pp. 25~26.

8) [프] Jean-Noël Robert, *From Rome to China*, p. 198.

9) *Ibid.*, p. 207.

10) Chen Yan, *Twilight of Chinese Marine Culture – Significance of Hemudu Culture to Exploring the Origns of the Maritime Silk Road/Marine Silk Road and Sino-foreign Cultural Exchanges*, Beijing: Peking University Press, 1996, pp. 1~14.

11) Guo Dashun, "Sun Binqi's Discussion about 'Archaeological Studies in Lingnan", *South China Archaeology* 1 (editor in chief: Qiu Licheng), Beijing: Cultural Relics Press, 2004, pp. 1~6.

12) Guangzhou Municipal Cultural Relic Management Committee, Institute of Archeology of Chinese Academy of Social Sciences, Guangdong Museum, *South Yue King's Tomb from the Western Han Dynasty* (Vol. Ⅰ), Beijing: Cultural Relics Press, 1991, pp. 50~54.

13) The Museum of Guangxi Zhuang Autonomous Region, ed., *Han Dynasty Tombs*

in *Luobo Bay, Guixian County, Guangxi Province*, Beijing: Cultural Relics Press, 1988, pp. 26~28.

14) Guangzhou Municipal Cultural Relic Management Committee, Institute of Archeology of Chinese Academy of Social Sciences, Guangdong Museum, *South Yue King's Tomb from the Western Han Dynasty* (Vol. Ⅰ), pp. 209~210, 138~139, and 345~347; Zhang Rongfang and Huang Miaozhang, *History of the South Yue Kingdom*, Guangzhou: Guangdong People's Publishing House, 1995, pp. 285~286.

15) Zhang Rongfang and Huang Miaozhang, *History of the South Yue Kingdom*, pp. 234~238.

16) Guangzhou Municipal Bureau of Culture, ed., *Three Great Discoveries of Archeological Studies of the Qin and Han Dynasties in Guangzhou*, Guangzhou: Guangzhou Press, 1999, p. 196.

17) (한) Ban Gu, *The Book of Han* (part Ⅱ of Vol. 28), Commented by Yan Shigu.

18) Lin Meicun, "Ancient East-West Maritime Transport", in *History and Geography*, edited by Chinese Civilization Center of City University of Hong Kong, Hong Kong: City University of Hong Kong Press, 2002, pp. 54~56.

19) Chen Jiarong, Xie Fang, and Lu Junling, *Notes on Ancient Places around the South China Sea*, Beijing: Zhonghua Book Company, 1986.

20) (당) Ouyang Xun, *Collections of Art and Literature* (Vol. Ⅵ, prefecture part), Shanghai: Zhonghua Book Company, 1965, p. 116.

21) (당) Li Fang, *Taiping Impoerial Encyclopedia* (Vol. 69).

22) (진) Chen Shou, *Records of the Three Kingdoms, Wu State* (Vol. 15, *Biography of Lu Dai*).

23) (당) Yao Siulian, *The Book of Liang* (Vol. 54, *Biography of Countries around Hainan*).

24) (양) Shen Yue, *The Book of Song* (Vol. 97, *Biography of Aliens*).

25) Jiang Boqin, "Ilan People in Guangzhou and along the Maritime Silk Road: New Archaeological Discoiveries in Suixi", in *Guangzhou and Maritime Silk Road*, edited by Foreign Affairs Office of the People's Government of Guangdong Province and Guangdong Academy of Social Sciences, Guangzhou: Guangdong Academy of Social Sciences, 1991, pp. 21~33.

26) 출처: "Silk Road Network"(http://www.sczlu.com)

27) [일] T. Okazaki, "Introduction to Archaeology Exchanges between the East and the West - Silk Road and Silver Road", *Archaeology of the East and the West*, Tokyo: Heibonsha, 1973, p. 8.

28) [프] Georges Goedès, *Indianisation Countries in Southeast Asia*, traslated by Cai Hua and Yang Baojun, Beijing: Commercial Press, 2008, p. 69.

29) *Ibid.*, p. 38.

30) Wu Xuling, *Art of Southeast Asia*, Beijing: China Renmin University Press, 2004, pp. 6~66.

31) [프] Pierre-Yves Manguin, "New Archaeological Researches on Funan - Oc Eo Site in the Mekong River Delta: Archaeological Excavatiuon and Restoration", *French Sinology* 11, translated by Wu Min, Beijing: Zhonghua Book Company, 2006, p. 248.

32) Wu Xuling, *Art of Southeast Asia*, p. 62.

33) [인도] Jawaharlal Nehru, *The Discovery of India*, translated by Qi Wen, Beijing: World Affairs Press, 1956, pp. 250~253.

34) [스리랑카] C.W. Nicholas and S. Raranavitana, *Concise History of Ceylon: From Ancient Times to 1505 When the Portuguese Arrived*, translated by Li Rongxi, Beijing: The Commercial Press, 1972, pp. 265~266.

35) (당) Du You, *Tung-tien* (Vol. 193, *Simhala*).

36) Feng Chengjun, *History of China's Exchanges with Southeast Asia*, Beijing: Commercial Press, 1988, p. 14.

37) [영] H. Yule, *Cathay and the Way Thither*, revised by Henri Cordier to French, translated by Zhang Xushan, Kunming: Yunnan People's Publishing House, 2002, pp. 36~37.

38) Giuliano Bertuccioli and Federico Masini, *Italy and China*, Beijing: Commercial Press, 2002, pp. 2~3.

39) *Ibid.*, pp. 8~10.

40) Yu Weichao et al., "Time Investigation of Bas-reliefs on Precipices in Kongwang Mountain", *Cultural Relics* 7, 1981.

41) (양), Hui Jiao, *Memoirs of Eminent Monks* (Vol. Ⅰ).

42) [뉴질랜드] *The Cambridge History of Southeast Asia*, Vol. Ⅰ, Editor-in-Chief Nicholas Tarling, translated by He Shengda et al., Kunming: Yunnan People's Publishing House, 2003, p. 217.

43) Sun Yifu, *From Venice to Osaka: UNESCO Retraces the Maritime Silk Road*, Beijing: China Pictorial Publishing House, 1992, pp. 104~105; Chen Ruide et al., *Friendly Messengers of the Maritime Silk Road: The West*, Beijing: Maritime Press, 1991, pp. 9~24.

제2장 주강(珠江) 하구에서 페르시아만까지
- "광주에서 이국 땅까지의 해상 통로" -

1) (송) Ouyang Xiu, Song Qi, *New Book of Tang* (Vol. 219, *Biography of Northern Barbarians*), Beijing: Zhonghua Book Company, 1987.

2) (당) Du You, *Comprehensive Institutions* (Vol. 188, *Introduction, Hainan, Border Defense, Tongdian*, Wang Wenjin et al.(reviewed), Beijing: Zhonghua Book Company, 1988, p. 5088.

3) Liu Junwen, *Explanation of Legal Instruments of the Tang Dynasty Unearthed in Turpan of Dunhuang*, Beijing: Zhonghua Book Company, 1989, pp. 310~311.

4) Niu Zhigong, "China's Position in the World in the Sui and Tang Dynasties", *Studies on the History of Tang Dynasty* 3, Xi'an: Shaanxi People's Publishing House, 1987, pp. 320, 338~339.

5) Li Qingxin, *Coastal Land - History of Trade along the South China Sea and the Relations between China and Foreign Countries*, Beijing: Zhonghua Book Company, 2010.

6) (송) Ouyang Xiu, Song Qi, *New Book of Tang* (Vol. 43-II, *Geographical Annals*).

7) (송) Ouyang Xiu, Song Qi, *New Book of Tang* (Vol. 43-II, *Geographical Annals*).

8) John Guy, "Early Asian Ceramic Trade and Belitung Shipwreck Relics of the Tang Dynasty", translated by Yang Qin, *Studies of Maritime History* 8, Beijing: Social Sciences Academic Press, 2015.

9) (아랍) Ibn Khordadbeh, *Book of Roads and Kingdoms*, translated by Song Xian, Beijing: Zhonghua Book Company, 1991, pp. 64~72. 번역자는 현재 위치의 이름을 병기하였다.

10) (당) Han Yu, *Collected Works of Han Yu* (Vol. 21, *Preface to a Letter to Minister Zheng*).

11) (청) Dong Gao, et al., *Complete Tang Literature* (Vol. 427).

12) (당) Yijing, *Buddhist Monk's Pilgrimage of the Tang Dynasty* (Vol. I), Wang Bangwei (reviewed), Beijing: Zhonghua Book Company, 1988, p. 103.

13) (송) Zan Ning, *Biographies of Eminent Monks of Song Dynasty* (Vol. II), Fan Xiangyong (reviewed), Beijing: Zhonghua Book Company, 1987, p. 31.

14) E.H. Schafer, *Alien Cultures in the Tang Dynasty*, translated by Wu Yugui, Beijing: China Social Science Press, 1995, pp. 26~27.

15) Shen Fuwei, *Cultural Flow between China and the Outside World*, Shanghai: Shanghai People's Publishing House, 1988, p. 205.

16) Wang Jian, "Silk Production Place Distribution in the Sui and Tang Dynasties", *History of the Sui and Tang Dynasties*, Beijing: China Social Science Press, 1981,

pp. 289~298.

17) Zhang Zexian, *Industry and Commerce of the Tang Dynasty*, Beijing: China Social Science Press, 1995, pp. 95~97.

18) Wang Zhongluo, "Hyecho. Explanation of Remnants of *An Acoount of Travel to the Five Indian Kingdoms*", Shanghai: Shanghai Ancient Books Publishing House, 1993, pp. 276~277.

19) (일) Mikami Tsugio, *Ceramic Road*, translated by Hu Defen, Tianjin: Tianjin People's Publishing House, 1983, p. 117.

20) (당) Wei Zheng, *Book of Sui* (Vol. 81, *Biogranphy of Japan*).

21) (일) Kimiya Yasuhiko, *History of Japan-China Cultural Exchange*, translated by Hu Xinian, Beijing: The Commercial Press, 1980, p. 80.

22) Xia Yingyuan, *Japan. Friendly Messenger of Maritime Silk Road*, Beijing: China Ocean Press, 1991, pp. 18~26.

23) (당) Du Mu, *Collected Works of Fan Chuan* (Vol. 6, *Biography of Zhang Baogao and Zheng Nian*).

24) Chen Shangsheng, "Zhang Baogao and Silk Road of the Yellow Sea", in Jeong Moon-Soo, et al., *The Maritime Silk Road and Seaport Cities*, Seoul: Sunin Publishing, 2015, pp. 89~97.

25) *Origin and Account of Anxiang Temple* (Vol. Ⅰ); Chen Shangsheng, "Zhang Baogao and Silk Road of the Yellow Sea", pp. 89~97.

26) Liu Fengming, *Shandong Peninsula and Ancient China-ROK Relations*, Beijing: Zhonghua Book Company, 2010, pp. 247~271.

27) (일) Kimiya Yasuhiko, *History of Japan-China Cultural Exchange*, pp. 203~214.

28) Xia Yingyuan, *Japan. Friendly Messenger of Maritime Silk Road*, p. 55.

29) (미) Philip K. Hitti, *A Brief History of Arab*, translated by Ma Jian, Beijing: The Commercial Press, 1973, pp. 52~68.

30) (명) He Qiaoyuan, *Book of Fujian* (Vol. 7, *Soul Mountain, Territorial Issues*), Chongzhen Edition, *Series of Index to Complete Library in Four Sections*, Jinan: Qilu Press, 1997.

31) (송) Fang Xinru, *100 Odes on Nanhai*, Hong Kong: Hong Kong Great Eastern Book Company, 1977, pp. 5~6.

32) (명) Yan Congjian, *The Record of General Condition of Various Foreign Countries for Consultation* (Vol. 11), Beijing: Zhonghua Book Company, 1993, p. 391.

33) Guangdong Provincial Cultural Relics Management Committee & Guangdong Museum, *Collection of Antiquities from Silk Road on South China Sea*, Guangzhou: Guangdong Science and Technology Press, 1991, p. 54.

34) Regina Krahl, John Guy, J. Keith Wilson and Julian Raby, *Ship wrecked: Tang*

Treasures and Monsoon Winds, Arthur M. Sackler Gallery, Smithsonian Institution, Washington, D.C., 2010.

35) (영) Denis Twitchett & Janice Stargardt, "Wreck Relic: Chinese Silver Ingots on a Shipwreck in the 10th Century", *Studies of the Tang Dynasty* 10, Beijing: Peking University Press, 2004, pp. 383~432.

제3장 동아시아의 대항해시대
-송·원제국의 해양무역 경영-

1) Deng Duanben and Zhang Shen, *Guangzhou History of Foreign Trade*, Guangzhou: Guangdong Higher Education Publishing House, 1996, p. 159.

2) [일] Fujita Toyohachi, *Foreign Trade Department and Regulations of Song Dynasty*, translated by Wei Chongqing, Beijing: The Commercial Press, 1936, p. 122.

3) Yao Shuomin, "Chinese Ancient Coins Discovered in India and the Foreign Trade of Ancient China", in *Research of Southeast Asian Currency*, edited by Research Society on Southeast Asian Currencies of China Numismatic Society, Kunming: Yunnan Nationalities Publishing House, 1998, pp. 147~154.

4) (청) Xu Soung, *Song Dynasty Manuscript Compendium* (the 13th and 14th among the 44 officials).

5) (송) Hong Shi, *Collected Works of Panzhou* (Vol. 30).

6) [미] James W. Thompson, *Economic and Social History of the Middle Ages* (Vol. 1), translated by Geng Danru, Beijing: The Commercial Press, 1997, pp. 466~467.

7) [이탈리아] *The Eastern Parts of the World Described by Friar Odoric*, translated by He Gaoji, Beijing: Zhonghua Book Company, 2002, p. 70.

8) Liao Dake, *Maritime History of Fujian*, Fuzhou: Fujian People's Publishing House, 2002, p. 87.

9) [아랍] *The Travels of Ibn Battuta*, translated by Ma Jinpeng, Yinchuan: Ningxia People's Publishing House, 2000, p. 543.

10) [이탈리아] *The Eastern Parts of the World Described by Friar Odoric*, pp. 73-74.

11) [영] Angus Maddison, *The World Economy: A Millennial Perspective*, translated by Wu Xiaoying, et al., Beijing: Peking University Publishing House, 2003, p. 44.

12) "Brief Report on the Excavation of Shipwreck of Song Dynasty in Quanzhou Bay", *Cultural Relics*, 1975 (10).

13) (송) Xu Jing, *Illustrated Account of an Official Mission to Korea during the Xuanhe Reign* (Vol. 34).

14) Chen Gaohua, Wu Tai and Guo Songyi, *Maritime Silk Road*, Beijing: China Ocean

Press, 1991, pp. 60~62.

15) [영] Frances Wood, *Did Marco Polo go to China?*, translated by Hong Yunxi, Beijing: Xinhua Publishing House, 1997, p. 188.

16) Chen Gaohua, Wu Tai and Guo Songyi, *Maritime Silk Road*, pp. 247-249.

17) Yang Qinzhang and He Gaoji, "Research on Relics of Franciscans in Quanzhou in Yuan Dynasty", *History and Culture of Quanzhou*, 1982 (8); Wu Youxiong, "Nestorian Steles Discovered in Quanzhou of Fujian", *Archaeology*, 1988 (11).

18) Fang Zheng, Zhang Jianming, and Deng Yonghong, "Song Merchant Ship South China Sea I Would Finally Emerge with Infuence Not Second to Terra-Cotta Warriors", china.com.cn, 2003-03-04.

19) Li Qingxin, "Export Porcelain, Coins, Metal Products and Other Issues in Foreign Trade of Southern Song Dynasty － Preliminary Investigation on Salvaged Relics of South China Sea I Shipwreck", *Academic Monthly*, 2012 (9).

20) "Sailing from the Great Yuan Dynasty － Exhibition Relics Excavated from the Sinan Shipwreck and Goryeo Celadon Wares Gangjin of Korea" at Zhejiang Provincial Museum from December 18, 2012 to March 3, 2013; "Sina Blog － Jiangnan Muke's Blog" on December 29, 2012.

21) Li Dequan, Jiang Zhongyi and Guan Jiakun, "Chinese Porcelains Salvaged from the Submarine Shipwreck in Sinan of Korea", *Archaeological Journal*, 1979 (2).

제4장 초기 글로벌화 시대의 동 · 서 간 해양교역과 문화교류

1) *Complete Works of Liang Qichao* (Volume 5), edited by Zhang Pinxing, Beijing: Beijing Publishing House, 1999, pp. 1545-1550.

2) *Pires's Overview of the Far East* (Volume 2), compiled and translated by 考太蘇; Huang Qichen, *History of Macao (Ancient Times-1840)*, Macao: History Association of Macao, 1995, p. 27.

3) *Cultural Magazine* of Macao (ed.), *Chinese Landscape in the Literary Field of Iberia in the 16th and 17th Centuries*, Zhengzhou: The Elephant Publishing House, 2003, pp. 6~9.

4) [포] Rui Manuel Loureiro, "The Southeast Asia in the *Oriental Overview* by Tome Pires", translated by Wei Ling, *Cultural Magazine* (Macao, Chinese version) 49 (Winter 2003), pp. 19~36.

5) Nicholas P. Cushner, *Spain in the Philippines*, Ruezen City, 1971, p. 39; Jin Yingxi (ed.), *History of the Philippines*, Kaifeng: Henan University Press, 1990, p. 98.

6) [프] Maurice Braure, *History of the Netherlands*, translated by Zheng Kelu and

Others, Beijing: The Commercial Press, 1974, p. 27.

7) [영] D.G.E. Hall, *A History of Southeast Aisa* (Volume 1), translated by Research Institute of Southeast Asian History of Sun Yat-Sen University, Beijing: The Commercial Press, 1982, p. 392.

8) Zhang Tianze, *Early History of Sino-Portugal Trade*, translated by Yao Nan, Hong Kong: Chung Hwa Book Co. Ltd., 1988, p. 135.

9) Xia Jiguo, *British Foreign Policy Studies during Elizabeth I Period*, Beijing: The Commercial Press, 1999, pp. 195~197.

10) Ahai, *One Decade of Yangzheng: The Story of That Swedish Ship*, Beijing: China Social Sciences Press, 2006, pp. 3~4.

11) Cai Hongsheng and Others, *China Guangzhou － Portal of Marine Trade between China and Switzerland*, Guangzhou: Guangzhou Press, 2002, p. 86.

12) *Ibid.*, pp. 6, 16~18, and 52~62.

13) (명) Huang Zuo, *General Annals of Guangdong* (Volume 66 *Annales of Foreign Affaires*), block-printed edition, 1557(36th year of Jiajing era of Ming Dynasty).

14) (명) Huo Yuxia, *Collection of Huomian Study* (Volume 12 *Reply Letter of Chen Qingtian*), block-printed edition, 1857(Xianfeng era of Qing Dynasty).

15) Liang Zhaoyang, Cai Guozhen, Zhang Xie and Others, eds., *Annals of Haicheng County* (Volume 1 *Topology*), block-printed edition, 1632(5th year of Chongzhen era in Ming Dynasty), in *Rare Chinese Local Annales Preserved in Japan*, Beijing: Bibliography and Document Publishing House, 1992.

16) [미] H.B. Morse, *The International Relations of the Chinese Empire* (Volume 1), translated by Zhang Huiwen and Others, Shanghai: Shanghai Bookstore Publishing House, 2000, pp. 79~80; [미] William C. Hunter, *The "Fankwae" at Canton*, translated by Feng Shutie, Guangzhou: Guangdong People's Publishing House, 1993, pp. 21~22.

17) Gu Weimin, *Metropolis in Eastward Expansion of Portuguese Civilization －Goa*, Shanghai: Shanghai Lexicographic Publishing House, 2009, pp. 67~68.

18) Henrik P.N. Muller, *Political Relations between the Malay Peninsula and Europe*, translated by Fan Wenzhu, Shanghai: The Commercial Press, 1943, p. 6.

19) [일] Kiyoshi Inoue, *Japanese History － Criticism "National History"*, translated by Yan Bowel, Beijing: SDX Joint Publishing Company, 1957, p. 104.

20) [일] Yasuhiko Kimiya, *History of Cultural Exchanges for Japanese and Chinese*, translated by Hu Xinian, Beijing: The Commercial Press, 1980, pp. 634~635.

21) *Ibid.*, p. 624. "주인장"은 16세기 말부터 1640년대까지 교역을 위해 바다로 나가는 상선들에게 일본 정부가 발행한 허가장이었다. 거기에 홍색 관인이 찍혀있어 그런 이름을 가졌다. "주인장"은 보통 일본인 선주에게 발부되었다. 하지만 도쿠가와 이에야스 시기 동안에는 중국 상인들의 무역을 고무하기 위

해 때로는 중국인 선주들에게도 발부되었다.

22) Huang Qichen, *History of Macao (Ancient Times-1840)*, pp. 71~73.

23) [러] 拉維葉法諾娃(?), *Brunei: History, Economy and Current Situation*, translated by Research Institute of Southeast Asian Histroy of Sun Yat-sen Universiry, Beijing: The Commercial Press, 1978, p. 13.

24) 18세기 후반 응우엔 왕조는 캄보디아로 계속 확장하여 광남국(코친차이나)의 영역을 메콩 강 하류까지, 즉 이후 "남키(Nam Ky)"라고 알려진 지역까지 넓혔다. 19세기 중반 이후 베트남은 프랑스 식민지가 되었고 남키는 "코친차이나"라고 불리게 되었다. 하지만 이 지역은 광남국 시기의 "코친차이나"와 지역과 성격 면에서 전혀 다른 것이다.

25) Li Qingxin, "Mac Cuu and Mac Thien Tu and Ha Tien Regime(Port State)", *Studies of Maritime History* (Volume 1), Beijing: Social Sciences Academic Press, 2010, pp. 171~216; *id.*, "Mac Cuu's Ha Tien Regime(Port State) and Its External Relations – On the 'Non-classical Reime' in the History of Southeast Asia", *Studies of Maritime History* (Volume 5), Beijing: Social Sciences Academic Press, 2013, pp. 114~147.

26) Trịnh Hoai Duc, *General Annales of Jiading City* (Volume 3 *Territory Annal · Ha Tien Town*), in *Linh Nam Trich Quai and Other Three Kinds of Historical Data*, noted by Dai Kelai and Yang Baojun, Zhengzhou: Zhongzhou Ancient Books Publishing House, 1991, pp. 152 and 228.

27) *Main Body of Veritable Records of Dai Nam, Book Ⅰ* (Volume 39), 1809(Eighth month and the eighth year of Quianlong era), p. 797.

28) Tran Kinh Hoa, *Ho Mac va chua Nguyen o Ha Tien, Van hoa chau A*, Sai Gon, so71-1968; Jiang Guoxue, *A Study on the Maritime Trade during the Nguyen Regime of Nam Ha, Vietnam*, Guangzhou: Guangdong World Publishing Company, 2010, p. 91.

29) [호주 & 미] Li Tana and Paul A. Van Dyke, "Southeast Asian Waters in the 18th Century: New Information and New Ideas", *Collected Writings of Asia-Pacific Studies* (Volume 3), edited by Liang Zhiming, Beijing: Peking University Press, 2006, pp. 190~209.

30) *Ibid.*

31) Quan Hansheng, *Collected Writings of Economic History of China* (Volume 1), Beijing: Zhonghua Book Company, 2012, p. 461; Sha Ding and Yang Dianqiu, "Early Trade Relationship Between China and Latin America", *Historical Research*, 1984 (4).

32) Quan Hansheng, *Research on Economic History of the Ming and Qing Dynasties*, Taipei: Linking Publishing Company, 1987, p. 26.

33) Huang Qichen (ed.), *History of Guangdong Maritime Silk Road*, Guangzhou: Guangdong Economy Publishing House, 2003, p. 509.

34) *Exported Chinese Porcelain Collected in Sweden*, edited by the Palace Museum, Beijing: Forbidden City Publishing House, 2005, pp. 61~65.

35) Liu Zifen, *Discussion on Ceramics in Bamboo Garden*, lithographic edition in the 14th year of the Republic of China, in *Fine Arts Series Volume 4* (10), Beijing: Beijing Ancient Books Publishing House, 1998.

36) John Goldsmith Phillip, *China-Trade Porcelain*, Cambridge, Mass.: Harvard University Press, 1956; *Exported Chinese Porcelain Collected in Sweden*, p. 53.

37) (청) Lan Pu, *Pottery Records of Jingdezhen* (Volume 3), block-printed edition, 1870.

38) (청) Old Man of Silent Garden, *Pottery Art* (Volume 2), block-printed edtion, 1910.

39) Chen Gaohua, Wu Tai, and Guo Songyi, *Maritime Silk Road*, Beijing: China Ocean Press, 1991, p. 159.

40) Zhang Xiaoning, *Southern Treasure Granary for Emperors - Chinese-Western Trade under the Guangzhou System in Early Qing Dynasty*, Nanchang: Jiangxi Gaoxiao Publishing House, 1999, pp. 78~88.

41) Quan Hansheng, Quan Hansheng, *Research on Economic History of the Ming and Qing Dynasties*, p. 19.

42) Liang Fangzhong, "Import and Export of International Trade and Silver in the Ming Dynasty", in *Essays in the History of Economics by Liang Fangzhong*, Beijing: Zhonghua Book Company, 1989, pp. 178~179.

43) Trịnh Hoai Duc, *General Annales of Jiading City* (Volume 2 *Mountain and River Annal*), in *Linh Nam Trich Quai and Other Three Kinds of Historical Data*, p. 65.

44) (청) Pan Dinggui, *Travel to Annam*, Jinan: Qilu Publishing House, 1997, p. 150.

45) (청) Yu Jin, *Collection of Works of Great Guanyin Hall* (Volume 2).

46) *Main Body of Veritable Records of Dai Nam, Book Ⅱ* (Volume 47), 1827 (211), p. 2041.

47) (청) Zhang Tingyu and Others, *The History of Ming* (Volume 323 *Legend of Hencoop Mountain* 〈Volume 325〉), Legend of Burni. 역사기록에 따르면, 임도건은 파타니에 사는 사이에 대포 3문을 만들었고, 그것을 시험 발사하다가 죽었다고 한다. 또한 임도건에게 임고낭(林姑娘)이란 이름의 여동생이 있었는데, 그녀는 그를 따라 파타니로 왔고 그를 중국으로 돌아가도록 설득했다고도 기록되어 있다. 임도건은 이를 거절했고, 임고낭은 자살하고 말았다. 그녀의 무덤은 오늘날에도 남아 있고 중국인의 후손들이 그 무덤에 절을 올리고 있다. Li Changfu, *Colonial History of China*, Beijing: The Commercial Press, 1937, p. 143을 참조.

48) (청) Zhang Tingyu and Others, *The History of Ming* (Volume 325), Legend of

Malacca.

49) [미] Eric R. Wolf, *Europe and the People without History*, translated by Jia Shiheng, Taipei: Maitian Press, 2003, p. 79.

50) (청) Zhang Tingyu and Others, *The History of Ming* (Volume 325), Legend of Malacca.

51) (명) Huang Zhong, *The Language of the Sea* (Volume 1), Customs (Malacca).

52) C.R. Boxer, *Jan Compagnie in War and Peace, 1602-1799*, Hong Kong: Heinemann Asia, 1979, p. 59.

53) Chen Taimin, *China-Philippine Relations and Philippine Chinese*, Hong Kong: Chaoyang Publishing House, 1985.

54) Zhuang Guotu and Liu Wenzheng, *Formation and Development of the Chinese Community in East Asia*, Xiamen: Xiamen University Press, 2009, pp. 113~114.

55) (명) Xie Zhaozhe, *Five Mixed Groups* (Volume 4), Territory, p. 80.

56) (명) Zhu Guozhen, *Essays of Yongdong* (Volume 30).

57) Chen Ziqiang, "Brief Discussion on Fujian-Japan Transport in Mid and Later Period of Ming Dynasty", *Research on Maritime Transper History*, 1985 (2), p. 48.

58) Zhuang Guotu and Liu Wenzheng, *Formation and Development of the Chinese Community in East Asia*, pp. 140~144.

59) [미] Edward Sapir, *Language: An Introduction to the Study of Speech*, translated by Lu Zhuoyuan, Beijing: The Commercial Press, 1964, p. 120.

60) Zhang Wenqin, "First Exploration of Guangdong Portuguese and Canton English", in *Spring and Autumn of Lingqiao* (Volume 1), Beijing: Encyclopedia of China Publishing House, 1994, p. 564.

61) [미] William C. Hunter, *The "Fankwae" at Canton*, pp. 44~45.

62) *Ibid.*

63) [미] Mors, *The Chronicles of the East India Company Trading to China* (Volumes 1 and 2), translated by Qu Zonghua, Guangzhou: Sun Yat-sen University Press, 1991, p. 66.

64) [미] William C. Hunter, *The "Fankwae" at Canton*, p. 45.

65) [미] Paul van Dyke, "Utilizing Pearl River Delta's Cultural Heritage to Develop Trade Contacts between Macao and Guangzhou", *A Treatise on Lingnan Culture and Macao Symposium*, 2000.

66) Zhang Haipen and Wang Yanyuan (eds.), *Study of Huizhou Merchants*, Hefei: Anhui People's Publishing House, 1995, p. 59.

67) Zhou Zhenhe, *Essays on the Relationship between Languag and Culture*, Hangzhou: Zhejiang Photography Publishing House, 1998, pp. 55~57.

68) [미] William C. Hunter, *The "Fankwae" at Canton*, p. 47.

69) [미] William C. Hunter, *The Bits of Old China*, translated by Feng Shutie, Guangzhou: Guangdong People's Publishing House, 1992, pp. 136~137.

70) [스] Padre J.G. de Mendoxa, *History of the Chinese Empire* (Part Ⅱ Volume Ⅱ), translated by He Gaoji, Beijing: Zhonghua Book Company, 1998, pp. 246~307.

71) [네] Leonard Blussé, *A History of Sino-Dutch Relations*, translated by Zhuang Guotu and Cheng Shaogang, revised edition, Beijing: Intersection Shop Press, 1999, pp. 90~91.

72) [미] Latourette, *Early History of Sino-US Relations*, New Haven: Yale University Press, 1917, p. 124; [미] Taylor Dennett, *Americans in East Asia*, New York: Macmillan, 1922, p. 61.

73) 黎道剛(?), *Textual Research on Ancient Historical Places of Thailand*, Beijing: Zhonghua Book Company, 2000, p. 268.

74) Nguyen Dinh Chien, *The Ca Mau Shipwreck 1723-1735*, Hanoi, 2002, pp. 14, 91.

75) Eusebio Z. Dizon, "Underwater Archaeology of a Shipwreck in the Mid-15th Century in Pandanan Island", *Studies of Maritime History*, Vol. 8, Beijing: Social Sciences Academic Press, 2015, pp. 17~31.

76) [일본] Kenitch Morimura, "Pottery and Porcelain in the San Diego Shipwreck in the Philippines", translated by Cao Jiannan, *Fujian Museum*, 1997(2).

77) Nguyen Dinh Chien, *The Ca Mau Shipwreck 1723-1735*, pp. 94, 242~243; China Museum of Guangxi Zhuang Autonomous Region, Guangxi Institute of Archaeology, and National Museum of Vietnamese History, *Treasures Left on Maritime Silk Road - Ceramics Salvaged in Vietnam*, Beijing: Science Press, 2009, p. 18.

78) China Museum of Guangxi Zhuang Autonomous Region, Guangxi Institute of Archaeology, and National Museum of Vietnamese History, *Treasures Left on Maritime Silk Road - Ceramics Salvaged in Vietnam*, p. 1; [일] Abe Yuriko, "Potteries and Porcelains Salvaged from Buntau Shipwreck in Vietnam", *Fujian Museum*, 1999 supplement (Special issue for the 1999 Annual Meeting of Chinese Ancient Ceramics Research Society).

79) China Museum of Guangxi Zhuang Autonomous Region, Guangxi Institute of Archaeology, and National Museum of Vietnamese History, *Treasures Left on Maritime Silk Road - Ceramics Salvaged in Vietnam*, pp. 216~218.

80) Nguyen Dinh Chien, *The Ca Mau Shipwreck 1723-1735*, pp. 94, 242~243.

81) *Ibid.*, pp. 220, 222.

82) China Museum of Guangxi Zhuang Autonomous Region, Guangxi Institute of Archaeology, and National Museum of Vietnamese History, *Treasures Left on Maritime Silk Road - Ceramics Salvaged in Vietnam*, p. 92.

83) Zhou Shirong and Wei Zhige, *Overseas Precious Porcelains and Submarine Porcelain World*, Changsha: Hunan Fine Arts Publishing House, 1996, pp. 46~47.

84) *Ibid.*, pp. 57~58.

85) [네] Leonard Blussé, *A History of Sino-Dutch Relations*, pp. 296~297.

그림목차

옮긴이 후기

　이 책은 중국의 저명한 해양실크로드 연구자인 '광동성 사회과학원 역사와 손중산 연구소' 소장 이경신 선생이 2016년에 낸 『海上絲綢之路』의 영어판 원고를 저자로부터 직접 제공받아 번역한 것이다. 하지만 영어 원고만으로 책에 나오는 수많은 지명들과 이름들을 명확히 하는 것이 불가능했기에, 2017년에 나온 번체자판을 참고하여 내용을 다듬었다. 이경신 선생은 이미 2006년 중국의 오주전파출판사에서 이 책의 중국어판과 영어판을 출간했는데, 이번에 다시 내용을 대폭 수정하고 보완하여 간행하게 되었다. 옮긴이들은 2006년에 나온 중국어판과 영어판으로 번역 작업 중 책의 수정 보완 소식을 접하고 수정판을 저본으로 삼아 번역을 다시 추진하기로 한 후 이경신 선생과 접촉하여 영어판 원고와 번체자판을 제공받아 번역을 완성하게 되었다. 그 과정에서 영어판 원고와 번체자판 도서만이 아니라 번역에 필요한 여러 도움을 주신 이경신 선생께 감사드린다.

　이 책을 번역하게 된 동기는 번역을 추진하게 된 과정을 보면 어느 정도 드러날 것 같다. 한국어판 서문에서 이경신 선생 자신이 일부 적었듯이, 2014년에 옮긴이들이 속한 한국해양대학교 국제해양문제연구소는 경상북도와 공동으로 '2014 해양실크로드 글로벌 대장정' 사업을 수행하며 중국 광주에서 해양실크로드 국제학술대회를 조직하였다.

이 자리에 참석한 최낙민 교수가 이경신 선생을 만나 국제해양문제연구소 HK연구단의 '해항도시문화교섭' 연구의 현황을 소개했고 이경신 선생과 동아시아 해양사 연구와 관련된 여러 얘기를 나누었다. 이후 이경신 선생은 친절하게도 최낙민 교수에게 2006년에 간행된 『海上絲綢之路』의 중국어판과 영어판을 보내왔고, 이 중 영어판 *Maritime Silk Road*를 본인이 우연찮게 다 읽어보게 되었다. 동북아시아 중심의 해양 관련 접촉 및 교류, 무역사에 대한 정보에 비해 남중국해를 무대로 한 역사적 정리와 정보를 제공하는 참고 문헌에 부족함을 느끼던 본인은 이 책이, 중국 중심의 서술이라는 한계는 있었지만 남중국해를 중심으로 한 해양실크로드의 역사를 기본적으로 이해하는 데 충분하다는 생각을 하게 되었다. 그래서 이 영어판의 번역을 최낙민 교수한테 제의하면서 이경신 선생과의 접촉을 부탁드렸고, 이경신 선생은 그 과정에서 이 책이 2016년에 수정 보완하여 재간행될 것임을 알려왔다. 책의 수정 보완 후 재간행 소식을 접한 본인은 수정본을 저본으로 번역을 재추진하기로 하고 아울러 이전의 영어판만으로 번역을 했을 때 느낀 한계를 거울삼아 기왕에 다시 하는 번역에 최낙민 교수도 같이 참여할 것을 제안했다. 즉 영어판 번역만으로는 무수히 많이 나오는 지명과 인명, 사서(史書) 명과 인용문을 제대로 파악하기가 힘든 만큼 중국어판을 참조하여 영어판으로 수행한 번역을 보완할 것을 제안한 것이다. 최낙민 교수는 이 제안을 받아들이면서 중국어판보다는 한국인들도 알기 쉬운 번체자판을 참고할 것을 다시 제안하였다. 이런 복잡한 저자와 옮긴이들 간의 접촉과정에서 이경신 선생은 영어판의 간행이 지체되는 만큼 아예 한국어판 간행을 동시에 진행할 것을 제안하고 영어판 원고를 바로 보내주었다. 즉 출간된 영어판을 번역하는 것이 아니라 원고를 바로 번역하여 한국어판을 독자적으로 내기로 한 것이다. 따라서 이 책은 『海上絲綢之路』 영어판의 번역본이 아니라 저자와의 직접 계약 하에 독자적으로 간행된 한국어판인 것이다.

　이 책은 중국의 역사가가 21세기 중국 사회가 맞고 있는 정치·사회·국제관계의 여러 복잡한 상황 속에서 고대부터 근대에 이르는 해양실크로드의 역사를 통사적으로 정리한, 한국에서는 보기 드문 역사서이다. 잘 알려져 있다시피, 중국은 현재 '일대일로(一帶一路)' 정책과 같은 과감한 국제적 영향력 확장 정책을 펼치고 있고 이를 통해 21세기 세계 강국으로 자리매김하고자 시도하고 있다. 이런 과정은 동북아시아만이 아니라 세계 전체의 역학 구도에 큰 지각 변동을 일으키고 있고 특히 중국에 바로 접해 있는 한국은 이에 직간접적인 영향을 받고 있다. 이제 중국의 움직임에 세계 전체가 주목하고 있고 그에 대한 무수히 많은 정보들이 세계 각지에서 양산되고 있으며, 특히 역사학 분야에서도 중국의 현 상황을 그 긴 역사 과정 속에서 정확하게 이해하고 파악하고자 하는 시도들이 꾸준히 계속되고 있다. 하지만 그럼에도 바로 인접해서 가장 직접적인 영향을 받는 한국에서는 중국 역사와 해양 진출과의 관계를 역사적으로 이해하고자 하는 시도들을 그다지 볼 수가 없다. 물론 중국의 현재 상황과 정책들을 파악하고 정리해 주는 저서와 연구들은 많이 볼 수 있지만, 중국의 장대한 역사를 오늘날의 상황과 관련하여 이해하도록 도와주는 저서나 글들은 찾기가 힘든 것이다. 이 책은 그런 점에서, 즉 중국의 현 세계 정책과의 연관 속에서 나온 것이기에, 일반인만이 아니라 중국의 현재를 역사적으로 이해하고자 하는 관심을 가진 역사학이나 관련 학문 연구자들에게도 중국 역사와 해양과의 연관성에 대한 기본적인 이해를 제공해 준다고 생각한다.

　또 하나 본인이 생각하기에 이 책이 가진 또 다른 장점은, 이 책의 주요 서술대상이 남중국해라는 점이다. 이 책에서 가장 중심적으로 다루어지는 지리적 무대는 광주를 비롯한 광동 지역이며, 이와 연결되어 이어지는 동남아시아 지역이다. 한국에서 해양사나 해양무역사 등과 관련해 접할 수 있는 참고자료들은 대부분 동북아시아에 집중되어 있다. 물론 한국이 자리한 지정학적 입지 때문이겠지만, 그럼에도 중국 해양사나 아시아 해양사와 관련해 결코 간과되어선 안 되고, 어떤 면에서는 무엇보다도 중요하다고 할 수 있는 남중국해와 관련된 역사 문헌이 거의 없는 것은 크게 아쉬운 부분이었다. 비록 중국 역사가가 썼고 그래서 중국 중심적이라는 느낌을 많이 받기도 하지만 이 책은 남중국해를 중심으로 전개된 해양사, 또는 해양실크로드의 역사에 대한 기본적인 이해와 정보를 제공해 준다고 생각한다.

　물론 단점도 있다. 무엇보다 이 책은, 위에서 언급했다시피 상당히 중국 중심적이다. 책의 서두를 고대 이집트에서 시작하고 서구나 이슬람 세력의 해양 진출 역사도 상당 부분 다루고 있지만, 그래도 전체적인 무게중심을 중국에 두고 있다. 사실 이것은 2006년에 나온 초판에 비한다면 많이 수정된 것이다. 원래 초판의 번역을 추진했던 옮긴이들이 한국어판 제목을 '중국의 해양실크로드'로 생각할 정도로, 초판은 지나치게 중국 중심의 서술로 일관되고 있었다. 새로 수정 보완된 이 책은 그런 점에서 해양실크로드라는 말에 상당히 걸맞을 정도로 세계사 상의 주요 해양세력들에 대해 비교적 많은 지면을 할애하고 있다. 또 초판에서는 완전히 빠져있던 '신라 해상과 장보고'에 대한 서술도 포함시켜 동북아시아의 해양사에 대해서도 얼마간 균형을 잡고자 노력하고 있다. 그렇지만 여전히 전체 서술은 중국으로 기울어 있으며, 이는 독자들이 읽으면서 거북하게 느낄 수도 있을 대목이다. 하지만 어쩌면 이것도 실제 역사적 해양실크로드에서 중국이 차지한 위상을 생각하면 사실을 반영한 것이라는 생각도 든다. 또 이런 서술 자체가 현재 중국이 가지고 있는 해양에 대한 관점, 해양사에 대한 접근 방식 등을 그대로 드러내주는 것이기도 할 것이다. 그런 점에서 이 책 자체는 해양실크로드에 대한 정보를 제공하는 기본적인 참고문헌이겠지만, 동시에 현재 중국의 상황 속에서 해양실크로드를 바라보는 중국인의 역사인식을 보여주는 자료이기도 할 것이다.

한국해양대학교 국제해양문제연구소는 10년간의 인문한국지원사업을 통해 '해항도시문화교섭' 연구를 수행해 왔고, 이제 그 10년간의 작업을 마무리하는 단계에 있다. 본인을 비롯한 국제해양문제연구소의 연구진들은 10년간의 해항도시 연구를 통해 해역과 바다에 어떻게 접근할지에 대한 기본적인 방향과 틀을 세우게 되었다. 이 책은 그런 긴 과정의 마무리에 해당하는 것이면서도 동시에 새로운 출발을 알리는 것이기도 하다. 익히 알려져 있듯이, 21세기 세계가 처한 여러 가지 정치·사회·환경 등의 문제들은 바다와 깊이 연관되어 있다. 오늘날 이런 여러 문제들은 인간의 존재 자체를 위협하는 지경에 이르렀고, 인간의 본질을 탐구하는 인문학은 시급하게 이런 문제들에 답해야 할 처지에 있다. 우리는 오랜 해항도시와 해양 관련 연구를 기초로 이런 문제들에 답하기 위해 바다로 나아가 인간을 이해하고 답을 찾고자 시도하게 되었고, 이를 '바다인문학'이라 이름 붙였다. 이 작업은 간단히 끝날 일이 아니며 앞으로 국제해양문제연구소가 꾸준히 이루어내야 할 과업이 될 것이다. 이 책의 간행은 바로 이런 전환을, 즉 해항도시의 문화교섭 연구에서 바다로 나가 현 상황에서 제기되는 여러 문제들에 대해 본격적으로 해법을 모색하는 '바다인문학'으로의 전환을 알리는 성격도 갖고 있다.

마지막으로 이 책의 번역과 간행에 도움을 준 분들에게 감사 인사를 드려야겠다. 먼저 갑작스레 번역 출간을 제안했음에도 이 책이 가진 성격의 특이성을 간파하고 연구소의 지원을 승낙해주신 한국해양대 국제해양문제연구소 정문수 소장께 감사드린다. 아울러 번역과정에서 직간접적으로 여러 도움을 주신 국제해양문제연구소의 동료 교수들께도 감사드린다. 특히 동북아시아 해양사와 관련해 여러 조언을 해주신 김강식 교수께 감사의 말씀을 전한다. 무엇보다 여러 가지로 번역에 참여하기가 불리한 상황에서도 본인의 번역 참여 제안을 흔쾌히 받아주시고 한국어판의 완성에 크게 기여해주신 최낙민 교수에게 감사드린다. 중국어에 능통할 뿐 아니라 중국학 전반에 대한 깊은 식견을 갖춘 최교수의 참여가 없었다면 이 책의 간행은 아마 불가능했을 것이다.

한편으로 번역 초고의 완성에서 간행까지 빠듯한 일정으로 진행되었다. 그 과정에서 도서출판 선인의 편집진에게 큰 짐을 지운 것 같다. 그럼에도 책의 편집과 교정에 여러 가지 애를 써주신 편집진에게도 깊은 감사를 드린다.

책에는 중국어 지명 및 인명 외에도 무수히 많은 지역의 명칭과 인명들이 나오고 있다. 옮긴이들은 번체자판을 참조하고 여러 자료들을 이용하여 최대한 오류를 줄이고자 노력했다. 그럼에도 특히 스페인어와 포르투갈어 인명, 아랍어 지명 및 인명, 동남아시아 각지의 지명들에는 분명 오류가 있을 것 같다. 또한 본문 내용에도 많은 오류와 오역이 있을 것이다. 이는 전적으로 옮긴이들의 잘못이며, 독자들의 많은 질정과 지적을 기대한다.

2018년 8월
옮긴이를 대표하여
현재열 씀

지은이 소개

이경신(李慶新)

  광동 게서(揭西) 출신.

  역사학박사, 연구원, '광동성 사회과학원 역사와 손중산 연구소' 소장, 광동해
양사연구중심 주임, 『해양사연구(海洋史硏究)』 주편을 맡고 있으며,
중국사학회 이사, 중국 해외교통사연구회 부회장, 광동 역사학회 부회장,
남경대학 중국남해연구창신협작연구중심 연구원을 겸하고 있다.
주요 연구영역은 중국해양사, 중국경제사, 중외관계사, 광동지방사이며,
저서로는 『瀕海之地-南海貿易與中外關係硏究』, 『明代海外貿易制度』, 『廣東通
史·古代卷』(上下册), 『廣東歷史人文資源調硏報告』 등이 있다.

옮긴이 소개

현재열(玄在烈)

    부산대학교 사학과(서양사전공) 문학박사

    한국해양대학교 국제해양문제연구소 HK교수

최낙민(崔洛民)

    중국 복단대학교 중문과(고전문학전공) 문학박사

    한국해양대학교 국제해양문제연구소 HK교수